뉴욕의 맛
모모푸쿠

뉴욕의 맛, 모모푸쿠
momofuku
데이비드 장·피터 미한 지음 | 이용재 옮김

MOMOFUKU
by David Chang & Peter Meehan

Copyright ⓒ David Chang & Peter Meehan, 2009
Photograph Copyright ⓒ Gabriele Stabile, 2009
Korean Translation Copyright ⓒ Prunsoop Publishing Co., Ltd., 2013
All Rights Reserved.
The Korean language edition published by arrangement with
The Crown Publishing Group through KCC Agency, Seoul.

이 책의 한국어판 저작권은 KCC 에이전시를 통한 The Crown Publishing Group과의
독점 계약으로 (주)도서출판 푸른숲에 있습니다.
신 저작권법에 의하여 한국 내에서 보호를 받는 저작물이므로 무단 전재와 복제를 금합니다.

조쉬, 퀸트, 카라에게

이 절에 열흘이나 머물렀더니
따분해서 견딜 수가 없구나.
발끝의 주홍색 욕망의 실이
길게 뻗었네.
언젠가 나를 찾아온다면,
물 좋은 어물전이나 분위기 좋은 주점,
아니면 홍등가에 있을 터.
— 잇큐(一休) 선사

나는 천부적인 재능은 없었지만
창작의 첫걸음에 필요한 요소인 천진난만함은 갖추고 있었다.
하려는 일이 적성에 맞을지 고민하는 걸 막아준다는 점에서
그건 엄청난 자질이다. — 희극배우 스티브 마틴

차례

추천의 말　8
들어가는 말　10

누들 바　17
쌈 바　129
코　237

모모푸쿠 식재료 구입처　316
감사의 말　320
찾아보기　324

추천의 말

막 배운 요리, 뉴욕을 점령하다!

그의 성공은 한국의 요리사들에게도 어느 정도 알려져 있었다. '한국계'니까. 그게 유명세를 타는 이유의 전부였다. 모두들 그저 미국인의 아슬아슬한 오리엔탈리즘에 편승한 어느 용감한 한인 2세의 성공쯤으로 치부했다. 그도 그럴 것이 아무리 그래도 한식이라는데 '모모푸쿠'가 뭐야, 게다가 부리토를 닮은 '쌈'이라고? 하지만 그렇게 생각했던 나조차도 책을 읽으면서 그런 선입견이 교정되는 것은 물론, 그의 요리에 설복되었다. 그의 주종목인 '쌈'을 'ssäm'이라고 쓰는 것조차 모모푸쿠의 요리가 이미 어떤 틀로도 재단될 수 없는 신기원처럼 느껴지게 한다. 어느 한인에 의해, 일식 모티브의, 그 일식조차 중국에서 온, 그걸 멕시코와 인디언 미국식에 뒤섞은 이 세계 통합적 잡탕 요리에 당신도 이내 침을 흘리게 될 것이다. 그건 오직 '맛있는 것이 승리'한다는 그(물론 미국식의 실용주의이기도 한)의 요리 철학 때문이다.

이 책에서 펼쳐지는 압력솥 같은 부엌의 풍경, 지옥도가 펼쳐지는 주말 저녁 뉴욕의 식당, 그리고 맛있는 요리를 하려고 악이라도 빨아댈 기세의 요리사들 묘사는 탁월하다. 조금만 신경 쓰면 집에서 써먹을 수 있는 레시피도 아주 훌륭하다. 나는 한국의 요리사 지망생이나 애호가들이 케이블 TV의 요리 프로그램보다 먼저 이 책을 읽길 바란다. 딱 오십 페이지만 넘기면 당신도 그 이유를 알게 될 것이다. 데이비드 장은 프로가 된다는 건, 말하자면 돼지기름이 범벅된 냄새나는 고기를 주무르다가도 손님을 보면 씩 웃을 줄 알아야 하는 거라고 말한다. 팔아먹으려면 비열해지고 처절해져야 한다는 뜻이다. 그가 일러주는 성공의 더티한 비결이다.

2013년 가을
박찬일 (셰프, 《추억의 절반은 맛이다》 저자)

들어가는 말

모모푸쿠가 뭐냐고? 어려운 질문이다.

모모푸쿠는 맨해튼 이스트 빌리지를 본거지로 하는 외식 그룹이다. 하루 종일 귀청이 찢어지게 울려 퍼지는 음악, 밖에서 훤히 들여다보이는 주방, 등받이 없는 의자, 마치 장식이라도 되는 양 벽에 걸린 존 맥켄로의 나이키 광고 액자까지. 모모푸쿠는 격식을 차릴 필요가 없는 공간이자 '안티' 레스토랑을 지향한다.

이름만 놓고 보자면 모모푸쿠는 일본 분위기를 풍기지만 소유주며 총주방장인 데이비드 장은 한국계 미국인이다. 그래서일까, 여기 음식은 쉽게 뭐라 분류하기 어렵다. 그저 세련된 조리 기술, 제철에 맞는 메뉴 개발과 환경 친화적인 재료, 지속적인 배움에 기초한 창의력에 초점을 맞춘다고 설명할 수밖에. 하지만 모모푸쿠의 진짜 목표는 맛이다. 데이비드 장은 자신의 요리를 "저질 가짜 퓨전 요리"라고 칭하지만, 이는 물어본 사람조차 이해하지 못할 답일 것이다. 그는 볼프강 퍽의 말을 인용하면서 그저 맛있는 '미국' 음식을 내려고 노력할 뿐이라는 주장을 펼쳤다. 내게는 가장 유용한 묘사로 보인다. 미국식이 아니고서야 라브네부터 쌈장, 사천 통후추, 은근하게 삶은 루바브까지를 어떻게 한 주방에서 써먹을 수 있다는 말인가?

거품 낀 2000년대 미국 레스토랑의 현실에서 헤어나지 못하거나 아직도 관심을 갖고 있는 사람들 사이에서 모모푸쿠는 시시각각 변하며 그 과정에서 숱한 화제를 끌어내는 곳이다. 비슷한 레스토랑도 없다. 데이비드 장은 젊은 나이에, 한 치의 머뭇거림도 없이 공격적으로, 관습적인 부분들을 피해가는 길만 택해왔다. 그러면서도 온갖 상과 관심, 칭찬이라는 금 소나기를 뒤집어쓴 거의 전무후무한 셰프다.

모모푸쿠의 식구들은 이래저래 갱단이나 해적선원 같다. 다만 해골 대신 주홍색 복숭아가 그려진 깃발 아래 모였을 뿐. 그들은 마냥 유유자적하는 히피가 아니라 겸손하며 재능이 넘치고 헌신적으로 일한다. 어제보다 더 나은 레스토랑을 만들기 위해 메뉴를 항상 점검하고, 새로운 요리를 창조하며, 하나가 되어 일하는, 언제나 앞으로 나아가는 집단이다. 모모푸쿠의 사전에 안주와 만족이란 존재하지 않는다.

그렇다면 나의 첫인상은 어땠을까? 물론 처음에는 모모푸쿠 누들 바가 싫었다. 정말 싫어했다.

2003년 말, 〈뉴욕 타임스〉와 싼 가격대의 음식점을 평가하고 기사 쓰는 일을 처음 시작했다. 그때의 나는 지금보다 더 정통성이라는 이상에 사로잡혀 있었다. 그건 내 문제이자 모모푸쿠의 문제이기도 했다. 데이비드 장과 호아킨 바카는 처음 문을 열 때 콘셉트로 잡았던 '누들 바(라멘집을 라멘집이라고 부르지 않으려는 홍보 담당 데이비드 장의 생각)'의 족쇄에서 벗어나, 스스로 먹고 싶은 음식을 만들기 시작하면서 자리를 잡을 수 있었다. 누들 바가 오늘날의 모습을 갖추게 된 계기다.

그 과정은 실로 환골탈태였다. 모모푸쿠가 문을 열고 여덟 달 뒤, 편집자가 다시 가서 누들 바의 변화를 파악하라고 등을 떠밀었다. 처음보다 더 마음에 들 거라는 생각은 하지 않았지만, 그래도 일이었으므로 들러야만 했다. 하지만 예상 외로 누들 바에서 두 번째로 먹은 음식은 진짜 환장할 정도로 죽여줬다. 창의적이라기보다 대담했으며 정직한 느낌이었다. 맛있다는 말은 정말 빈약하고 평범한 표현이지만 그것 외엔 누들 바의 음식을 설명할 방법이 없었다. 계속해서 먹고 또 먹고 싶을 정도로 맛있었다.

그날 이후부터 나는 정기적으로 그곳을 찾아가기 시작했다. 사람들이 복작거리며 줄을 서기 이전인 매주 토요일 정오가 나의 시간이었다(데이비드 장은 팻말을 '영업중'으로 뒤집기도 전에 줄 서는 손님들을 신기해하며, 배가 고프면 집에 가서 중국 음식이나 시켜 먹으라고 얘기하곤 했다. 늘 그런 식이다).

모모푸쿠에서의 점심은 언제나 마크 비트만과 함께했다. 《만능 요리책How to cook Everything》을 쓴 그는 내가 신처럼 우러러보는 존재였으며, 내게 〈뉴욕 타임스〉 일을 주선해주기 전까지 사부와도 같은 존재였다. 비트만이 마침내 나에게 데이비드 장을 소개해주었고, 우리는 짧은 인사만 주고받았을 뿐이었다.

그리고 몇 주가 지난 어느 날 밤, 브루클린의 클럽 위소(Warsaw)에서 더 홀드 스테디의 공연을 보고 있을 때였다. 두툼한 손이 등을 치는 것을 느껴 돌아보니 데이비드 장이었다. 나만큼이나 땀범벅이 된 그는 맥주를 건네면서 음악 소리에 질세라 큰 소리로 물었다. "우리 계속 모른 척할 거요?"

우리는 동갑내기였고 같은 공연을 즐기고 있었으며, 그의 손에는 나를 위한 차가운 맥주가 들려 있었다. 나는 맥주를 받아 들었고, 우리는 친구가 되었다. 이후 우리는 가끔 만나 맥주를 마시며 뭐든 화제로 삼아 씹어댔으며, 싸구려 중국 음식이나 한국 음식을 함께 먹었다. 그렇게 어울리던 가운데 그가 책 쓰기를 도와달라고 청했다. 왠지 거절할 수가 없었다.

　무엇보다 맛이 결정적인 이유였다. 우선 사람 환장하게 만드는 포크 번부터 브뤼셀 스프라우트와 김치처럼 '이게 말이 돼?'라는 반응이 나올 수밖에 없는 조합까지, 먹을 때마다 정신이 번쩍 들게 만드는 맛에 대해 이야기해야만 할 것 같았다. 누구라도 어떻게 그런 맛을 만들어내는지 알고 싶지 않을까? 뉴욕 레스토랑의 세계를 단번에 평정한 음식의 레시피를 갖고 싶지 않은 사람이 있을까? 누구라도 그 주방에 뛰어들어 어떻게 그런 음식을 만들어내는지 배워보고 싶지 않을까?

　모모푸쿠의 기원과 진화, 명성에 대한 믿기 어려운 이야기를 나만 알고 있을 수 없었다. 〈뉴욕〉, 〈GQ〉, 〈뉴요커〉 등을 포함해 거의 모든 매체에서 훌륭한 필자들이 여러 번 다룬 바 있었다. 하지만 데이비드 장이 그에 대해 스스로 밝히도록 도울 기회였다. 어떻게 그냥 넘길 수 있겠는가?

　그래서 《뉴욕의 맛, 모모푸쿠》를 쓰게 되었다. 책에는 데이비드 장이 직접 들려준 모모푸쿠의 탄생에 얽힌 이야기들이 펼쳐진다. 일찍이 사무직에서 주방으로 일터를 옮겼다가 다시 발을 뺐던 일, 우여곡절 끝에 치킨집이었던 자리에 라멘집을 열게 되면서 시작된 모모푸쿠 누들 바, 이어서 부리토집으로 열었다가 완전히 다른 음식점으로 바꾸면서 시작된 쌈 바, 그러는 가운데 공모자들, 즉 주방장과 부주방장을 뽑고, 과학에 기초해 요리하는 셰프와 육가공업자에게서 도움을 얻었던 과정들이 담겨 있다.

　모모푸쿠의 탄생과 성장에 대한 이야기는 이 책에서 2008년, 모모푸쿠 코의 개업으로 막을 내린다. 세 번째 레스토랑인 코는 온갖 별과 상을 따내 데이비드 장이 세계 무대로 발돋움하도록 날개를 달아주었다. 원래 1달러에 치킨윙 다섯 쪽을 팔던 가게 자리에서 시작한 일이었다. 인생, 정말 어떻게 될지 모를 일이다.

한편 책은 모모푸쿠의 여러 '고전(최소한 모모푸쿠 사람들이 그렇게 느끼는)'을 포함한 레시피도 담고 있다. 거의 매일 모모푸쿠의 메뉴가 바뀌는 가운데 온갖 고초를 겪어 가면서도 살아남은 요리들이다.

전설적인 요리도 있다. 다음 수퍼볼 파티에 반드시 해 먹어야 할 보쌈, 모든 립아이 레시피를 종결시킬 립아이, 코의 역작인 달걀 요리까지. 물론 말도 안 되게 간단해 일상적인 요리에 대한 생각을 바꿔버리는 레시피도 있다. 냉장고에 몇 주는 두고 먹을 수 있는 절임류나 책을 쓰던 여름날 내내 점심 메뉴에 단골처럼 쓰였던 생강 쪽파 소스도 있다. 문어와 젓갈 비니그레트는 흰쌀밥이나 깍둑썰기 한 두부 위에 올려 먹으면 이 책에 나온 레시피대로 먹는 것만큼이나 훌륭하다. 쌈 바 부분에 소개되는 티엔 호의 베트남풍 브뤼셀 스프라우트 레시피로는 적어도 한 명 이상 그 채소를 싫어하는 사람을 전도하기도 했다.

모모푸쿠의 성공 이유나 비결을 설명하려고 이 책을 쓴 것은 아니다. 데이비드 장과 같은 사람이 운영하는 레스토랑들이 어떻게 이런 경이적인 성공을 이루었는지, 돌 속의 다이아몬드 원석과도 같았던 모모푸쿠가 어떻게 요식업계에서 난공불락의 세력으로 거듭날 수 있었는지, 엄청나게 많은 후보들 가운데 어떻게 그가 각종 상을 휩쓸며 오늘날 요리사들을 대표하는 인물이 되었는지를 설명하려는 것도 아니다. 이제 그는 서른하나. 아직 스스로도 잘 모르는 이유를 굳이 파헤쳐볼 필요가 있을까?

이 모든 것에 대한 실마리와 길잡이가 책 속에 있을 거라고 믿는다. 시간이 지나면 알게 되겠지만, 데이비드 장이나 나나 앞으로 어떤 반전이 일어난다 해도 지금까지의 이야기처럼 별나고 희한하지는 않을 거라고 장담한다. 물론 앞으로 더 많은 이야기를 자아낼 모모푸쿠의 미래도 기대하지 않을 수 없겠지만.

2009년 10월
피터 미한

noodle bar
누들 바

한국 사람은 면이라면 환장한다. 나도 예외는 아니다.

나는 면을 먹으면서 자랐다. 중국 면, 한국 면 등 모든 종류의 면을 로스앤젤레스, 서울, 버지니아 등 온갖 곳에서 먹었다. 아버지는 우리가 살던 버지니아 주 알렉산드리아의 한 중국집을 터놓고 늘 집에서 출발하기 전에 전화를 거셨다. 가게에 들어서면 따뜻한 짜장면이 막 식탁 위에 놓여 우리를 기다리고 있었다. 둥근 반죽을 길게 늘어뜨려 꼬아가며 치다가 가는 가닥으로 뽑아내는 요리사에게 반했다가 짜장면과 함께 나오는 생양파의 매운맛과 식초의 신맛에 화들짝 놀라곤 했던 기억이 난다. 아버지와 나 둘이서만 식사를 하는 밤이면 아버지는 내게 면과 함께 해삼도 먹으라고 권했다. 해삼을 먹는 기분은 썩 좋지 않았지만, 그래도 아버지를 기쁘게 해드렸다는 뿌듯함에 그럭저럭 먹을 수 있었다.

십대부터 대학 시절까지 스스로 생활을 꾸려나가야 했던 내게 프라이드치킨을 사 먹을 시간도, 돈도 없을 때 라멘이 유일한 대안이었다. 빨간 포장의 삿포로 이치방 오리지널 맛 즉석 라멘을 즐겨 먹었는데, 스티로폼 컵에 담겨 있어 먹기 편한 농심 신라면 매운맛에 빠지기 전까지는 그것만 먹고 지내기도 했다.

나이를 더 먹으면서 면은 취미로 자리 잡았다. 가게마다 면을 뽑고 조리하는 과정이 다르다는 사실이 숭고하게 여겨졌다. 종종 아버지는 주방에서 일할 생각일랑은 하지 말라고 경고하셨다. 어머니와 미국에 갓 이민 왔을 때, 아버지는 아이리시 바에서 버스보이(busboy, 주방에서 나온 음식을 손님 자리로 나르는 사람. 주문을 받는 웨이터와는 구분된다 – 옮긴이)로 일했다. 자리를 잡으면서 버스보이에서 식당 주인이 되셨고, 내가 어렸을 때는 이미 식당을 팔고 골프 사업을 하고 계셨다. 아버지는 내가 당신의 뒤를 따라봤자 좋을 게 없다고 생각하셨다.

고등학교를 졸업한 후 코네티컷 주 하트포드의 트리니티 칼리지에 진학해서 종교학을 전공했다. 그리고 런던에서 교환학생으로 1년을 보내기도 했다. 와가마마(Wagamama, 영국의 일본 또는 아시아식 면 요리 프랜차이즈-옮긴이)의 체인점이 아직 하나밖에 없던 시절이었다. 와가마마에서는 고작 10, 11파운드면 맛있는 라멘을 배불리 먹을 수 있었기 때문에 나는 그곳에 정기적으로 들러 배를 채웠다. 그 시절 나는 〈바가바드기타〉(Bhagavad-Gita, 인도의 2대 서사시의 하나인 《마하바라타》의 일부-옮긴이)의 배경을 남북전쟁으로 바꿔 로버트 E. 리(Robert E. Lee, 남북전쟁 당시 남부연합군의 총사령관-옮긴이)가 영웅으로 활약하는 시나리오를 구상하며 많은 시간을 보냈다.

졸업 후에는 책상에 앉아 서류 만지는 일을 좀 했지만 내 길이 아니라는 건 잘 알고 있었다. 장래에 대한 뚜렷한 생각 없이 나는 쓸모없는 인문학 학위를 이용, 오사카에서 남동쪽으로 두 시간 거리인 와카야마의 어느 학교에 영어 선생으로 취직했다. 나는 낮에는 영어를 가르치고, 남는 시간에는 면을 먹으면서 앞으로 무슨 일을 할지 생각해보기로 했다.

집은 학교에서 전철로 몇 정거장 떨어진, 이즈미 돗토리라는 작은 마을에 있었다. 음식점이라고는 마키, 스시, 만두, 라멘집이 전부였다. 라멘집은 전철역 가까이에 있었는데 언제나 바쁘고 손님으로 바글거렸다. 누구나 한잔하러 들리고, 마음 편하게 목소리 높여 싸우기도 하는 동네 술집 같았다. 거기서 내오는 라멘은 돈코츠(국물에 돼지비계를 더했기 때문에 라멘 육수 가운데는 가장 돼지고기 맛이 강하다)에 가까웠고, 기다리는 사이 먹으라고 대접에 삶은 달걀을 담아 내놓고 있었다.

나는 누구와도 이야기를 나누지 않은 채 그냥 앉아만 있었다. 처음에는 그 집에서만 그랬지만 나중에는 어디에서나 그랬다. 나는 그렇게 앉아서 후루룩 면을 빨아들이는 소리, 뜰채로 면발을 건져내 그릇에 탁탁 엎는 소리 속에 몸을 숨기고 가게가 돌아가는 모습을 지켜보았다. 사람들이 무슨 음식을 어떻게 먹는지도 지켜보았다. 혼자서 라멘의 모든 것을 깨치려 노력했다.

잠시 회상을 멈추고 라멘에 대해서 제대로 알아보자. 국물에 면을 넣었다는 점

이즈미 돗토리의 집 창 너머로 보이던 풍경. 백 살에 가까운 노인들이 벼를 수확하는 모습을 몇 시간이고 바라보았다.

에서 라멘은 여느 아시아 국수와 크게 다르지 않다. 이제는 일본 음식이지만 라멘은 중국에서 건너온 로미엔을 조상으로 삼는다(라멘을 제대로 발음한다면 '라–면'이므로 '로미엔'과 거의 같은 이름이라고 할 수 있다). 영화 〈탐포포〉가 신비함을 불어넣기는 했지만, 기본적으로 라멘은 국물에 면을 넣고 그 위에 고명을 얹은 음식이다. 그뿐이다. 나는 라멘을 좋아하지만 그렇다고 경건하게 받아들여 모시고 싶지는 않다.

조금씩 배워나가다 보니, 일본에서 로미엔 같은 국수를 만든 것도 19세기부터라는 걸 알게 되었다. 중국도 마찬가지였다. 국물은 닭, 돼지, 쇠고기나 해물로 냈으며 고명도 다양하게 얹었다. 1900년대 초반 무렵, 지금의 라멘 같은 음식이 도쿄에서 널리 퍼졌다. 돼지고기 국물에 삶은 면, 구워서 저민 돼지고기, 쪽파, 죽순을 얹었는데, 시간이 흐르면서 이러한 구성이 라멘의 견본, 표준 또는 정의로 자리 잡았다.

인기가 올라가면서 라멘은 다른 지역이나 섬으로 퍼져 진화했고, 요리사들이 자신만의 라멘을 파는 가게를 열기 시작했다. 국물에 간장을 넉넉하게 넣은 쇼유 라멘은 당시 사정에서는 불가피한 선택이었다. 뒤이어 간장 대신 소금을 넣어 완전히 다른, 훨씬 깔끔하면서도 가벼운 맛의 시오 라멘이 나왔다. 몇몇 라멘은 처음 선보인 지역의 대표 음식이 되었다. 미소 라멘의 본고장인 홋카이도 현이 좋은 예다.

이 이야기의 핵심은 아마도 음식 역사상 가장 중요한 사건이라고 할 수 있을 라

살던 아파트 바로 앞의 길가.
라멘집은 한 구역 위에
자리 잡고 있었다.

멘의 대중화다. 1958년, 중년의 발명가 지망생 안도 모모푸쿠(安藤百福)가 즉석 라멘을 발명했다. 그의 발명이 나를 포함해 수백만 명의 사람들을 라멘의 세계로 이끌었다.

    1980년대에 이르러 일본의 라멘집들은 저마다 독특한 스타일을 갖게 되었다. 엄격한 주문 방식, 가게를 빙 돌아 줄을 선 손님들, 돼지고기를 썰고 국물에 비계를 더하는 양에 이르기까지, 가지각색이었다. 미국의 피자나 바비큐처럼 모든 가게에는 나름의 열렬한 팬이 있었다(그리고 피자나 바비큐처럼 솜씨가 변변치 않더라도 누구나 어릴 때부터 줄곧 먹어서 좋아하게 된 라멘집이 있다). 그 모두를 먹어보고 싶었다. 그래서 일본에 머무르는 동안 시간이 날 때마다 건강에 안 좋을 정도로 라멘을 먹었다.

    그러면서 용어를 배웠다. '오모리'는 곱빼기, '멘마'는 죽순이었다. 국물에 맛을 내는 데 쓰는 간장은 여느 간장이 아니었다. 야키토리의 전통인 간장, 미림, 사케를 주로 닭뼈와 함께 푹 끓인 타레였다.

    라멘집과 국숫집에 대한 정보를 공책에 적어 모아두었건만 세월이 흐르면서 잃어버리고 말았다. 부지런을 떨던 어느 밤, 모든 정보를 컴퓨터에 옮겨놓겠다고 마음먹었다. 그때는 모모푸쿠를 열기도 전이고 공책을 잃어버리기도 전이었다. 하지만 결국 츠케멘—뜨겁거나 차가운 면을 옆에 따로 낸 국물에 담가 먹는 식의 라멘—의 발생지인 타이쇼켄 한 군데의 정보를 옮겨놓는 것에 그쳤다.

2003년 10월 20일의 노트

일요일 이른 아침, 도쿄의 3대 라멘집이라 불리는 히가시이케부쿠로의 타이쇼켄에 갔다. 10시 30분에 출발, 문 여는 시각인 11시에 도착했지만 간신히 가게 옆 모퉁이 쪽에 이르기까지 1시간 45분이 걸렸다. ……내가 가게에 들어갈 때는 기다리는 줄이 더 길었다. 적어도 3백 명은 되어 보였다.

가게는 아주 작아서 바에는 예닐곱 명, 가게 안의 두 탁자에 여섯 명, 밖의 두 탁자에 여섯 명 정도 앉을 자리가 있었다. 완전 오래된 집이었다. 직원 중 한 명이 미리 한 번에 약 스무 명씩, 줄을 선 사람들에게 주문을 받는다. 이런 주문 시스템이 정말 놀랍다. 자리에 앉는 동시에 음식이 나올 수 있다니. 서너 명이 만드는데, 한 명이 면을 삶고 다른 한 명이 츠케멘에 쓸 면을 식힌다. 다른 한 명이 밑준비를 하고, 또 다른 한 명이 라멘을 마무리한다. 유명한 오너 셰프인 야마가시 씨로 보이는 사람이 면을 삶고 국물을 건넸다. 모두가 머리에 수건을 두르고 장화를 신었다.

1) 먼저 간장을 대접에 담은 다음 국물을 붓는다.
2) 어마어마한 양의 면을 담는다.
3) 고명을 얹는다.
4) 약간의 국물로 마무리한다.

양이 어마어마하다. 가장 큰 대접인 것 같다.
1.2cm 두께의 저민 차슈는 삼겹살이 아닌데, 목살인가?

고명: 쪽파, 삶은 달걀, 멘마(죽순, 직접 준비하는 듯한데 말린 걸 불려 쓰는지는 모르겠다), 어묵 한 쪽, 김.

간장에는 식초와 고춧가루가 들어 있다는 걸 알겠다.
내가 본 육수에는 뼈, 당근, 양파, 다시마, 가츠오부시, 고등어가 들어 있다.

국물 첫 모금: 백후추, 매운 고추, 톡 쏘는 식초 때문에 깜짝 놀랄 만큼 날 선 맛이다. 처음 2~3분이 지나면 딱히 매운맛을 못 느낀다.

면은 여기에서 안 만드나?

한눈에 오랫동안 일했다는 걸 알 수 있는 게, 주방이 살벌하게 돌아간다.
다시 와서 오모리 말고 보통 사이즈를 먹어야겠다. 맛은 너무 기름지지도 않고 훌륭하다.

성공의 이유는 맛. 차원이 다르다.

평생 동안 일본 어린이들을 위해 영어 동사나 가르치지는 않을 거라고 생각했다. 가게에서 일해 라멘을 정식으로 배우겠노라 마음먹었다. 하지만 이즈미 돗토리에 사는 동안 라멘을 배워보겠다는 소심한 노력은 결실을 거두지 못했다. 내 일본어는 형편없었고, 주방일을 배워본 적도 없어 내가 할 수 있는 일도 없었다.

싫은 것을 제거하는 방법을 통해 내가 하고 싶은 일이 무엇인지 알아냈다. 하고 싶은 일이 무엇인지는 몰라도, 하기 싫은 일이 무엇인지는 정확히 알고 있었다. 정장을 입거나 사내 정치를 하는 건 참기 힘들었다. 주방에서라면 두 가지 모두 신경 쓸 필요가 없었다. 그리고 지역 부매니저 등으로 승진하고 싶어 안달하는 나 자신을 상상할 수도 없었다. 차라리 요리를 배우고 더 잘하기 위해 노력하는 쪽이 보람차다고 생각했다. 어릴 때 골프와 축구에 능했는데, 반복 숙달해야 하고 노력에 걸맞은 열매를 얻는다는 면에서 주방일과 비슷하게도 보였다. 공부를 계속하거나 사무실 일을 참아낼 것 같지도 않으니 요리에 도전해 스스로를 시험해보고 싶었다. 열심히 한다면 일본으로 다시 와서 장화를 신고 주문을 외치며 라멘집에서 일할 수 있을지도 모를 일이었다. 내가 얼마나 잘할 수 있는지 보고 싶었다(하지만 지금 돌아보면 얼마나 내게 버거운 일일지, 그때는 감조차 잡지 못했다).

진지하게 임하려면 우선 요리학교에 가야겠다고 마음먹었다. 그래서 일을 그만

두고 미국에 돌아와 맨해튼의 프렌치 컬리너리 인스티튜트(FCI)에 들어갔다. 만약 요리사가 되어 일본에 돌아가면 나를 반드시 써줄 것이라 생각하면서.

프렌치 컬리너리 인스티튜트는 입학부터 수료까지 6개월이 걸리는 속성 과정이었다. 딱 주방에 발을 들여놓을 수 있을 만큼만 배웠으니, 제대로 알지도 못하고 할 줄 아는 것도 없다고 끊임없이 욕을 먹었다. 수료 후, 장 조르주 봉게리히텐의 음식점 가운데 하나인 머서 키친에서 일을 시작했는데, 입문으로는 훌륭한 곳이었다. 진짜 요리를 만드는 라인(line, 요리 한 접시를 이루는 고기, 채소, 소스 등을 만드는 조리대. 컨베이어벨트 앞에서 일하듯 한 사람이 고기면 고기, 채소면 채소 등 한 가지 재료만 조리해 붙인 명칭-옮긴이)에 발을 들여놓을 수 있었기 때문이다.

머서에서 일하던 어느 날 밤, 대학 친구인 마크 살라피아와 마주쳤다. 그는 당시 엄청나게 인기를 끌던 톰 콜리키오의 새 식당 크래프트에서 일할 거라고 말했다. 그래머시 태번에서 보여준 셰프 콜리키오의 깔끔한 미국 & 프랑스 요리는 뉴욕에서 나를 포함한 추종 세력을 만들어냈다. 그런 콜리키오가 그래머시 태번을 떠나 처음으로 여는 식당이 바로 크래프트였다. 마크와 이야기하고 나니 나도 거기에서 일하고 싶었다. 그래서 부주방장인 마르코 카노라에게 전화를 걸었다. 하지만 그는 자리가 없다고, 전화 받는 일을 하지 않는 이상 내가 필요 없다고 말했다. 그래서 머서 키친 일을 쉬는 날, 크래프트에 가서 진짜로 전화 받는 일을 했다.

크래프트 요리의 구성은 간단했다. 단품요리를 이루는 단백질(고기, 해산물)과 전분(파스타 등), 소스와 곁들이의 주문을 모두 따로 받았다. 이는 모든 품목을 최고의 재료로 완벽하게 조리해야 한다는 뜻이었다. 살짝 더 익힌 고기에 맛있는 소스를 정량보다 조금 더 곁들인다거나, 잘 조린 양 정강이에 완벽하지 않은, 그냥 먹을 만하게만 조리한 폴렌타(이탈리아식 옥수수죽-옮긴이)를 곁들이는 경우란 없는 것이다. 얼핏 들여다본 주방의 삶―조리사의 노력, 각자의 재능, 재료의 질 등―에 매료되어 전화를 받는 한편, 당근을 깎거나 버섯을 손질할 기회를 얻으려고 매일 마르코를 졸라댔다.

머서를 무시하고 싶은 의도는 없었지만, 진짜 놀랍도록 재능 넘치는 요리사들 밑에서라면 기본을 더 잘 갈고 닦을 수 있으리라고 느꼈다. 마르코 카노라, 카렌 디마스코, 조나단 베노, 데이먼 와이즈, 아크타 나왑, 제임스 트레이시, 마크 컨, 듀키, 댄 사우어, 리즈 채프먼, 에드 히긴스 등, 놀라운 수준의 요리사들이 크래프트에서 함께 일했다.

모두 나중에 자신의 레스토랑을 차리거나, 고용되었다고 해도 한가락 하는 셰프가 된 요리사들이었다.

      결심하니 길이 보였다. 일단 급여를 받지 않고 아침에 일할 기회를 잡을 수 있었다. 미르푸아(mirepoix, 서양 요리의 기본이 되는 양파, 당근, 샐러리의 3종 채소를 의미한다-옮긴이)를 썰고 곰보버섯을 손질하는 등 지루하지만 기본적인 일을 맡아 재미있게 했다. 머서를 아예 그만두고 먹고살기 위해 크래프트 개업 첫 달 동안은 전업으로 전화를 받았다. 점심 서비스를 시작하게 되자 유급 주방 노예를 거쳐, 마침내 요리사가 되었다. 그 과정에서 재료와 기술에 대해 배웠다. 요구 사항이 많은 셰프들을 위해 일하는 법(최소한 열 받게 하지 않는) 등 많은 것을 배울 수 있었다.

      하지만 나는 여전히 면을 즐겨 먹었다. 뉴욕의 흔치 않은 라멘집을 모두 들렀고, 몽상의 일환으로 친구에게 통역을 부탁해, 가서 먹어보았거나 들어본 적이 있는 도쿄의 라멘집에 정기적으로 편지를 보냈다. 가능성이 별로 없었지만 노력을 멈추지는 않았다.

      물론 단 하나의 답장도 받지 못했다.

      크래프트에서 2년이 다 갈 무렵, 도쿄행에 서광이 비쳤다. 아버지 친구분께서는 관심이 있다면 도쿄의 라멘집 주방에 자리를 알아봐줄 뿐만 아니라 숙소도 제공해주겠다고 했다. 도쿄의 라멘집이라니! 어디인지, 무슨 라멘을 내는지도 묻지 않았다. 무조건 가야 했다. 단 하나의 장애물이라면, 크래프트를 떠날 준비가 되어 있지 않다는 것이었다. 많은 것을 가르쳐주었고 앞으로도 가르쳐줄 크래프트와 그곳의 사람들을 떠나자니 영 기분이 내키지 않았다. 하지만 도쿄에 가야만 했다.

      마르코에게 그만두겠다는 이야기를 하려니 미칠 지경이었다. 그가 배심원 봉사 의무에서 돌아오는 오후, 3개월 후에 그만두겠다고 통보하며 라멘에 대해서 설명하려고 했다. 하지만 그들은 굳이 사정을 들을 필요도 없었다. 주방 식구 모두가 내가 라멘에 미쳤다는 사실을 알고 있었고, 일본에 가서 진짜로 라멘을 배우고 싶어 한다는 점을 이해해줬다.

      마침내 도쿄에 발을 디뎠을 때 상황은 예상보다 훨씬 더 이상했다.

      일하고 머물 곳은 쿠단 시타 구역의, 용도 변경한 사무실 건물이었다. 1층에는 이자카야와 라멘집이 있었다. 일본의 라멘집은 라멘 말고는 거의 아무것도 팔지 않는다. 7층과 꼭대기에는 한국인이 운영하는 거듭난 기독교도 교회가 있었다. 그 사이 층은 월급쟁이들이 일하는 이름 모를 사무실과 일본 사회에 적응 못한 중년 남성을 위한 사회복귀 시설이 나눠 쓰고 있었다. 대부분의 남자들이 여기까지 흘러오기 전에 길에서 좀 살아본 듯 보였다. 한 건물을 쓰기에는 확실히 이상한 조합이었지만 대부분 내 일본어보다 나은 영어 실력을 갖췄다는 사실엔 감사했다. 밤이면 내 방은 길 건너 맥도날드의 빨갛고 노란 간판에 희미하게 빛났다.

아래의 라멘집이 내 뼈를 묻을 곳이었다. 몇 달이고 설거지를 하고 쪽파를 썰더라도 라멘을 위한다면 무엇이든 할 준비가 되어 있었다. 주방 환경은 어딘가 이상했고 최고의 라멘집 같아 보이지도 않았지만, 어쨌든 도전에 응할 준비가 되어 있었다.

아니, 최소한 첫날까지는 그렇게 생각했던 것 같다.

가게의 라멘은 중급 정도였다. 먹을 만할지는 몰라도 그 이상은 아니었다. 그래도 나는 일본, 그것도 주방에서 일을 할 예정이었다. 다들 별 볼일 없는 곳에서 시작해 좋은 주방으로, 열심히 일을 해 자리를 찾아 올라가지 않느냐고 스스로에게 말했다. 머리를 숙이고 열심히 일해서 최선의 목표를 향해 나아갈 계획이었다.

그러나 얻어 갈 게 거의 없었다. 문제는 셰프였다. 그는 쪼글쪼글하다 못해 시들어빠진 인간이었다. 바로 아래층에 살았는데, 도착한 첫날밤부터 알아볼 수 있었다. 헐렁하고 누리끼리한 사각팬티 차림으로 복도를 어슬렁거리는데, 그의 오목한 가슴은 담배 연기를 뿜어내느라 안간힘을 쏟고 있었다. 평생 담배를 피워대느라 가슴이 그 모양이 된 것 같았다.

첫날 주방에서 내 소개를 했을 때 그의 옷차림은 전날과 별다를 게 없었다. 셔츠는 있겠거니 짐작했지만 입은 걸 본 적은 없었다. 주방에서는 기름 낀 신문지(그는 행주보다 신문지를 선호했다)를 접어 앞치마 끈, 정신없을 때면 딱 맞지도 않고 별로 하얗지도 않은 바지의 허리 고무줄에 끼워두곤 했다.

바지를 취향대로 입을 수 있는 이 주방에서 어떻게든 일하는 방법을 깨친다 해도 다른 조건이 너무 나빴다. 나는 점점 주방일에 요령을 부리기 시작했다. 내가 배울 게 많지 않다는 뜻이었다. 크래프트에서는 최고의 재료를 쓸 수 있었지만 여기서는 일단 재료의 질이 보통 이하였다. 게다가 셰프는 냉장고를 싫어하는지 육수 우릴 고기를 몇 시간이나 상온에 방치해 조리대며 주방 바닥에 피가 배어 있었다. 게다가 싸구려 담배의 독한 연기 구름이 늘 셰프와 함께했다.

쉽게 포기하는 체질은 아닌지라 가능한 한 오래 버텼다. 그래봐야 몇 주도 아닌 며칠이었지만. 정말 참을 수가 없어 한참을 심사숙고한 끝에, 뉴욕으로 돌아가 크래프트에 사정해서 다시 들어가는 한이 있더라도 여기를 떠야겠다고 마음먹었다. 셰프에게 그만두겠다고 말했을 때, 그는 내가 잘 안 보이기라도 하는 것처럼 멍한 눈으로 쳐다보더니 터덜터덜 사라졌다. 그가 내 빈자리를 느꼈을지조차 의심스러웠다.

라멘집을 그만두고, 우여곡절 끝에 이자카야에서 일을 좀 했다. 별 재미도 없고 라멘하고는 상관없는 곳이었지만, 어쨌든 그 노인네의 주방보다는 나았다.

일본에 오는 데 도움을 준 아버지 친구분은 너그럽게도 다른 기회를 알아봐주겠다고 했다. 나는 그저 이자카야에서 카라아게를 튀기면서 가능한 많이 라멘을 먹다가, 가져온 돈을 다 쓰면 뉴욕으로 돌아가겠노라고 생각하며 지내고 있었다. 그때, 놀랍게도 그분이 소바집에 자리를 마련해주었다. 공손하게 구느라 거절은 못했지만 소바를 만들겠다는 생각은 한 번도 해본 적이 없었다. 그러나 소바 또한 면이 아니겠느냐고 스스로를 달래면서 거주단지인 메이다이마에 자리 잡은 소바집 푸유린의 주인, 아키오 호소다를 만나러 갔다.

아키오와 그의 식당은 최고였다. 더 바랄 게 없었다. 그의 작은 이층집 1층에 자리 잡고 있는 소바집은 간소하고 우아했다. 미니멀리스트를 자처하지 않지만 집기들이 간소했으며, 고요하고 평온했다. 아키오와 부인인 유키가 처음 문을 열고 여태껏 모든 일을 해온 곳이었다(아키오가 나를 가르치도록 설득하려고 어떤 약속과 거짓말이 오갔는지 모르지만 그저 감사할 뿐이다).

나는 정신없이 바쁜 주방에서 끓어 넘치는 면수와 육수에 대비해 장화를 신고 끊임없이 밀려드는 주문을 듣는 내 모습을 상상했다. 하지만 현실은 딴판이었다. 하루에 열에서 열다섯 명 이상 손님을 받아본 적이 없었다. 아키오는 천천히 꾸준하게 상황을 통제하면서 모든 것을 완벽하게 다듬어내었고, 그런 모습이 내게 엄청난 본보기가 되었다. 오랜 세월 동안 소바를 만들어왔으니 반사적으로 움직여도 음식은 여전히 훌륭할지 모른다. 하지만 그는 제분하고 반죽을 만들고 밀어 면을 썰고 타레를 만드는 지루한 과정 하나하나를 엄청나게 중요한 의식처럼 치러냈다. 아키오의 주방, 아니 그의 세

계에 요령이라는 것은 없어 보였다.

여태껏 내가 모시고 일한 셰프들이라면 큰소리를 냈을 법한 순간에도 그는 침묵을 지켰다. 말할 것도 없이 모든 재료는 최고였지만, 끈질기게 물어봐도 고작 산지 정도나 귀띔해줄 뿐이었다. 기술은 흠잡을 데 없었고 허세도 없었다. 그는 오직 옳은 방법만 썼다. 처음 몇 주 동안은 반죽만 배웠다. 면 썰기 단계에 이르자 진짜 면에 칼을 대기 전에 몇천 장에 이르는 신문지로 채치는 연습을 해야만 했다. 그는 칭찬이나 주목보다 계속해서 장인 정신을 가다듬을 수 있는 만큼의 손님만을 원했다.

아키오 밑에서 몇 달 동안 허드렛일을 돕고, 설거지를 하고, 그의 행동을 지켜보면서 많은 걸 배웠다. 그러던 어느 날 친구인 허먼 마오가 들렀다. 워싱턴 대학을 막 졸업한 젊은 건축가인 그는 아키오와 함께 저녁을 먹으며 이야기를 나누다가 어느 순간 내가 뉴욕으로 돌아가 라멘집을 열고 싶어 한다는 말을 흘렸다.

대부분의 셰프는 데리고 일하는 견습생들의 꿈에 신경 쓰지 않는다. 하지만 아키오에게는 자기 식당에서 일하며 소바에 최선을 다하지 않는다는 사실이 반역이나 다름없었다. 그리고 처음이자 마지막으로 남자 대 남자의 대화를 나눈 밤, 그는 내게 말했다. "소바인가 아닌가? 거취를 확실히 하도록 해."

그는 삶을 바쳐 소바를 배우겠다는 내 대답을 듣고 싶어 했다. 하지만 나는 그럴 수 없었다. 서툰 일본어로 최대한 돌려 말했지만 내가 소바에 헌신하지 않는다는 사실만은 분명했다. 그는 말했다. "아니, 아니. 소바인지 아닌지를 정하라고."

분명 나는 소바에 헌신할 생각이 없었다. 약 일주일 뒤, 그는 나를 어린 시절 즐겨 찾았다는 라멘집으로 데려갔다. 맛은 형편없었다. 맥주를 몇 잔 마신 뒤 끝까지 격식과 품위를 잃지 않은 그는 내게 작별 선물로 밀대를 건넸다.

나의 의도를 분명히 안 만큼 그도 아무렇지 않은 척하기가 힘들었을 것이다. 혼자서 몇십 년이나 열심히 일해온 그는 나처럼 소바를 죽도록 진지하게 받아들이지 않는 젊은 놈에게 무언가를 가르치기 어렵다는 사실을 뼛속까지 잘 알고 있었다. 그에게 이런 나는 시간 낭비이자 고통일 테니 함께 일하고 싶지 않았던 것이다. 그게 푸유린에서의 마지막 실습이었다.

그래도 아직 묵을 곳이 있었고, 너그러운 톰과 마르코의 인맥 덕분에 파크 하얏트 호텔의 스테이크 하우스인 뉴욕 그릴과 가이세키 전문점인 코즈에서 일할 수 있게 되었다.

돌아보면 뉴욕 그릴은 내 삶에 엄청난 영향을 미쳤다. 이곳에서 나는 혼자서 하룻밤에 4백 인분의 고기를 완벽하게 조리할 수 있는 수비드 조리법(Sous Vide, 재료를 진공 포장한 후 낮은 온도에서 장시간 조리하는 방식으로, 식자재의 맛과 향, 색감은 물론 영양소까지도 최대한 유지해준다. 특히 고기의 육즙과 식감을 최상으로 유지시키는 조리법으로 잘 알려져 있다-옮긴이)을 처음 알게 되었다. 또 일본 재료로 미국적인 맛을 내려는 시도를 처음 보았고, 내 것으로 만들 수 있었다.

코즈에서도 새롭게 요리에 눈뜨는 경험을 했다. 조리사 한 명이 삼겹살 덩어리에 설탕과 소금을 문질러 바른 뒤 직화에 완전히 태우는 것이었다. 믿을 수 없을 정도로 삼겹살을 그을려버린 것이다. '빌어먹을, 저게 뭐 하는 짓이야?' 하는 생각이 들 정도였다. 잠시 후 그는 얼음물에 삼겹살을 담갔다 꺼내 숯처럼 시커먼 겉을 털어냈다. 세상에서 가장 멍청한 짓이라는 생각이 들었다. 맛을 보기 전까지는. 그렇게 겉을 태운 뒤, 조리사는 고기를 무와 함께 다시에 넣어 조렸다. 이윽고 완성된 요리는 정말 맛있는 데다, 그을리는 과정에서 놀라울 정도의 훈연향이 요리에 배어 있었다. 나는 그 순간 이 아이디어를 훔쳐 어디엔가 쓰리라 마음먹었다.

너무나 맛있었으므로 일본을 떠나기 전 아키오의 소바집에 다시 한 번 들렀다. 엄청나게 많은 소바를 먹었지만 아키오의 소바만큼 맛있는 건 없었다. 그는 물, 메밀가루, 밀가루를 한데 모아 치대서는 재료의 합 이상의 무언가를 만들어냈다. 하지만 그의 소바 레시피를 알 길도 없었고, 안다고 해도 그와 같은 맛을 내기는 불가능했다.

한편 나는 미국이 그리웠다. 뉴욕으로 돌아가면 다시 진짜 주방에서 요리를 하고 싶었지만 내가 어떤 요리나 레스토랑 스타일을 원하는지 감을 잡을 수 없었다. 늦은 밤 크래프트에서 함께 일했던 동료들에게 엄청나게 전화를 걸어댔다. 모두 내게 여러 아이디어를 제안하며 사람을 소개해주겠다고 했다.

그들을 통해, 뉴욕 최고의 스시 식당인 스시 야스다에서 생선 손질 담당으로 일할 기회를 잡았다. 하지만 미국에 돌아가서까지 일식당에서 일하고 싶지는 않았다(물론 이제 와서 스시를 배워야 한다면, 셰프 야스다를 위해 정말 열심히 일해보고 싶기는 하다. 그는 훌륭한 셰프다).

그때 나는 실력을 키울 수 있을 뿐 아니라 나를 증명할 수 있는, 도전이 될 만한 일자리를 찾고 있었다. 만약 그 당시에 wd~50(분자요리로 유명한 뉴욕의 레스토랑-옮긴이)이 문을 열었다면 분명 그곳에서 일하고 싶었을 것이다. 선택지는 둘로 좁혀졌다. 셰프 다니엘 불뤼의 레스토랑 다니엘(총괄 셰프 알렉스 리)과 카페 불뤼(총괄 셰프 앤드류 카멜리니)였다. 다니엘 불뤼는 전통적인 프랑스의 스타주 시스템을 거치면서 로제 베르제, 조르주 블랑, 미셸 게라르 같은 거장과 일한 뉴욕의 전설이었다. 그 두 레스토랑은 뉴욕 최고로, 멸종 위기에 처한 고급 정찬의 맥을 잇는 곳이었다. 뉴욕 최고에게서 배우며 요리하고 싶다면 반드시 거쳐야 할 주방이었다.

널찍한 공간에 작은 무리가 일하는 다니엘의 주방을 들린 뒤, 카페 불뤼에 들러보니 결정을 내릴 수 있었다. 주방은 좁아 터졌고 불편했으며 요리사들은 껄렁해 보였고 일의 부담은 엄청났다. 그야말로 도가니 같은 주방이었다. 그래서 더 일해보고 싶었다. 일본에서 돌아온 지 일주일, 그리고 식당 몇 군데를 찾아가본 지 며칠 만에 카페 불뤼에서 바로 일을 시작했다. 그날부터 그곳을 떠나는 날까지 내내 마치 시차 적응이 안 된 것처럼 몹시 피곤했다. 여태 했던 일 가운데 가장 고되었다. 아무리 일찍 일하러 나가도 문을 여는 순간 누군가가 이미 나와서 일을 하고 있었다.

주방 식구들은 특수부대 같은 분위기를 풍겼다. 베르트랑 슈멜, 스콧 퀴스, 티엔 호, 루크 올스트롬, 리치 토리치, 론 로셀리, 마이크 올리버, 라이언 스킨, 맷 그레코, 에이미 유뱅스까지. 최선을 다해 최고로 요리하라는 맹렬한 직업윤리가 주방을 지배했다. 레스토랑 다니엘에 비하면 인원도 적고 장비도 열악했지만 매일 밤 그들을 요리로 누르겠다는 마음으로 일했다. 실로 뉴욕 최고의 주방 식구들이었다.

나는 테린, 육가공품, 식사의 문을 여는 카나페 등, 불을 쓰지 않는 요리를 만드는 가르드 망제 작업대에서 일했다. 최선을 다해 일했지만 매일 밤 깨졌다. 정신 차릴 틈도 없었으며 요리 솜씨도 변변치 않았다. 크래프트 식구들의 추천으로 들어오긴 했어도 실패한 계약직 선수 같다는 기분이 들었다. 한 자리를 차지하고 있긴 해도 타율도 시원찮고 팀이 포스트시즌에 진출하는 데 별 도움이 되지 않는 선수 말이다.

그래도 변함없이 최선을 다하기는 했지만 스트레스가 조금씩 나를 갉아먹고 있는 것 같았다. 왜 나는 하지도 않을 방어 요리에 곁들일 양념을 위해 스물다섯 가지나 되는 향신료의 무게를 재고 있지? 어차피 나라면 방어는 날로 먹는 게 좋으니 요리하지도

않을 텐데. 누구한테 나를 증명해야 될까? 뭣 때문에 이러고 있지? 이렇게 요리하고 있는 척하느니 면이나 뽑을까?

카페에서 다섯 달을 일했을 때, 어머니가 편찮으시다는 소식이 들려왔다. 그래서 일을 안 할 때는 삼촌이며 고모, 부모님 사이에서 집안 사업의 중재자 노릇을 하느라고 전화통을 붙들고 있어야만 했다. 부담이 엄청난 데다 가족들은 내가 버지니아로 돌아오기를 원했다. 돌아보면 셰프 카멜리니 밑에서 1년을 채우지 못한 게 가장 후회스럽다. 훌륭한 식당에서 일할 기회를 잡으면 적어도 일정 기간 동안은 견디며 그들이 일을 가르친 게 시간 낭비가 아니라는 확신을 줘야 한다. 이제 걸림돌은 되지 않겠다 싶은 시점에 적당히 배워서 훌쩍 떠난 나는 그들에게 최악의 시나리오였다. 하지만 셰프는 상황을 잘 이해해서 나를 블랙리스트에 올리지도 않았고 뒤통수를 쳤다고 욕하지도 않았다. 하지만 나는 여전히 그렇게 떠난 것을 후회한다.

버지니아로 돌아오니 어머니의 건강이 좋아졌고 집안 사업도 다시 안정세로 접어들었다. 그래서 국숫집을 낼 계획을 세우기 시작했다. 들어갈 돈이며 그에 맞춘 가게 자리, 필요한 최소 공간 등을 계획했다. 스스로 분위기를 띄워보려고 집에서 라멘과 온센 다마고(천천히 삶은 달걀로 일본에서 배웠다)와 주먹밥을 만들었다. 팔기 위해 라멘을 만들어본 적은 없었지만 먹을 만큼은 먹어봐서 어떤 라멘을 먹고 싶은지, 어떻게 만드는지 잘 알고 있었다. 아버지와 친구들이 착수금을 모아주기로 했고, 나는 뉴욕으로 돌아왔다.

가게의 이름은 '모모푸쿠'라고 정해놓았다. 일본어로 '행운의 복숭아'를 뜻하는 말이다. 그래서 로고도 복숭아로 했다. 라멘을 발명한 안도 모모푸쿠에게 간접적으로 표하는 경의이기도 했다. 그 덕분에 수없이 많은 끼니를 짧은 시간에 해결할 수 있었으니까. 물론 그 자체로 끝내주는 이름이기도 했다. 식당 이름으로는 최고라고 생각했다. 다른 이유도 있었는데, 발음에 얽힌 것이었다. 바로 나의 많은 것들에게 날리는 '퍽유(fuck you)'였다. 일단 한국계 미국인인 내가 라멘집을 차린다는 사실부터 우스꽝스러웠다. 요리도 그럭저럭 하는 내가, 훨씬 실력이 뛰어나면서도 여전히 남의 밑에서 힘들게 일하며 배우는 친구들보다 먼저 가게를 차리는 것도 마찬가지였다. 모모푸쿠가 '마더퍼커(motherfucker)'처럼 들리는 것 역시 우연이 아니었다.

가게를 시작할 공간을 찾았다. 이스트 빌리지 1번가에 있는 치킨윙 가게 자리로,

작고 싼 곳이었다. 간소하면서도 전통적인 가게를 꾸미고 싶었다. 아울러 열린 주방을 생각하고 있었다. 유행을 좇는 것보다는 공간 절약이 우선이었고, 최대한 많은 자리를 쑤셔 넣을 수 있으니까. 디자인 샘플을 몇 개 살펴본 뒤 가장 저렴한 합판으로 결정했다. 본토인 일본에서는 최고의 라멘집들이 대체로 쓰레기 수준으로 낡았는데, 그런 분위기를 내고 싶었다.

'성실하게 만든 음식을 합당한 가격에 내자'가 누들 바의 콘셉트였다. 사업 계획서에도 같은 문구를 집어넣었다. 맨해튼의 고급 외식 시장이 포화 상태에 이른 2003년에서 2004년 사이, 카페 불뤼에서 녹초가 되도록 일하며 스스로의 한계를 깨달은 뒤 내린 결정이었다. 도쿄의 훌륭한 라멘집들에서 얻은 교훈도 한몫했다. 좋은 음식을 내기 위해 분위기마저 고급일 필요는 없었다.

세상과 맞장 뜰 각오를 함과 동시에 엄청난 빚을 지고 나서야 모모푸쿠를 혼자서 열게 될지도 모른다는 두려움에 시달리기 시작했다. 두려움은 현실로 변해갔다. 같이 일해보고 싶어 얘기를 꺼내면 모두 거절하거나 주저했다. 이 사람 저 사람에게 얘기를 건넸지만 사람은 구하지 못했다. 간신히 자리를 잡아놓은 안정적인 주방을 떠나고 싶어 하지 않거나 나와 국수나 삶고 싶은 생각들이 없었다. 그도 아니면 퍼 세, 크루 마사, 허스, 카페 그레이처럼 잘 나가는 레스토랑에서 한자리 잡고 싶어 하거나 아니면 자기 가게를 열고 싶어 했다.

같이 일하고 싶거나 대체로 긍정적으로 검토했던 요리사들을 거쳐, 요리 경험이 전혀 없는 친구의 친구들까지 쑤셔보았다. 그래도 사람을 구할 수 없었다. 마르코 카노라는 내가 미쳤다고 생각했다. 그가 진지하게 "독불장군 데이비드 장"이라는 말을 내뱉고는 바로 미친 듯이 웃던 순간을 지금도 기억하고 있다. 이런저런 일들을 다 겪고는 결국 일을 나눠서 할 사람 하나만 구하면 좋겠다는 결론에 이르렀다.

그러던 가운데 치즈케이크 팩토리(Cheesecake Factory, 미국의 프랜차이즈 패밀리 레스토랑-옮긴이)에서 일하고 있던 동생의 친구가 몬스터닷컴을 통해 사람들을 뽑았다는 이야기를 했다. 어느 주방에서도 그렇게 일자리를 구했다는 사람을 본 적이 없고, 그런 프랜차이즈 방식을 원하지도 않았다. 하지만 나는 이미 필사적이라고 말할 수 있는 단계조차 넘어선 상황이었다. 크레이그리스트의 공짜 광고는 몇 달을 올려도 아무 소용이 없었다. 그래서 월 수수료 375달러를 내고 몬스터닷컴에 광고를 실었다. 그게 생애 최

고의 투자였을 줄이야.

뉴멕시코 주 산타페에서 요리를 하다가 뉴욕으로 옮기고 싶은 친구가 이력서를 보내왔다(예나 지금이나 뉴욕 레스토랑의 주인이나 셰프들은 뉴욕 바깥에서 일하던 사람들은 거들떠보지도 않지만, 당시 나에겐 그것조차도 사치였다). 이야기를 나눠보니 몇몇 레스토랑에서 실습을 했지만 별 도움이 안 되더라는 말을 했다. 그는 무척 절망한 상태였고, 나도 마찬가지였다.

그가 아직도 공사 중인 가게 자리에 들렀다. 우리는 에이가(街)의 루시스에 들러 맥주를 마시고는 주크박스에서 같은 종류의 노래를 들었다. 벨벳 언더그라운드의 〈헤로인Heroin〉을 들으며 와일드 터키(Wild Turkey, 옥수수로 만드는 미국 위스키인 버번의 상품명–옮긴이) 몇 잔을 마시고 우리는 합의를 보았다. 호아킨 바카—퀴노—가 내 파트너이자 누들 바의 공동 주방장이 된 것이다.

그렇게 퀴노와 나, 단 둘이서 누들 바를 개업했다. 서로 알게 된 지 며칠 되지도 않았지만 우린 종일 치킨윙 가게를 누들 바로 개조하는 데 몰두했다. 우리는 낮이나 밤이나 누들 바를 닦고 조이는 한편 문을 열기도 전에 가진 돈을 전부 날려버리지 않도록 신경 썼다.

셀 수 없이 많은 시간 동안 건즈 앤드 로지스의 〈라이스Lies〉와 모데스트 마우스의 〈더 문 앤드 앤타르크티커The Moon and Antarctica〉를 오래된 소니 시디플레이어로 들으며 대청소를 했다. 그러던 어느 날 퀴노는 예전에 스트리퍼와 사귄 적이 있다고 말했다.

그의 이야기를 듣고 생각해보니, 내가 아는 미드타운의 일본 스트립클럽에서 여자들을 데려오면 장사가 잘될 것 같았다. 예쁜 일본 여자들이 모모푸쿠에 앉아 식사를 한다면 손님들

이 우르르 찾아올 것 같았다. 곧 마케팅 전략을 세웠다. 진짜 어이없는 발상이지만 그때는 그럴듯해 보였다. 가족과 친지들을 위해 준비한 저녁 영업 전날 퀴노와 나는 간당간당하던 누들 바의 유동자금을 날려버렸다.

아는 사람이 있다면 스트립클럽 입장은 문제가 아니다. 클럽은 교외 주택의 거실 정도로 매우 좁다. 늘어진 검정 가죽 소파가 벽을 따라 줄지어 있을 뿐, 춤출 수 있는 봉도, 샴페인을 마시는 특실도 없다.

클럽은 말할 수 없이 눅눅했다. 뉴욕에서 아직도 시가를 피울 수 있던 시절의 이야기다. 최소한 거기는 그랬다. 모두가 담배를 피워댔다. 디제이 부스 옆의 작은 바에 앉아 산토리 위스키를 마시며 기다렸다. 비밀스런 일본 클럽에서라면 당연히 산토리를 마셔야 한다.

그곳의 댄서들에게 가게 명함을 돌릴 계획이었다. 생각해보니 처음이자 마지막으로, 여자들에게 '우리는 셰프인데'라고 말하면 일이 술술 풀릴 거라고 기대했다. 8백 달러 정도 날려버리게 될 수도 있었지만 뭐, 괜찮았다. 우린 엄연히 출장 중이었다.

일단 입장료가 80달러였다. 그러면 술은 계속해서 마실 수 있지만 규칙이 따로 있었다. 춤값을 내야만 했다. 매일 밤 담당 스트리퍼가 손님 사이를 오간다. 어느 시점이 되면 가격이 말도 안 되게 오르지만 그건 문제도 아니다. 계속해서 나오는 산토리를 들이켜다 보면 어느새 취하지, 댄서들은 한 병에 350달러쯤 나가는 샴페인을 마시겠다고 하지, 거기에다 춤값은 기본이 20달러⋯⋯. 그때 어둠 속에서 남자가 나타나서는, "미스터 장, 시간이 다 됐는데 한 시간 더 계시겠습니까?"라고 물어본다.

물론 우리는 더 있었다. 식당 개업은 세상에서 가장 더러운 기분을 안겨준다. 자나 깨나 식당이 일상의 전부가 되어버리는 데다가 옷에는 언제나 톱밥이 달라붙어 있다. 아무리 샤워를 해도 몸에서 냄새가 가시지 않는다.

사실 우리는 주방을 제대로 갖춰놓지도 않은 채 클럽에 가 있었다. 모든 건 케이마트에서 사들였고, 스탠드믹서는 퀴노의 여자 친구에게서 빌렸다. 별로 필요한 게 없을 거라고 서로 합리화하며("누들 바에 그딴 게 다 필요하겠어?") 우리는 더욱 끈적끈적한 한 시간을 보냈다. 금전 등록기는 어떻게 만지는지, 세금은 어떻게 내야 하는지, 월급은 어떻게 줘야 하고 일할 사람은 어떻게 구해야 하는지 몰랐지만 우리에겐 이런 시간이 필요했다.

식당을 개업하면서 우리처럼 그렇게 얼빠져 있는 사람은 없을 것이다. 그것도 개업 전날 밤에. 그날 밤 우리에게 식당 개업은 뒷전이었다.

그렇게 며칠 더 지나 7월 말, 누들 바의 진짜 영업을 위해 크래프트의 톰에게 들렀다. 서류 작업에 도움이 필요했다. 돌아오니 보건부 공무원들이 와 있었다. 점검을 받아야 영업을 개시할 수 있었던 것이다. 그 순간 구역질이 치밀어 올라 화장실로 직행했다. 퀴노는 내가 토할 때 그들이 못 들은 척하려 애썼다며, 아직까지도 그 일로 나를 놀려댄다. 화장실 문이 얇아 어차피 다 들릴 수밖에 없는 상황이었는데도.

그리고 입이 떡 벌어지는 순간이 다가왔다. 아리따운 일본 여자 셋이 어슬렁거리며 가게로 들어선 것이다. 그녀들이 자리를 잡고 라면을 먹고 난 뒤에, 우리는 당연히 라멘값을 요구했다. 자기 돈을 내고 뭔가 먹어본 적 없어 보이는 여자들이었지만, 우리에게는 첫 손님이기 때문이었다. 물론 그녀들은 다시는 찾아오지 않았.

누들 바의 개업 메뉴에는 열 가지 음식이 올랐고, 몇몇 재료는 두세 가지 음식에 겹쳐 들어갔다. 김치조차 담그기 전의 일이다. 누들 바이므로 당연히 그래야 한다는 생각에 교자와 풋콩도 내놓았다. 딱히 정통을 추구한다고 말할 수는 없지만 그래도 일본식 국숫집이기는 했으니까. 한때는 채식 요리를 세 가지씩 낸 적도 있었다.

스트리퍼들이나 호기심 많은 동네 사람들이 들렀다 간 뒤 몇 주 동안은 죽도록 손님이 없었다. 주방은 너무나 한가했다. 이렇게 느슨하다가는 곧 망할 것 같았다.

감사하게도 주방에서 함께 일했거나 외식업에 몸담고 있는 친구들이 찾아와줬다. 장 조르주의 오른팔인 토니 디살보와 그레그 브레이닌이 개업 초창기, 늦은 시간에 들러주기 시작했다. 그들이 일을 끝내고 정기적으로 들르기 시작한 뒤부터 주방의 다른 식구들도 찾아들었다.

문을 연 지 한 달 뒤, 크래프트에서 함께 일한 리즈 채프먼(이제는 리즈 베노)이 퍼 세 주방 식구들 회식을 누들 바에서 가졌다. 〈뉴욕 타임스〉의 수요일 음식면 평가가 나오기 전날 밤이었다. 조나단 베노—토머스 켈러의 레스토랑인 퍼 세의 총주방장—는 크래프트에서 내 멘토였다. 그런 사람이 〈뉴욕 타임스〉 최고의 영예인 별 네 개를 받은 날 밤 내 가게에 앉아 우리의 음식을 먹었다. 그날 밤 뉴욕의 모든 셰프가 모모푸쿠에 앉아 포크 번과 맥주를 먹는 듯한 기분이 들었다. 크래프트에서 함께 일했던 베노와 마르코, 다른 주방 동료들의 지원 덕에 손님이 없던 처음 몇 달이 훨씬 더 버틸 만했을 뿐만 아니라 미래가 한결 덜 암울해 보였다.

맥주가 시원하면서도 싸고 모모푸쿠가 괴물 쇼 같아서 사람들이 찾아오는 거라는 생각이 들었다("이 녀석들이 불 재주 넘는 걸 보자고"). 친구들이 "야, 이거 봐봐. 데이비드 장이 식당을 꾸린대. 뭘 알고나 하겠어?"라고 말하리라는 것도 알고 있었다.

그들이 맞았다. 나는 아는 게 없었다. 하루 나갈 만큼의 재료를 가늠해서 사서는 그날 밤 막판에 몰아서 다 써버리곤 했다. 나는 아침 8시부터 시작해 밑준비를 다하고 점심때에는 조리, 손님 접대, 음식 운반까지 모두 혼자 치러냈다. 그러면 퀴노가 오후 1시에 출근했다. 내가 저녁 시간 어느 시점에서 뻗어버리면 그는 혼자 남아서 설거지를 했다. 그럼 대개 새벽 2시. 그리고 여섯 시간 뒤 다시 내가 출근했다.

우리는 죽어라 일했고, 음식도 조금씩 나아졌다. 이런저런 평가며 기사가 나오기 시작했다. 〈데일리 뉴스〉의 조 지미아노비츠가 모모푸쿠는 그 구역, 즉 버러 내에 산다면 한 번쯤 들러볼 만하다는 평가를 했다. '버러 내'란 가장 낮은 평을 이르는 '동네에서'의 바로 윗 단계다. 이어서 로빈 레이스필드와 롭 패트로나이트가 〈뉴욕〉지에 좋은 기사를 내보냈다. 기사 때문이었을지도 모르지만 어느 토요일엔 점심때만 매출이 8백 달러에 이른 적도 있었다. 당시로서는 상상조차 할 수 없었던 매출이었다. 마침 그날 혼자서 일해야 했기에 내겐 최악의 날이었지만.

우리는 몇 달 동안 죽도록 일했다. 그러다가 정말 죽을 뻔한 토요일을 보내고서야 퀴노와 나는 웨이터와 요리사를 충원하기로 했다. 광고를 냈지만 여전히 아무도 우리와 일하고 싶어 하지 않았다. 그래서 퀴노의 스페인어에 힘입어 뉴욕시의 공식 스페인어 신문인 〈엘 디아리오〉에 광고를 냈다. 그걸 보고 제일 처음, 업타운의 라멘집 멘창코테이에서 일하던 녀석이 찾아왔다. 우리를 위한 최고의 일꾼이라는 확신이 들었다. 그는 주방용 젓가락을 챙겨왔을

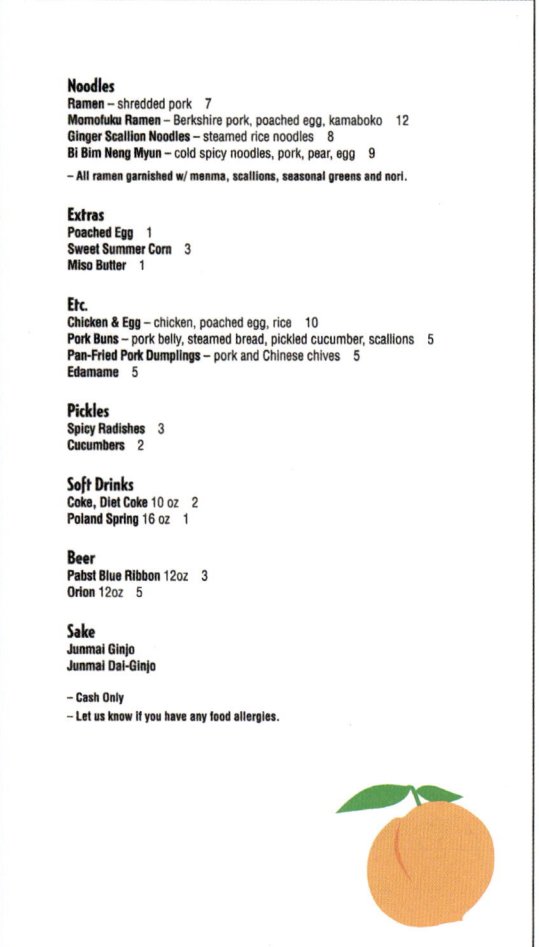

뿐만 아니라 칼질도 곧잘 했으며, 많은 양의 밥을 잘 짓는 방법도 가르쳐줬다. 그리고 마침내 손을 덜어줄 사람들 몇을 쓸 수 있게 되었다.

블로거들은 내가 성질이 얼마나 더러운지, 얼마나 화를 잘 내는지에 대해 떠들곤 한다. 모모푸쿠에 관한 첫 번째 글이 인터넷 음식 대화방에 뜬 적이 있었다. 사람들은 문을 연 지 15분도 채 지나지 않은 식당에 대해서도 씹어대곤 했는데, 그곳에 나에 대한 장광설이 올라와 있었다. 나는 모자를 가능한 한 깊이 눌러 쓰고 손님과 45센티미터 정도의 거리를 둔 채 눈을 마주치지 않으려 애썼다. 한편 주문판을 보고 음식을 내보내다가 제대로 안 되어 있으면 함부로 소리를 질렀다. 나는 요리사들에게 음식이 얼마나 형편없는지를 포르노에나 어울릴 만큼 상세하게 지적했다. 사람들의 평가에도 신경 쓰지 않았다. 장부를 정리하고 은행에 입금하고 시장에 다녀왔다가 아침이면 파를 썰고, 하루 종일 손님을 받았다. 손님의 생각보다 신경 쓸 일이 더 많았다. 나는 계속 사람들을 밀어내고 있었다. 내가 크래프트와 카페 불뤼에서 당한 만큼 그들에게 채찍을 휘둘러댔다. 일주일을 버티는 사람이 없었다.

어느 날 아침, 누들 바에 발을 들여놓자마자 사건이 터졌다. 새로운 설거지 담당이 손 세정제와 표백제를 걸레통에다 섞는 광경을 본 것이다. 그걸 보고 나는 미쳐버렸다. 그렇게 바닥을 닦지 말라고 몇 번이나 말해온 터였다. 간신히 주방에 필요한 최소한의 인원을 갖춘 지 채 몇 주도 지나지 않은 그날 아침, 한 손에는 표백제를 들고 다른 한 손에는 손 세정제를 든 채 걸레통 앞에 서 있는 그를 보고 있자니 돌아버릴 수밖에 없었다.

멘창코 테이 출신의 요리사는 내가 미쳐 날뛰는 꼴을 보고는 그만뒀다. 그는 내게 단호한 어조로 그런 식으로 일을 시키면 나와 일할 사람은 아무도 없을 것이며, 엉터리 사교클럽 같은 운영 방식도 집어치워야 하고, 식당 문도 닫아버려야 한다고 말했다.

그날 나는 네 명을 더 잘랐다. 그의 말이 옳았는지도 모른다.

마침내 12월, 훌륭한 새 식구를 맞았다. 일로, 팔라딘, 바뷰토같이 훌륭한 식당의 주방에서 일한 스캇 가핑클과 뒤이어 크래프트 제국의 두 번째 레스토랑인 크래프트 바 출신의 케빈 페물리가 합류했다. 아침 밑준비와 절임 요리의 왕자, 내가 미친놈처럼 굴어 모두들 그만두려 할 때도 일 잘하는 식구들을 챙겨준 페드로 도밍게스도 합류했다. 마침내 핵심 멤버를 갖추게 된 것이다.

형편이 예전보다는 나아졌지만 괜찮은 수준은 아니었다. 퀴노와 나는 여전히 급여를 받지 못하고 있었다. 모모푸쿠라는 이름의 압력솥(스물일곱 명의 손님에 두세 명의 요리사와 웨이터들이 55제곱미터 공간에, 밑준비하는 요리사 몇 명이 지하 주방에 빼곡하게 자리 잡고 있었다)을 몇 달 돌리고 나니 우리는 비참한 형편이었다.

적어도 거의 대부분의 시간에 우리는 그렇게 비참했다. 하지만 그때쯤 깨달음의 순간이 찾아왔다. 일요일에 쉬던 시절, 다 함께 저녁을 먹은 어느 날 밤이었다. 맥주와 버거로 유명한 곳이었는데 대강 만든 음식에 사람들이 즐겁게 어울렸고 평판마저 좋았다. 그리고 4백 달러나 찍힌 계산서가 딸려왔다. 그때 문득 생각이 들었다. 우리는 그저 앉아서, 여기보다는 요리를 잘 할 거라 씹어댈 뿐이었지만 그런 곳이 손님으로 넘쳐나고 있었다. 평판도 좋고 돈도 번다. 그럼 우리의 문제는 대체 무엇인 걸까?

새해로 접어들고 얼마 지나지 않아, 누들 바 옆 보도에 앉아 퀴노와 함께 담배를 피우며 그냥 다 때려치워야 되겠다고 마음먹었다. 누들 바 콘셉트를 지키겠다고 스스로를 옭아매, 낼 수 있는 음식에 제한을 두면서도 끊임없이 정통성에 대한 지적을 들어왔다. 그런 걸 지키지 않는다는 이야기였다. 교자를 내야겠다고 생각한 이유도 모두가 동양계 식당에서 만두 먹기를 좋아하기 때문이었다. 바깥의 충고에 너무 귀를 기울이는 것이 문제였다.

어차피 더 잃을 게 없다는 결론을 내렸다. 정말 더 이상 잃을 게 없었다. 그래서 이젠 좋아하는 음식을 하기로 마음먹었다. 시장을 적극 활용하고 1년만 더 버텨보기로 했다. '싸고 양 많이'가 슬로건이 되었다. 어차피 망할 거라면 웃으면서 망하고 싶었다.

그래서 메뉴에 한계를 두지 않기로 했다. 천엽, 튀긴 송아지 췌장, 모든 갑각류, 돼지머리 치즈, 한국식 부리토 등을 만들고 넘쳐나는 지역 봄 채소를 적극 활용했다. 그러자 사람들이 더 자주 찾아오기 시작했다. 식당이 손님으로 가득 찰 때도 많았다. 시간이 조금 더 지나자 손님들이 줄을 서서 기다리는 것도 일상이 되었다(그 시절 밤마다 우리를 성원해주었던 동네 손님들에게 언제나 미안함을 느낀다). 파산에 대한 위협을 느끼지 않게 된 어느 순간, 갑자기 매체에서 지나친 관심을 기울이기 시작했다.

모모푸쿠는 구린 누들 바 이상의 식당으로 탈바꿈하고 있었다. 스스로의 정체성을 찾기 시작한 것이다. 더 훌륭한 요리사와 웨이터들이 찾아오기 시작했으며 식당의 사업적 측면을 챙겨줄 사람도 찾았다. 천천히 성공이 찾아왔다.

여름에 이르자 가게가 손님으로 가득 찼다. 나는 인터뷰를 하거나 텔레비전에 출연하느라 주방을 지키는 시간이 점점 더 줄어들었다. 서서히 요리하지 않는 셰프의 길을 걷기 시작했다. 불과 1년 전 내가 비웃던 모습이었다. 다른 요리사들이 죽어라 일하는 데 나 또한 주방에서 소리나 질러대는 건 셰프의 책임이 아니라는 사실을 깨닫고 있었다.

개업을 하고 두 번째 맞는 가을, 그해 1월에는 절대 불가능하다고 생각했던, 개업 1주년이 되니 상황은 초현실에 가깝게 돌아갔다. 내가 업계의 큰 상 후보에 오른 것이다. 앤드루 카멜리니는 받았지만 마르코 카노라는 부당하게도 받지 못한 상이었다. 종업원들에게 급료를 주고 빚을 갚을 만큼의 돈을 벌었고 식당은 문을 열고 닫는 순간까지 손님으로 가득 찼다. 내게는 이 모든 것이 말도 안 되는 상황처럼 느껴졌다.

개업하자마자 성공했더라면 이런 일이 벌어지지 않았을지 모른다. 지금 우리의 방식은 온갖 빌어먹을 난관들을 거쳐가며 완성한 것이기 때문이다. 🍊

모모푸쿠 라멘
MOMOFUKU RAMEN

1인분

육수+면+고기 고명+기타 고명=라멘이 된다. 조합 가능성이 무궁무진하므로 그만큼 쉽고 또 어렵다. 육수는 대개 돼지뼈와 해조류로 낸다. 대부분 해물을 넣지만 우리는 베이컨을 쓴다.

대부분 즉석에서 뽑은 알칼리면(59쪽 참조)을 쓰는데 그마저도 수천만 가지로 종류가 다양하다. 지금은 주방에서 직접 뽑지만 처음에는 아시아 식품점에서 살 수 있는, 밀가루와 물로 만든 생로미엔을 한참 썼다.

고기 고명은 대개 돼지고기, 특히 삼겹살을 최고로 친다. 다른 고명은 융통성 있게 얹을 수 있지만 김, 죽순, 달걀, 쪽파는 거의 대부분 공통적으로 쓴다.

모모푸쿠 라멘의 레시피를 공개한다. 먹을 사람의 수에 따라 두서너 배로 양을 늘려 만드는 것도 가능하다. 어묵이나 죽순을 못 찾았다고 해서 걱정할 필요는 없다. 모두들 라멘에 일종의 원형이 있다고 하는데, 그렇지 않고 그럴 수도 없다. 모모푸쿠의 라멘은 아래와 같이 만든다. 중요한 건 정확하게 만드는 것보다 맛있게 만드는 것이다. 콩나물, 닭고기, 두부 등 온갖 재료를 육수에 넣을 수 있다. 맛있게 조리해보시길.

만드는 법

1. 먼저 모든 재료를 미리 준비한다. 육수는 끓을 듯 말 듯할 정도로 뜨거워야 한다. 마지막으로 간을 본다(맛의 깊이를 위해 타레를, 균형을 위해 소금을, 단맛을 위해 미림을, 짜면 물을 넣는다). 큰 냄비에 소금 간을 넉넉히 해서 면 삶을 물을 끓인다. 고기 고명 또한 뜨거워야 한다. 김은 네모나게 잘라두고, 쪽파는 썰고 어묵은 저며둔다. 죽순도 미리 삶아두고, 제철 채소도 손질해놓고, 달걀도 삶아둬야 한다. 뜰채(또는 채, 아니면 뭐라도 면을 건질 도구), 국자, 젓가락, 숟가락(까다로운 사람이라면 계량컵)도 모두 준비한다. 낮은 온도로 예열한 오븐에 라멘 대접(3컵 정도 넉넉히 담길 용량으로)을 데워두는 건 센스다. 한꺼번에 몇 인분 이상을 만들려면 아마 도와줄 사람이 필요할 것이다.

2. 레시피나 봉지 뒷면의 조리법에 따라 면을 삶는다. 대접에 나눠 담고 면이 잠기도록 뜨거운 육수를 붓는다.

3. 각종 고명을 올린다. 고기(목살이나 삼겹살)와 다른 고명(쪽파, 죽순, 어묵, 채소)을 대접 언저리에 보기 좋게 늘어놓는다. 달걀을 준비했다면 까서 면 한가운데에 퐁당, 떨어뜨린다. 김을 국물 한쪽 끝에 3분의 1 정도 담가 대접의 가장자리에 얹는다. 뜨거울 때 낸다.

재료

라멘 육수 2컵(48쪽)
타레(50쪽) 또는 소금, 필요할 경우 미림
생면 140~170g(레시피는 59쪽, 그러나 정말이지 손수 만들 필요는 없다)
삼겹살 2~3쪽(62쪽)
목살 ½컵(63쪽)
김 7.5×7.5cm 2장
얇게 썬 쪽파 ¼컵
얇게 저민 시판 어묵 2쪽
죽순 4~5쪽(66쪽)
제철 채소 ¼컵(67쪽)
반숙 달걀 1개(64쪽)

라멘 육수
RAMEN BROTH

5ℓ 분량

라멘 열 그릇 분량의 레시피이니 분명 한 번에 쓸 수 없을 만큼 많은 양이다. 그러나 냉동 보관하기 쉽고 모모푸쿠 레시피에 두루 쓰인다. 한 번 냄비를 불에 올릴 때 차라리 많이 만드는 편이 낫기도 하다.

'살점이 붙은 돼지뼈'는 문자 그대로, 살점이 좀 붙어 있는 돼지뼈를 가리킨다. 목뼈가 가장 좋은데 찾기가 어렵다(우리나라의 경우 시장에서 감자탕 재료인 돼지 목뼈 또는 등뼈를 쉽게 구할 수 있다 –옮긴이). 어깨뼈나 다리뼈도 좋다. 갈비만 쓰면 국물이 영 신통치 않으므로 보충하는 역할로만 쓴다.

다시마와 표고버섯은 육수를 우리고 나서 다른 음식에 재활용할 수 있다. 구운 문어 샐러드(121쪽)나 표고버섯 절임(86쪽)을 참고할 것.

만드는 법

1. 흐르는 물에 다시마를 씻어 8ℓ들이 육수 냄비에 물과 함께 담는다. 센 불에 올려 물이 끓으면 불을 끈다. 10분 동안 우린다.

2. 다시마를 건져내고 씻어둔 표고버섯을 넣는다. 불을 세게 올렸다가 물이 끓으면 다시 줄여 육수가 은근히 끓도록 둔다. 표고버섯이 물을 머금어 통통해지고 육수에 색과 향을 불어넣을 때까지, 30분 동안 그대로 둔다.

3. 오븐을 200℃로 예열한다.

4. 주방용 뜰채나 구멍 뚫린 국자, 또는 숟가락으로 표고버섯을 건진 뒤 닭을 넣는다. 거품이 슬슬 올라오다가 육수 표면에서 종종 터질 정도의 약한 불에서 은근히 끓인다. 닭을 끓이는 동안 올라오는 거품이나 지방은 족족 건져내 버리고 계속 닭이 잠길 정도로 물을 넣어준다. 약 1시간 뒤에 살을 뼈에서 쉽게 잘 발라낼 수 있을 정도로 닭이 익었는지 확인한 뒤 건진다.

5. 닭을 끓이는 동안 돼지뼈를 제빵 또는 구이팬에 담아 오븐에 넣어 1시간 동안 굽는다. 골고루 갈색이 돌도록 30분 뒤 뒤집어준다.

6. 닭을 건지고 돼지뼈와 베이컨을 넣는다. 육수가 은근히, 균일하게 끓을 수 있도록 불을 조절한다. 찌꺼기를 걷어내고 물을 조금 더 넣어준다. 45분 뒤 베이컨을 건져내어 버린다. 예닐곱 시간, 또는 시간이 된다면 그보다 더 오래 약한 불에서 끓인다. 5시간 전후로는 물을 더 넣지 않는다.

7. 쪽파, 반으로 썬 양파, 껍질을 벗겨 대강 썬 당근을 넣고 45분 동안 더 은근히 끓인다.

8. 뼈와 채소를 건져 버린다. 면포를 받친 체에 육수를 거른다. 이 시점에서 바로 쓸 수 있지만 미리 만들어두는 경우 모모푸쿠에서는 육수를 다시 냄비에 담아 반으로 졸인다. 저장 공간을 아끼기 위해서다. 응축된 육수를 필요한 만큼 용기에 나눠 담으면 냉장고에서는 며칠, 냉동고에서는 몇 달 동안 두고 쓸 수 있다. 물과 1:1로 섞어 다시 끓이면 된다.

9. 바로 쓰든 졸여 쓰든, 마무리는 타레로 한다. 때때로 베이컨이나 다시마, 또는 다른 재료의 염분이 더 두드러질 때가 있으니 반드시 간을 직접 보면서 타레를 더한다. 1ℓ당 2~3큰술로 시작한다. 맛을 봐가면서 간을 맞추는 게 좋다. 모모푸쿠에서는 아주 짜지는 않지만 거의 그에 가까울 정도로, 적극적으로 간을 맞춘다. 싱거운 육수는 죄악이다.

재료

다시마 7.5cm×15cm 2장
물 6ℓ
말린 표고버섯 2컵
통닭 또는 닭다리 1.8kg
살점 붙은 돼지뼈 2.25kg
훈연향 강한 베이컨 0.5kg(앨런 벤튼 제품 추천, 167쪽 참조)
쪽파 1대
중간 크기 양파 1개
당근 2개
타레(50쪽), 또는 소금, 간장, 미림

누들 바 49

타레
TARÉ

약 2½컵 분량

일본에서도 타레의 의미는 지방마다 다르다. 내가 라멘을 배운 도쿄에서는 일본식 바비큐 소스를 뜻한다. 완전 연소되는 빙쵸탄에 굽는 닭꼬치인 야키토리를 파는 음식점에서는 불에서 내리기 직전 꼬치에 타레를 살짝 바른다. 가장 그럴싸한 타레 조리 시스템은 도쿄의 한 야키토리 가게에서 보았다. 그릴 아래 타레를 담은 닭기름받이를 달아놓아서, 닭고기를 구울 때 나오는 기름과 타레가 끓임없이 섞이게 한다(다음 날 거기에 새 간장과 미림, 사케를 더해 끓인 뒤 다시 조리대로 가져갈 것이라고 짐작한다). 타레는 야키토리 전통을 상징할 뿐만 아니라 라멘집에서 짠맛을 주로 책임지는 양념이다. 적어도 도쿄에서는 그렇다. 라멘집마다 특유의 육수와 타레 레시피가 따로 있다. 언제나 훤히 보이는 곳에서 사과든 대파든, 가게에서 나름 비법이라고 생각하는 재료를 넣어 끓이는 걸 볼 수 있기에 육수는 쉽게 파악할 수 있지만 타레는 사정이 다르다. 만드는 걸 볼 수 있는 경우가 드물어 재료를 알아내기가 더 어렵다. 어디에서는 말린 쪽파를 더하는 반면 다른 곳에서는 닭뼈를 빼기도 한다.

모모푸쿠의 타레 맛은 우직하다 못해 단순한데, 남은 닭고기나 뼈를 처치하기에 그만이다. 대부분의 라멘집에서는 손님에게 내기 위해 면을 담고 육수를 붓는 과정에서 타레를 더해 간을 맞춘다. 내가 볼 때는 마치 러시안 룰렛 같이 아슬아슬하다. 라멘을 망칠 확률이 너무 높기 때문이다. 그래서 모모푸쿠에서는 타레로 육수에 먼저 간을 하고 신중하게 맛을 봐가며 균형을 맞춘다.

만드는 법

1. 오븐을 230℃로 예열한다.

2. 닭 잔해(chicken back, 부위별로 파는 가슴살, 다리, 날개 등을 분리하고 남은, 등을 포함한 닭의 몸통을 의미한다-옮긴이)를 셋으로 나눈다. 갈비를 반으로 가르고 다리뼈에서 허벅지를 분리한다(표면적이 넓어질수록 구워지는 면적도 넓어지므로 뼈를 태우지 않는 한 맛도 더 깊어진다).

3. 2의 뼈를 지름 30~35cm의 우묵한, 오븐에 쓸 수 있는 볶음팬이나 스킬렛에 담아 오븐에서 45분에서 1시간 동안 굽는다. 약 40분이 지나면 타지 않는지 확인한다.

4. 뼈가 다 구워지면 팬을 오븐에서 꺼내, 사케를 살짝 뿌린 뒤 중간 불에 올린다. 사케가 거품을 내며 끓기 시작하면 팬 바닥의 '폰드(fond, 재료를 익혔을 때 열과 재료의 당이 반응해 팬의 바닥에 눌어붙은 것. 육수나 술 등 액체를 부어 긁어내 사용하는데 서양 요리에 깊은 맛을 더한다-옮긴이)'를 긁어낸다.

재료

닭 잔해 2~3조각
사케 1컵
미림 1컵
우수구치(일본 국간장) 2컵
흑후추

5. 폰드를 다 긁어내고 나면 사케 나머지와 미림, 간장을 팬에 붓고 불을 세게 올린다. 끓기 시작하면 불을 낮춰, 끓을 듯 말 듯하게 유지하며 1시간 동안 둔다. 살짝 졸아들면서 맛이 어우러지며, 농도가 짙어질 것이다.

6. 뼈를 걸러내고 남은 타레에 후추 약간으로 양념한다. 이렇게 만든 타레는 바로 쓰거나, 식혀서 밀폐 용기에 담아 냉장고에 두고 사나흘 쓸 수 있다.

다시
dashi

전통적으로 라멘 육수는 다시를 바탕으로 만든다. 해조류와 말린 생선으로 우린 다시는 일본 음식의 주춧돌이라고 할 수 있다. 훈연향과 살짝 감도는 생선의 냄새, 자연에서 얻은 MSG까지 가득하다.

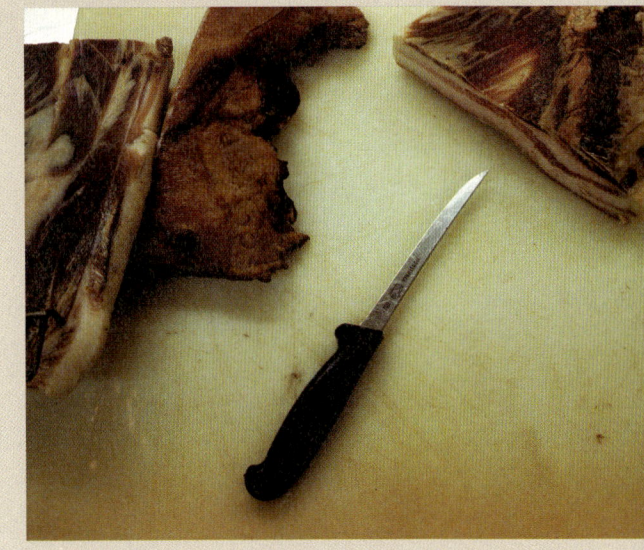

그러나 누들 바를 열고 처음 몇 해 동안은 마음에 드는 가츠오부시(일본의 전통적인 건어 보푸라기)를 찾을 수 없었다. 몇 년이 지나니 그런 문제에 조금 너그러워지긴 했지만. 그래서 가츠오부시가 보태는 고기 맛의 MSG, 즉 훈연향을 어떻게 대체할 수 있을지 생각을 거듭했다. 미국 요리에서 흔히 쓰이며 손쉽게 질 좋은 제품을 구할 수 있는 훈제 고기는 무엇일까? 답은 베이컨이었다.

그런 생각으로 모모푸쿠에서 쓰는 라멘 육수에 가츠오부시 대신 베이컨을 넣게 되었고, 나중에는 다시 또한 그런 방식으로 우렸다. 결과는 훌륭했다. 베이컨 다시는 전통 다시처럼 훈연향이 난다는 면에서는 거의 똑같지만 생선 비린내가 안 난다는 점에서 또 완전히 다르다.

나는 베이컨 다시를 가장 좋아하지만 전통 다시도 그만큼 좋아한다. 싸고 맛도 괜찮은 데다 바로 쓸 수 있으니 즉석 다시 가루를 갖춰놓지 않을 이유가 없다. 때로는 정말 구세주 노릇도 한다.

전통 다시
TRADITIONAL DASHI

2ℓ 분량

전통 다시에 미소 ¼컵을 넣어 저은 뒤 두부나 버섯을 넣고, 채친 김 등 무엇이든 손에 잡히는 재료를 넣으면 미소시루가 된다. 가츠오부시는 정어리를 말린 뒤 훈제한 것으로, 김처럼 얇은 형태로 봉지에 담겨 지구상의 어느 일본 슈퍼마켓에서나 찾아볼 수 있다.

만드는 법

1. 다시마를 흐르는 물에 씻어 중간 크기의 소스팬에 물과 함께 담는다. 중간 불에서 은근히 끓기를 기다렸다가 불을 끄고 10분 동안 우려낸다.

2. 팬을 불에서 내리고 가츠오부시를 넣는다. 뚜껑을 덮어 7분간 우려낸다.

3. 다시를 걸러낸다(가츠오부시는 버리고, 다시마는 48쪽에 나온 대로 재활용할 수 있다). 바로 쓸 수도 있지만 밀폐 용기에 보관하면 냉장고에 며칠 두고 쓸 수 있다.

재료
다시마 7.5cm×15cm 1장
물 8컵
가츠오부시 2줌

베이컨 다시
BACON DASHI

2ℓ 분량

모모푸쿠에서 베이컨 다시가 차지하는 비중은 아무리 강조해도 지나치지 않다. 물론 맛도 있지만 그보다 생각의 과정이 중요하기 때문이다. 일본의 훈제 건어물을 테네시 주에서 나온 베이컨으로 대체해 성공을 거뒀는데, 이는 모모푸쿠의 걸음마 단계에서 굉장히 중요한 역할을 했고 이후에도 조리에 영감을 불어넣었다.

모모푸쿠는 전통을 존중하고 전통적인 요리가 지닌 맛의 조합 또한 경배한다. 그렇다고 해서 다른 이들처럼 판에 박힌 청사진을 따르고 싶지는 않다. 재료와 조리 이유, 방법의 조합 등 기본 가정에 의문을 제기할 때 비로소 새로운 음식이 나온다고 생각한다.

전통 다시가 들어가는 레시피에 얼마든지 베이컨 다시를 쓸 수 있다. 얇게 저미거나 절인 채소(대개 그 둘을 섞은 것), 또는 얇게 저민 생버섯을 작은 대접에 담고 뜨거운 베이컨 다시를 부으면 우아한 코스의 첫 번째 요리 또는 아뮤즈 부시로 손색이 없다. 조개를 넣어도 맛있다(118쪽 참조).

만드는 법

1. 다시마를 흐르는 물에 씻어 중간 크기의 소스팬에 물과 함께 담는다. 중간 불에서 은근히 끓기를 기다렸다가, 불을 끄고 10분 동안 우려낸다.

2. 다시마를 건져내고 베이컨을 넣는다. 물이 끓을 때까지 불을 올렸다가 다시 줄여, 약 30분 동안 은근히 끓도록 둔다.

3. 베이컨을 건진 뒤 기름이 국물 위에서 단단히 굳을 때까지 다시를 식힌다. 기름은 걷어내 버리고 다시는 바로 쓰거나 냉장고에 보관한다. 밀폐 용기에 담으면 냉장고에 며칠 두고 쓸 수 있다.

재료
다시마 7.5cm×15cm 2장
물 8컵
베이컨 230g(앨런 벤튼 제품 추천, 167쪽 참조)

면
noodle

라멘을 만들 때 가장 어려운 것은 면을 제대로 뽑는 일이다. 누들 바에서도 그것이 가장 어려웠다. 그리고 우리는 결국 스스로 해결했다.

라멘의 면발은 전통적으로 밀가루와 물의 반죽에 알칼리염(아시아 슈퍼마켓에서 '칸수이(간수)'라는 이름으로 파는데 탄산나트륨과 탄산칼륨을 섞어 만든다)을 더해 만든다. 단단하고 쫄깃하며, 소금과 밀가루의 산화로 노란색을 띠고 있어 달걀을 넣은 것처럼 보인다. 물론 달걀은 넣지 않았고 넣어서도 안 된다. 특히 프랜차이즈 라멘집의 경우 '크리스피 크림'에서 쓰는 것과 비슷한 기계로 반죽을 만든다. 한쪽에 반죽을 넣으면 반대쪽으로 면(아니면 도넛)이 나오는 식이다. 손으로 직접 면을 뽑는 가게는 드물고, 대부분 사서 쓴다.

우리도 누들 바를 열고 처음 몇 년 동안은 면을 사서 썼다. 캔톤 누들 컴퍼니(이하 캔톤)의 제품으로, 알칼리염을 넣지 않은, 라멘도 아닌 로미엔(撈麵)이었다. 캔톤은 맨해튼 차이나타운의 모트가(街)에 자리 잡은, 훌륭한 가족 경영 회사다. 삼대째 가업을 이어나가고는 있지만 내 또래인 삼십대 초중반의 삼대들은 면을 만들지 않는다. 의사나 인디언 추장이나, 하여간 뭔가 다른 일들을 하고 있다. 그래서 할머니, 할아버지랑 삼촌 몇 명이 밀가루를 뒤집어 쓴 채 커다란 반죽 덩어리를 대형 믹서며 반죽기, 절단기에 밀어 넣고 끄집어낸다.

모두 정말 친절하고 성실하다. 재미있는 건 그 양반들이 지금도 그렇게 면을 뽑을 이유가 딱히 없다는 점이다. 이제 미래의 지도자 노릇을 할 자식들도 있고 차이나타운 부동산도 만만치 않게 소유하고 있기 때문이다. 가게 따위는 때려치우고 편하게 살 거라고 입버릇처럼 말씀들 하시지만 여전히 그러고들 계시다.

우리가 쓰던 로미엔의 첫 번째 문제는 사실 자초한 것이었다. 몇 달 동안이나 정말 우라지게 오래도 삶아버렸다. 모두들 면이 너무 퍼졌다고 해서 죄책감을 느꼈다(사실 이는 늘 일손이 딸리는 작은 식당에서 겪는 뼈아픈 문제다. 어쨌든 1분에 한 번씩 면을 맛보며 그 익어가는 여정을 몸으로 익혀보기를 권한다).

　　면을 제대로 삶을 수 있게 되니 전통 라멘과 로미엔의 차이점이 더 두드러져 보였다. 특히 나는 그걸 절감했다. 알칼리염이 들어간, 단단함과 쫄깃함을 지닌 면을 손님에게 내고 싶었다. 하지만 캔톤에서는 공정을 바꾸고 싶지 않다고 했다. 간수를 넣고 반죽한 면을 뽑아보려 했는데 알칼리염이 기계를 손상시켜 실패로 돌아간 적이 있다고 했다. 게다가 면이 한 종류라면 어찌해보겠지만, 로미엔 주문이 많아서 라멘을 시도해볼 수 없다고 했다. 한마디로 못 만들어주겠다는 말이었다.

　　그래서 알칼리면을 납품해달라는 이야기를 접고 일단 로미엔이라도 제대로 뽑아보기로 했다. 먼저 반죽 시간을 늘리고 롤러를 여러 차례 더 거친 다음 라멘처럼 조리해서 맛이 비슷한지 보았다. 3년 동안이나 시험하고 손님들의 불평을 감수한 끝에 로미엔으로는 만족하지 못하리라는 결론을 내렸다. 맨해튼의 어느 가게에서나 쓰는 면발을 사서 쓸까 고민도 했지만 그러면 라멘 맛이 똑같아질 테니 내키지 않았다.

　　속은 쓰렸지만 캔톤과 거래를 끊고 조지 가오의 면을 받았다. 그는 우리가 원하는 대로 제면해주겠다고 했다. 납품을 받는 한편 직접 면을 뽑기 위해 연구를 시작했다. 그 과정에서 해롤드 맥기의 《음식과 요리》에서 많은 도움을 얻었다. 《음식과 요리》는 선반이나 침실 스탠드, 아니면 주방에 한 권쯤 반드시 갖춰야 할 책이니, 아직도 안 가지고 있다면 당장 이 책을 덮고 사러 가시라. 다음은 이 책의 인용 부분이다.

　　소금 간을 한 흰색 면은 중국 북부에서 탄생해 현재는 일본의 우동으로 세계에 친숙하다. 알칼리염을 써서 노란색을 띤 면은 중국 동남부에서 1600년대 이전에 탄생해 화교에 의해 인도네시아, 말레이시아, 태국으로 퍼졌다. 전통적인 방식으로 뽑는 면의 노란색은 플라본이라 불리는 밀가루의 석탄산 화합물에 의해 생긴다. 플라본에는 원래 색이 없지만 알칼리성 환경에서 노란색을 띤다(현대식으로 생산하는 경우 달걀노른자로 색을 입히기도 한다). 플라본은 특히 밀의 겨와 눈에 몰려 있어, 거칠게 제분한 밀가루일수록 짙은 노란색을 띤다. 경질밀을 주재료로 만들기 때문에 남부의 노란색 면은 소금 간을 한 흰색 치즈보다 더 단단하며, 알칼리성(pH 9~11, 달걀흰자와 같은 정도)의 정도에 따라 더 단단해진다. 알칼리염(면 무게의 0.5~1 퍼센트를 차지하는 탄산나트륨과 탄산칼륨) 때문에 면이 더디 익고 물을 더 흡수한다. 알칼리염은 특유의 향과 맛에도 영향을 미친다. 라멘은 연한 노란색을 띠면서 다소 뻣뻣하고 경질밀, 물, 알칼리염(간수)으로 만든다.

맥기의 책에서 얻은 지식에 모모푸쿠의 패스트리 셰프이자 다방면의 전문가이며 혼자서 맨정신을 지키고 있는 크리스티나 토시의 노력을 더해, 다음 쪽에 실은 알칼리면 레시피를 개발해냈다. 염기성에 의해 플라본의 과잉 반응이 일어나 면이 회녹색이 될 정도로 산화한다면, 구연산을 아주 살짝 넣으면 된다는 걸 알게 되었다. 비유하자면 영화에서 경찰이 마약 단속 작전이 성공했는지 확인하기 위해 칼끝으로 찍어 맛보는 코카인 양만큼이다.

그러나 당부하고 싶다. 면을 직접 뽑겠다고 알칼리염이나 간수를 찾아다닐 필요는 없다. 엄청나게 짜증나는 일이기 때문이다. 물론 하고 싶다면 말리지는 않겠다. 대단하시다. 대신 집에서 뽑을 수 있는 생파스타 면이나 뭐 그럭저럭 괜찮은 아시아 식품점이나 슈퍼마켓에서 파는 생로미엔을 쓰면 된다. 운이 좋다면 물건을 많이 갖춘 일본 식품점에서 생라멘을 찾을 수도 있을 것이다. 뜨거운 국물을 부어도 쉽게 불지 않는 쌀국수도 좋다.

알칼리면
ALKALINE NOODLES

6~8인분

면을 뽑을 때 알칼리염의 양을 정확히 맞추는 것이 중요하므로 그램으로 표기했다. 저울이 있다면 이용할 것을 권한다. 알칼리염의 판매처는 316쪽에서 확인할 수 있다.

만드는 법

1. 밀가루와 물, 탄산나트륨과 탄산칼륨을 빵 반죽용 갈고리가 달린 스탠딩 믹서의 그릇에 함께 넣는다. 중저속으로 10분간 돌린다. 몇 분 돌리지 않았을 때 반죽이 덩어리져야 한다. 안 그럴 경우 상태를 보아가며 물을 1큰술씩, 반죽이 뭉칠 때까지 더한다. 10분이면 탄력 있으면서도 표면이 매끄러운 반죽이 완성될 것이다. 비닐 랩에 싸서 냉장고에 넣어 30분간 둔다.

2. 작업대에 파스타 제조기를 설치한다. 반죽을 1컵 분량 덜어내고 나머지는 랩으로 싸서 냉장고에 넣어둔다. 반죽에 밀가루를 뿌린 뒤 밀대로 밀어 파스타 제조기에 들어갈 수 있도록 사각형으로 만든다. 반죽을 넣고 파스타 제조기의 가장 두꺼운 세팅에 두 번 거친 뒤 한두 단계씩 낮춰 되풀이한다. 반죽이 달라붙지 않도록 제조기에 밀가루를 뿌려가면서, 가능한 한 얇게 민다. 가장 얇은 커팅으로 세팅해서 면발을 잘라낸 후 저울로 170g씩 나눈다(저울이 없을 경우 1컵들이 계량컵에 조금 넘칠 정도로 담으면 되지만, 아무래도 저울을 사는 게 좋다). 각각의 면발 뭉치를 랩으로 싼다. 남은 반죽으로 같은 과정을 되풀이한다. 이렇게 만든 면은 하루 이틀 정도 냉장고에 둘 수 있고, 나중에 쓸 거라면 냉동고에 보관해도 된다.

3. 큰 냄비에 팔팔 끓인 소금물로 면을 5분가량 삶는다. 부드럽지만 심이 씹힐 정도여야 한다(냉동고에서 꺼낸 면은 조금 더 삶는다). 물을 잘 빼서 라멘 레시피에 맞춰 차려낸다.

재료

강력분 또는 파스타용 밀가루 5⅓컵(800g) + 반죽 밀 때 필요한 여분
상온의 물 1⅓컵(300g) + 여분
탄산나트륨 2작은술(7.2g)
탄산칼륨 모자라게 담은 ¼작은술(0.8g)

돼지고기
pork

모모푸쿠 라멘에는 저민 삼겹살과 결대로 찢은 목살, 이렇게 두 종류의 돼지고기 고명이 올라간다. 미국에서 가장 싸면서도 맛있는, 머리와 꼬리를 빼고 그 사이에서 얻을 수 있는 최고의 부위다.

처음 모모푸쿠를 열었을 때는 돼지고기 육수와 간장에 돼지고기를 조렸다. 하지만 시간이 오래 걸릴 뿐만 아니라 결과물도 만족스럽지 못했다. 새로운 조리법은 순전히 사고 덕분에 발견했다. 삼겹살을 오븐에 넣고는 250℃로 온도를 올렸다가 한 시간 뒤에야 발견했기 때문이다.

삼겹살이 노릇하게 잘 익어 좋았지만 지방이 녹아 무게가 반으로 줄어 문제였다. 가정이라면 모르겠지만, 식당에서 10kg짜리 삼겹살을 반쪽으로 만드는 건 기본적으로 바람직하지 않다. 장점을 선택하기로 했지만 고기를 낭비할 생각은 없었으므로, '콩피(confit)'를 만들기로 했다. 오븐의 온도를 90℃ 안팎으로 낮추면 지방이 녹아 나오는데 거기에 고기를 부드러워질 때까지 익히는 조리법이다.

결과는 훌륭했을뿐더러, 쉽고 빠르기까지 해서 딱히 손을 볼 필요가 없었다. 빵이나 라멘을 비롯해 모든 요리에 들어가는 돼지고기는 센 불로 시작해서 약한 불로 마무리한다.

돼지기름이 너무 많이 나온다는 단점이 있지만 이 또한 모든 음식을 돼지기름에 조리함으로써 해결했다. 김치찌개에 부어서 국물에 진한 맛을 더하는 동시에 매운맛을 덜어냈고, 돼지기름으로 닭다리 콩피를 만들고 튀김 기름으로도 썼다. 맛있으면서도 쓸모가 많은 기름이다. 초창기에 여러 매체에서 모모푸쿠를 '돼지 천국'이라고들 했는데, 그런 표현이 반갑지 않을 이유는 없다. 지금도 우리는 여전히 돼지 중심이다. 하지만 돼지를 추앙해서 부러 그런 방식을 고수한 게 아니라 그저 조리 과정에서 나오는 부산물을 낭비하지 않으려 했을 뿐이다.

라멘, 포크 번을 비롯한 여러 요리에 쓰이는 삼겹살
PORK BELLY FOR RAMEN, PORK BUNS & JUST ABOUT ANYTHING ELSE

라멘 6~8그릇, 포크 번 12개에 쓸 수 있는 양

누들 바에서 가장 인기 있는 요리 두 가지—라멘과 포크 번—에 넣는 삼겹살은 그 자체로도 맛있고 기름진 고기지만 조리 후 식히면 팬 바닥에 굳어 있는 층이 진짜다. 오리 콩피를 직접 만드는 조리사라면 잘 알고 있듯이 이것은 가히 '액체 금'이다(정확하게 말하자면 젤리 금). 모모푸쿠에서는 이것을 '돼지고기 젤리'라고 딱지를 붙인 용기에 담아둔다. 육수나 타레, 채소 볶음 등 온갖 음식에 고기의 감칠맛이나 젤라틴의 매끈함을 더할 수 있다.

돼지고기 젤리를 모으려면 삼겹살을 조리한 팬에 깔린 기름과 육즙을 유리 계량컵이나 투명한 용기에 모아야 한다. 지방이 육즙에서 분리될 때까지 식힌 다음 지방은 걷거나 떠내서 조리에 쓴다. 육즙은 따로 모아 냉장고에 넣으면 몇 시간 내로 젤리가 된다. 냉장고에서는 일주일, 냉동고에서는 무한정 두고 쓸 수 있다.

모모푸쿠에서 쓰는 삼겹살은 껍질이 안 붙어 있다. 껍질이 붙은 삼겹살을 사다 두더라도 걱정할 건 없다. 고기를 차갑게 둔 뒤 날카로운 칼로 저며내면 된다. 껍질은 모아두었다가 모모푸쿠 코에서 첫 코스로 내놓는 치차론(257쪽)을 만든다.

만드는 법

재료
삼겹살 (1.5kg) 1덩어리
꽃소금 ¼컵
설탕 ¼컵

1. 넉넉한 크기의 구이팬이나 오븐에서 쓸 수 있는 그릇에 껍질을 떼어낸 삼겹살을 담는다. 소금과 설탕을 작은 그릇에 담아 섞은 다음 고기에 골고루 문질러 바르고, 남은 건 버린다. 비닐 랩으로 덮어 냉장고에 최소 6시간 둔다. 24시간을 넘기지 않는다.

2. 오븐을 230℃로 예열한다.

3. 용기 바닥에 깔린 핏물은 버린다. 비계 쪽이 위로 가도록 놓고 오븐에서 1시간 정도 노릇해질 때까지 굽는다. 중간에 한번 정도 고기에서 스며 나온 기름을 발라준다.

4. 오븐 온도를 120℃로 낮춰 삼겹살이 부드러워질 때까지 1시간~1시간 15분 동안 더 익힌다. 살점이 부스러질 정도는 아니되 오리털 베개처럼 폭신해야 한다. 손가락으로 힘줘 눌렀을 때 들어갈 정도면 된다. 팬을 오븐에서 꺼내고 삼겹살을 접시로 옮겨 살짝 식힌다. 팬 바닥의 기름과 육즙을 따라 모아둔다(위의 글 참고).

5. 손으로 만질 수 있을 만큼 식으면 삼겹살을 비닐 랩이나 은박지로 싸서 완전히 식어 단단해질 때까지 냉동고에 넣어둔다(시간이 넉넉하지 않으면 건너뛰어도 상관없지만 삼겹살을 반듯하고 깨끗하게 자르려면 이 단계를 꼭 거쳐야 한다).

6. 삼겹살을 두께 1.2cm, 길이 5cm로 저민다. 손님에게 내기 전, 겉은 부들부들하고 속은 따뜻해지도록 중간 불에 올린 팬에 1~2분가량 데운다.

라멘 고명에 쓰이는 돼지 목살
PORK SHOULDER FOR RAMEN

3컵, 라멘 6그릇에 쓸 수 있는 양

이 레시피는 원하는 만큼 재료의 양을 늘려 만들 수 있다. 우리가 모모푸쿠에서 늘 쓰는 4.35kg짜리 통목살은 1.35kg 짜리보다 세 배의 양념이 들지만 조리 시간은 같다.

만드는 법

1. 넉넉한 크기의 구이팬이나 오븐에서 쓸 수 있는 그릇에 목살을 담는다. 소금과 설탕을 작은 그릇에 담아 섞은 다음 고기에 골고루 문질러 바르고, 남은 건 버린다. 비닐 랩으로 덮어 냉장고에 최소 6시간 둔다. 24시간을 넘기지 않는다.

2. 오븐을 120℃로 예열한다.

3. 용기 바닥에 깔린 핏물을 버린다. 목살을 오븐에 넣고 6시간 조리한다. 한 시간마다 스며 나온 기름을 덧발라준다. 오븐에서 꺼내고 30분 정도 상온에 둔다.

4. 포크를 양손에 쥐고 고기를 결대로 찢어 쌓아 올린다. 하루 이상 두었다 쓸 경우 조리하면서 스며 나온 기름을 더해 촉촉함을 유지한다. 밀폐 용기에 담아 냉장고에 둔다. 쓰기 전 오븐에서 120~150℃로 데운다.

재료

목살 (1.35kg) 1덩어리
꽃소금 ¼컵
설탕 ¼컵

누들 바

천천히 반숙한 달걀
SLOW-POACHED EGGS
원하는 양만큼 조리 가능

여느 라멘집처럼 완숙한 달걀을 올려내기 싫어 천천히 반숙한 달걀을 만들어봤다. 라멘 한 그릇 만들 때마다 달걀을 하나씩 삶아 올리는 것도 끔찍했을 거다. 그래서 매일 저녁, 달걀을 몇십 개씩 천천히 반숙해두었다가 깨서 라멘에 얹어 내었다. 쉽기도 할뿐더러 이런 달걀을 내는 라멘집은 본 적이 없다.

게다가 껍질만으로는 날것처럼 보이는 달걀을 눈앞에서 깨 라멘에 올릴 때 손님들이 어찌나 좋아하는지! 별로 어려운 일도 아니지만, 나 또한 이렇게 내는 달걀을 처음 보았을 때 놀랐던 기억이 있다. 도쿄 신주쿠의 극장에서 헐값으로 미국 영화를 보았을 때였다. 새뮤얼 잭슨이 열연한 〈51번째 주 Formula 51〉를 즐길 준비가 되어 있었는데, 그때 옆자리에 앉은 여자가 테이크아웃 스키야키동이 담긴 듯한 그릇과 날것으로 보이는 달걀을 꺼냈다. 극장에서 밥이라니! 반숙 달걀을 깨서 젓가락으로 찌르자 노른자가 흘러나왔다. 그야말로 하드코어였다.

처음엔 제정신이 아닌 일본인들이 과학기술로 달걀을 변형시킨 줄 알았다. 하지만 알아보니 달걀 반숙이야말로 오랜 세월을 통해 검증된, 믿을 수 있는 조리 기술이었다(나이 지긋한 아낙네들이 온천에 달걀을 한 바구니 들고 와서 목욕을 즐기는 동안, 달걀은 60℃로 일정하게 유지되는 온천물에 익는다고 들었다). 달걀이 아주 천천히 익으므로 일반적으로 반숙한 달걀보다 훨씬 더 부드러우면서도 끈끈하다(시간이 없다면 그냥 반숙 달걀로 대체해도 된다).

몇 가지 덧붙이자면, 우선 냄비가 클수록 달걀이 잘 익는다. 열원과 가까운 냄비 바닥 쪽의 물이 더 뜨겁고, 열 손실이 일어나는 위쪽은 차갑기 때문이다. 집에 있는 가장 큰 냄비에 가능한 한 물을 가득 채워 조리하면 성공할 확률도 높다. 아울러 열원을 감안할 때 달걀이 바닥에 깔리지 않도록 막는 것도 중요하다. 달걀이 가라앉지 않고 물에 떠 있어야 알맞은 온도에서 익는다. 화력이 강해 조리 온도를 낮추기 어렵다면 은박지로 도넛 형태를 만들어 온도를 되도록 낮춘 불과 냄비 사이에 두어 열을 분산시키는 방법도 있다.

만드는 법

1. 가장 크고 속이 깊은 냄비에 물을 채워, 가능한 한 약한 불에 올린다.

2. 온도가 가장 높은 부분인 냄비 바닥에 달걀이 닿지 않도록 손을 쓴다. 케이크 받침대나 찜기가 좋지만 없다면 임기응변으로 만들어 쓸 수 있다. 냄비 바닥에 은박지를 도넛 모양으로 만들어 깔거나 젓가락을 닥치는 대로 늘어놓으면 된다. 그렇게 주변에 있는 걸 잘 활용하라.

3. 온도계로 물의 온도를 잰다. 너무 뜨거우면 찬물이나 얼음을 넣는다. 60~63℃에 이르면 달걀을 넣는다. 40~45분 동안 익히는데, 온도계나 손가락을 넣어 물의 온도를 주기적으로 재어(아주 뜨거운 목욕물 정도여야 한다), 높거나 낮으면 적절히 대처한다.

재료
달걀(필요한 만큼)

4. 조리한 달걀은 바로 쓰거나, 냉장고에 24시간까지 둘 수 있다(두었다 쓸 경우 얼음물에 차갑게 식힌다). 쓸 때는 아주 뜨거운 수돗물에 1분 동안 데우면 된다.

5. 달걀을 낼 때는 먼저 작은 접시에 하나씩 깨어 담는다. 맨 바깥쪽의 흰자가 안 익어야 한다. 접시를 기울여 그 부분의 흰자를 버리고 나머지를 음식에 올린다.

반숙 달걀 프라이

천천히 반숙한 달걀은 프라이에도 제격이다. 노른자는 덜 익고 흰자는 부드러우며, 가장자리는 노릇하니 고소하게 익어 삶은 달걀이 차에 살짝 깔린 것 같은 모양이 된다. 팬에 기름을 두르고 불에 올려 연기가 나기 직전까지 달군다. 달걀을 깨서 가장자리의 흰자를 버리고 노른자를 팬에 올린다. 45초를 지지고 뒤집어 45초를 마저 지진다. 소금을 솔솔 뿌려 낸다.

라멘 고명
RAMEN TOPPINGS

현실을 직시하자. 라멘에 육수, 면, 타레도 중요하지만 손님들은 고기나 고명에 뭘 썼는지 더 신경 쓴다. 달걀과 고기는 시간과 노력이 좀 필요하지만 보편적인 세 가지 고명인 쪽파, 김, 어묵이라면 손쉽게 준비할 수 있다.

김

면과 그릇 사이에, 절반이 국물에 잠기도록 끼워 넣으면 끝이다. 공을 더 들이고 싶다면 가스레인지 불에 몇 초 동안 굽는다(전기레인지를 쓰는 조리사들에게는 미안하지만). 향이 짙어지는 한편 덜 부스러진다.

죽순 (멘마)
라멘 6그릇에 쓸 수 있는 양

만드는 법

죽순 통조림을 체에 받쳐 국물을 버리고 잘 씻는다. 작은 소스팬에 기름, 간장, 씨를 빼고 다진 고추 절임을 넣고 약한 불에서 20~30분 뭉근하게, 스튜처럼 끓인다. 맛을 보고 필요할 경우 소금으로 간한다. 냉장고에 사나흘 두고 쓸 수 있다. 라멘에 올리기 전에 데운다.

재료
340g들이 죽순 통조림 1캔
포도씨유, 참기름 약간
우수구치 약간
고추 절임(81쪽)
소금 약간

어묵 (나루토)

어묵은 대구나 해덕처럼 맛이 순하다 못해 거의 없다시피 한 생선살을 눌러 만드는데, 라멘에 색과 식감을 더한다. 마트의 냉동고나 냉장고에서 살 수 있지만 없어도 상관없다. 냉동 제품이라면 해동해서 0.3cm 두께로 저민다.

제철 채소

봄과 초여름에는 완두콩이나 깍지콩을 쓴다. 부드러워 먹기 좋으면 날것으로 쓰고, 질기면 큰 솥에 끓인 소금물에 10초 동안 데친 뒤, 얼음물에 완전히 식혀서 쓴다. 껍질을 깐 경우라면 라멘 한 그릇당 2큰술, 시장에서 파는 것처럼 껍질째라면 4인분에 225g을 쓴다. 한편 늦여름에는 옥수수가 좋다. 껍질을 벗겨 칼로 알갱이만 긁어낸다. 옥수수 한 개가 라멘 두 그릇 분이다.

평상시에는 케일을 쓴다. 라멘 6그릇 분량을 위한 레시피는 다음과 같다. 뭉치째로 케일의 단단한 가운데 줄기를 잘라낸다. 잎을 물에 씻어 헹구고 대강 썬다. 넓고 뚜껑을 덮을 수 있는 스킬렛에 베이컨 1조각을 넣고 중간 불에 익힌다. 베이컨에서 기름이 본격적으로 나오기 시작하면 케일을 넣고 잘 뒤적거려 기름에 골고루 버무린다. 엄지와 검지로 소금을 한 움큼 넉넉하게 쥐어 넣고, 저어가면서 몇 분 더 익힌다. 간장과 셰리주 식초, 흑설탕—없으면 백설탕도 괜찮다—을 한 큰술씩, 물 또는 48쪽의 라멘 육수를 1컵 더 넣는다. 뚜껑을 덮고 불을 줄여 끓인다. 가끔 저어주면서 40분 동안 익힌다. 쓸 때까지 상온에 둔다.

누들 바

생강 쪽파 볶음면
GINGER SCALLION NOODLES

누들 바의 생강 쪽파 볶음면은 사실 맨해튼 최고의 음식 하나를 대놓고 베꼈다. 바로 차이나타운 보워리에 있는 그레이트 뉴욕 누들 타운에서 파는 요리의 짝퉁인 셈이다.

생강 쪽파 소스 또한 의심의 여지 없이 최고의 양념 가운데 하나다. 이것은 쓰고 쓰고 또 쓰는 모모푸쿠 '모체 소스(mother sauce, 여러 요리에 그대로, 또는 다른 재료를 더해 변형해 쓰는 기본 소스-옮긴이)'인 셈이다. 이 소스 한 병만 냉장고에 쟁여 놓으면 걱정이 없다. 로미엔, 쌀국수, 굵고 납작한 상하이 차오미엔(粗麵) 등, 갓 삶거나 볶은 면에 6큰술만 넣어서 비비면 된다. 뭔가 더할 필요도 없다. 밥에 달걀 프라이를 얹고 끼얹어도 좋고 구운 고기나 해물에 올려도 된다. 만능이나 다름없다.

누들 바에서는 채식주의자 손님들을 접대하기 위해 누들 타운에서 파는 것에 채소 몇 가지를 곁들이고, 느끼함을 덜어내고자 셰리 식초를 약간 넣었다. 그리고 누들 타운에서 손님 취향에 따라 더하라고 식탁에 내는 해선장을 뺐다(딱히 누들 타운이 잘못한다는 얘기가 아니라, 누들 바에서는 포크 번에 해선장을 쓰기 때문이다. 음식에 해선장을 너무 많이 넣으면 과유불급이다. 취향껏 더해 먹어도 문제는 없다). 레시피는 다음과 같다.

라멘 170g을 삶아서 물기를 빼고, 바로 아래 레시피의 생강 쪽파 소스에 버무린다. 죽순(66쪽), 즉석 오이 절임(78쪽), 팬에 구운 콜리플라워(뜨거운 팬에 기름을 살짝 두르고 콜리플라워를 올려, 가끔 저어가며 8분 정도 익힌다. 드문드문 갈색을 띠고 속까지 부드럽게 익어야 한다), 썰어놓은 쪽파, 구운 김 한 장을 고명으로 올린다. 물론 이런 고명은 모모푸쿠에서야 늘 있으니까 쓰지만 집에서는 되는 대로 얹으면 된다. 어쨌든 당신의 냉장고에, 그리고 당신의 삶에 생강 쪽파 소스 1병 정도는 갖춰줘야 한다. 진심이다.

생강 쪽파 소스
약 3컵 분량

만드는 법

쪽파를 윗동, 아랫동 골고루 얇게 썬 뒤, 생강, 식용유, 간장, 식초, 소금과 대접에 한데 담는다. 간을 보고 소금을 더한다. 15~20분 있어야 맛이 들지만 생강 쪽파 소스는 만들자마자 먹을 만하며 냉장고에 하루 이틀 두고 쓸 수 있다. 위의 레시피를 따라 볶음면에 넣어도 좋지만 내키는 대로 어떤 음식에도 더할 수 있다.

재료
쪽파 1~2대
다진 생강 ½컵
포도씨유나 식용유 ¼컵
우수구치 1½작은술
셰리 식초 ¾작은술
꽃소금 ¾작은술

… 구운 떡볶이
ROASTED RICE CAKES

4인분

소에게 옥수수가 있다면 한국 아이들에게는 떡이 있다. 이 요리에 영감을 준 떡볶이는 떡을 매콤한 비빔 양념에 버무린 고전으로, 장씨 가문의 단골 저녁 메뉴였다.

그만큼 여러 가지 기억이 많지만 할아버지께서 아주 드물게 부엌에 행차하셔서 구워주셨던 떡이 가장 소중한 기억으로 남아 있다. 당신께서 직접 만들어주시는 유일한 요리이기도 했다. 나는 부엌 싱크대에 걸터앉아 할아버지가 요리하는 모습을 지켜보곤 했다. 테프론 팬에 기름을 둘러 달군 뒤 긴 가래떡을 노릇하고 바삭바삭해질 때까지 굽는다. 거기에 간장을 살짝 끼얹어 바로 건네주셨다. 식당에서 먹거나 어머니가 국으로 끓여주시던 것보다 훨씬 더 맛있었고 오직 할아버지만이 그렇게 구워주실 수 있었다.

한국에 살던 십대 시절, 서울에는 떡볶이 노점이 뉴욕의 핫도그 노점만큼이나 많았다. 플라스틱 그릇(씻지도 않아 너무나 비위생적인)에 수북하게 쌓아올린, 김이 무럭무럭 나는 떡볶이와 매콤한 소스에 버무린 어묵을 자주 먹었다. 떡과 라면을 함께 먹을 수 있다는 점에서 떡라면은 최고였다.

떡을 '모찌'라고 부르는 일본에 가서야 할아버지가 해주셨던 것처럼 바삭하게 구운 떡을 다시 먹을 수 있었다. 일본에서는 노점은 물론 야구장에서조차 미국 야구장에서 땅콩을 팔듯 갓 구운 떡을 봉지에 담아 판다. 결국 일본에 와서야 떡을 바삭하고 까맣게 그을도록 굽는 할아버지의 방식이 한국식이 아니었음을 알게 되었다. 분명 1, 2차 세계대전 사이 와세다 대학에 계셨을 때 배우셨을 것이다.

떡을 삶고 굽고 튀겼을 때나, 핫도그를 삶고 구웠을 때의 차이점은 동일하다. 각자의 매력이 있으나 직화를 통해 구웠을 때 얻는 그을린 맛과 질감은 핫도그처럼 떡에도 많은 영향을 미친다. 그렇게 따진다면 이 요리는 정통 떡볶이라기보다, 전통 조리법을 따라 쪄낸 떡 대신 맛과 식감 면에서 월등한 구운 떡으로 대체한 것이다. 이쪽이 완전 끝내주게 더 맛있다.

만드는 법

1. 소스를 만든다. 미림과 라멘 육수를 나중에 떡까지 담기에 충분한 크기의 소스팬에 담아 센 불에 올린다. 살짝 졸아들 때까지 약 2~3분 끓인 뒤 레드 드래곤 소스를 넣고 중간 불로 줄여 윤기가 돌 때까지 6~7분간 더 졸인다. 볶은 양파를 넣고 뚜껑을 덮어 떡을 준비할 동안 아주 약한 불에 둔다.

2. 소스가 졸아드는 동안 큰(최소 지름 25cm) 무쇠 스킬렛(아주 잘 닦아 준비한다. 하얀 떡에 팬의 음식 찌꺼기가 묻을 수 있다)을 중간-센 불에 올려 달군다. 기름을 두르고 연기가 막 날 무렵 가래떡을 넣는다. 떡이 기름에 닿는 순간 소리가 날 정도로 팬이 뜨거워야 한다. 떡을 넣자마자 바로 중간 불로 줄인다. 연한 금갈색이 돌 때까

재료

미림 ¼컵
라멘 육수 ¼컵(48쪽)
코리안 레드 드래곤 소스 ½컵(72쪽)
볶은 양파 ¼컵(73쪽)
포도씨유나 식용유 2큰술
가래떡 6줄(다음 쪽 노트 참조)
참기름 1큰술
얇게 썬 쪽파 ½컵

누들 바

지, 각 면당 약 3분간 지진다. 너무 지질 경우 말라버리므로 주의한다. 다 익으면 도마로 옮겨 5등분한다.

3. 소스를 다시 끓여 떡을 넣고, 양념이 잘 묻도록 잠깐 버무린다. 통깨를 뿌리고 다시 버무린 다음 그릇에 나눠 담는다. 쪽파를 넉넉하게 얹어 뜨거울 때 낸다.

note

떡은 쌀가루를 쪄서 죽어라 빻아 글루텐을 엄청나게 발달시킨 뒤 모양을 빚어 만든다. 모모푸쿠에서는 찌개에 넣을 때는 얇고 어슷하게 썰고 다른 요리에는 길게 잘라 넣는다. 더 짧게 자르면 뇨끼 같아서 노릇하게 그을리면 바삭하면서도 훈연향이 깃든, 깊은 맛을 낸다. 한국이나 일본 슈퍼마켓에서 살 수 있는 냉동 떡은 냉동실에서 여러 달 두고 쓸 수 있다.

코리안 레드 드래곤 소스
약 1¼컵 분량

만드는 법

작은 소스팬에 물과 설탕을 담아 불에 올려, 설탕이 녹을 때까지 저어주며 끓인다. 불에서 내려 몇 분 동안 식힌 뒤 쌈장을 푼다. 간장, 식초, 참기름을 넣고 맛을 본다. 딱히 한 가지 재료의 맛이 두드러지지 않으면서도 각자의 특성이 살아나야 한다. 필요에 따라 쌈장, 셰리 식초, 참기름의 양을 가감한다.

재료
물 ½컵
설탕 ½컵
쌈장 ¾컵
우스구치 2큰술
셰리 식초 1작은술
참기름 1작은술

볶은 양파
약 1컵 분량

볶은 양파는 냉장고에서 일주일 넘게 두고 쓸 수 있으니 미리 만들어놓는 것도 좋다. 달걀, 로스트비프 샌드위치 등 어떤 음식이든 더 맛있게 만들어준다. 레시피의 절반(반 컵)만 만들 수도 있다.

만드는 법

1. 지름 30cm 무쇠 스킬렛에 기름을 둘러, 중간-센 불에 올려 1분~1분 30초 동안 달군다. 아주 뜨겁지만 연기가 나지 않을 정도면 된다. 얇게 썬 양파를 팬에 올리면 가장자리까지 수북하게 쌓이는 양이다. 그대로 2~3분 익힌다.

2. 양파를 조심스레 뒤적이며 소금으로 간한다. 팬의 특성이며 불의 세기, 양파의 수분 함량 등이 모두 다르므로 최선을 다해 상황을 설명해보겠다.

    a. 처음 15분 정도는 팬의 바닥에 깔린 양파의 수분이 빠지면서 천천히, 그러나 꾸준히 갈색으로 변해야 한다. 위에 얹힌 양파의 무게가 바닥에 깔린 것들을 눌러 이러한 변화에 영향을 준다. 빨리 다음 단계로 넘어가려고 양파를 누르거나 불을 키우지는 말 것. 그저 3~4분마다 뒤적거려 캐러멜을 입힌 즙이 양파 무더기 전체로 퍼져나가도록 한다.

    b. 양파 무더기의 부피가 눈에 띄게 줄어드는 한편, 양파가 부드럽고 야들야들해진다. 중간-약한 불로 줄이고, 달라붙거나 타지 않도록 10분마다 뒤적이면서 가능한 한 오랫동안 익힌다. 양파가 부드럽고 달면서도 말라붙지 않게 해야 하므로 정말 중요한 단계다. 은근과 끈기가 승리한다는 격언을 기억하라.

    c. 50분쯤이면 거의 다 익을 것이다. 가스레인지 위로 넘칠 것 같던 양파가 팬 바닥도 채 덮지 못할 정도로 줄어들 것이다. 두드러지는 단맛과 깊은 불맛, 뭉개지기 직전의 질감이 돋보일 것이다. 바로 써도 되고, 식혀서 밀폐 용기에 담아 냉장고에 넣으면 일주일 혹은 그 이상 두고 쓸 수 있다.

재료
포도씨유나 식용유 ¼컵
양파 6개
꽃소금, 넉넉하게

떡과 돼지 목살을 넣은 김치찌개
KIMCHI STEW RICE CAKES & SHREDDED PORK

4인분

다른 한국 어머니들처럼, 우리 어머니도 김치찌개를 자주 끓여주셨다. 멸치 국물에 부스러질 정도로 야들야들한 두부가 들어 있었다. 그래 봐야 물에 마른 멸치 몇 마리를 넣고 맛이 들 때까지 끓인 것으로, 일본의 '다시'와 먼 친척뻘인 국물이었다. 기코망의 국수 장국인 '메미(간장과 가다랭이로 만든 추출액)'를 쓰실 때도 있었지만 바쁜 어머니들이나 쓸 만한 제품이니 여러분들에게는 권하지 않겠다. 이따금 스팸—진정 돼지의 머리부터 꼬리까지 갈아 만든 햄—을 넣어 끓이실 때도 있었다. 찌개에 들어가는 김치는 냉장고에서 냄새가 나도록 오래 익은 거라 물에 꼭 헹궈 끓었다. 발효 기한이 한참 지난 채소를 마지막까지 활용하는 것은 정말 한국적인 방법이었다.

소개할 김치찌개는 모모푸쿠의 방식으로 재해석한 것이다. 전통적으로 쓰는 연한 해물 또는 쇠고기 육수 대신 모모푸쿠의 라멘 육수를 써서 국물이 한층 더 진하다(전통적인 프랑스식 송아지뼈 육수도 쓸 만하다). 김치도 담근 지 2주쯤 되어 심심함과 아삭함이 살아 있는 걸 쓴다. 김치는 물에 헹구는 대신 미림과 볶은 양파로 매운 맛을 중화시킨다. 김치찌개에 빠질 수 없는 두부 대신 떡으로 걸쭉함과 진함, 질감의 대조를 더했다.

그 결과로 얻은, 화끈한 양념과 돼지고기가 어우러지는 뜨끈한 국물은 숙취 해소나 감기 퇴치에 그만이다.

만드는 법

1. 냄비에 포도씨유를 둘러 중간 불에 올린다. 1~2분 뒤 볶은 양파를 넣고 1~2분 더 저어주며 데운다.

2. 깍두기와 배추김치, 국물을 넣고 중간-센 불로 올린다. 찌개가 끓기 시작하면, 맛이 어우러지도록 5~6분 더 끓인다. 국물 위로 뜨는 찌꺼기는 걷어낸다.

3. 고기를 넣고 익힌다. 맛술과 후추 약간을 더한 뒤 간을 보고, 싱거우면 소금을 더한다. 김치는 원래 짠 반찬이므로 그럴 일은 별로 없다. 맛술의 단맛이 발효된 김치의 강한 신맛을 중화시키므로 입맛에 따라 적절히 넣는다. 찌개가 입에 맞다 싶으면 떡을 넣는다.

4. 떡을 적당히 데운 후 대접에 담는다. 떡이 국물 속에서 계속 익을 것이므로 펄펄 끓여낼 필요는 없다. 쪽파를 약간, 채 썬 당근을 듬뿍 고명으로 얹은 뒤 밥과 함께 낸다.

재료

포도씨유나 식용유 ¼컵
볶은 양파(73쪽)
깍두기 4컵(89쪽)
배추김치 4컵(87쪽)
라멘 육수(48쪽)
돼지 목살 고명(63쪽)
미림 6큰술 이상(입맛에 따라)
흑후추
소금
떡(72쪽)
썬 쪽파 수북하게 1컵
채 썬 당근 수북하게 1컵
밥 4컵(301쪽)

채소 절임
pickles

요리학교에서는 볶기(sauteing), 튀기기(frying), 건열을 쓰는 굽기(roasting), 습열을 쓰는 찌기(steaming)와 삶기(boiling), 그 두 가지가 섞인 조리기(braising), 이상 다섯 가지 조리법이 있다고 가르친다. 프랑스식 조리의 시각에서 본 분류라고 할 수 있다. 절임은 여섯 번째 조리법으로, 주방에서 요리 좀 해보았다는 사람이라면 잘할 수 있어야 한다고 생각한다. 진심이다. 모모푸쿠에서는 채소 절임을 별도의 코스로도 내고 고명이나 장식으로 이용하기도 하며 다른 요리의 재료로도 쓴다.

절임은 실용적인 조리법이면서도 단순한 게 장점이다. 많은 조리사들이 절임과 통조림을 같다고 생각하지만 차이가 있다. 통조림은 쉽기는 해도 시간이 많이 걸리기 때문에 간단하기로는 절임이 더 낫다. 염지액을 만들어 썰어둔 채소에 붓고 맛이 들기만 기다리면 된다. 누구라도 할 수 있다. 소금 절임은 훨씬 더 쉽다. 김치는 손이 훨씬 더 많이 가는 절임이지만 기본 과정으로만 간소화하면 그렇게 어렵지만도 않다. 채소를 소금에 절여 양념에 재운 뒤 1~2주 정도 기다리면 끝이다.

생선 가게에서 관자를 보고 '버터로 볶을까?', 또는 정육점에서 스테이크를 보고 '그릴에 구울까?' 하고 생각하는 것처럼, 나는 시장에서 보는 채소 다발들이 전부 절임거리로 보인다. 콜리플라워, 무, 오이, 회향, 거의 모든 채소를 절일 수 있다. 절일 수 없는 것보다 절일 수 있는 채소가 훨씬 많으니 절여보자. 일단 절여보면 여태껏 왜 안 했을까 생각하게 될 것이다.

즉석 소금 절임
QUICK SALT PICKLES

이런 종류의 소금과 식초 절임은 금방 만들 수 있으니, 레시피가 정말 필요한가 싶기도 하다. 너무 간단해서 딱히 요령이랄 것도 없다. 얇게 저민 채소에 설탕과 꽃소금을 3:1로 섞어 솔솔 뿌린 뒤 뒤적거린다. 10~20분 뒤면 먹을 수 있다. 여전히 싱싱하고 아삭아삭할 것이다.

즉석 소금 절임 표준 레시피
2컵 분량

만드는 법

1. 채소와 설탕, 소금을 작은 대접에 담아 뒤적거려 골고루 버무린다. 5~10분 정도 둔다.

2. 맛을 봐서 너무 달거나 짜면 체에 담아 물로 헹궈낸 뒤, 행주로 물기를 짜낸다. 다시 맛을 보고 원하는 만큼 설탕과 소금을 더한다. 5~10분 뒤에 내거나 냉장고에 4시간까지 둘 수 있다.

재료
손질한 채소
설탕 1큰술
꽃소금 1작은술

❖ **즉석 오이 절임**
오이 1개를 0.3cm 두께로 썬다.

❖ **즉석 래디시 절임**
래디시(브랙퍼스트 래디시, 아이시클 래디시 등) 한 다발을 잘 문질러 닦은 다음 줄기와 뿌리를 축으로 쐐기 모양으로 썬다.

❖ **즉석 무 절임**
큰 무 1개 또는 작은 무 3개의 껍질을 벗기고 아주 얇게 저민다.

식초 절임
VINEGAR PICKLES

절임의 땅에 연착륙을 시도하는 당신을 위해 내가 줄 수 있는 최고의 충고란 다음과 같다. 절일 수 있는 채소 한 자루를 사와 오후나 저녁에 남는 한 시간쯤을 찬장 채우는 데 쓰는 거다. 1ℓ들이 밀폐 용기를 작업대에 늘어놓는다(이중 뚜껑이 달린 메이슨 단지도 좋지만 식당에서는 테이크아웃 음식점에서 쓸 법한, 뚜껑이 달리고 튼튼한 1ℓ들이 수프 용기를 쓴다). 채소를 다듬어 용기에 꽉꽉 채워 담고 식초물을 한 냄비 가득 끓여 붓고는 뚜껑을 덮어 냉장고에 넣어 숙성시킨다.

식초 절임 표준 레시피
1ℓ 분량

만드는 법

1. 물, 식초, 설탕, 소금을 대접에 담아 설탕이 녹을 때까지 잘 저어준다.

2. 손질해둔 채소를 1ℓ들이 용기에 담는다. 식초물을 부어 뚜껑을 덮고 냉장고에 넣는다. 바로 먹을 수도 있지만 조금 더 두면 맛이 좋아진다. 짧게는 사나흘, 맛이 가장 잘 들게 하려면 일주일 정도가 좋다. 따로 숙성 및 보존 기간을 언급하지 않은 경우 적어도 한 달은 두고 먹을 수 있다. 모모푸쿠에서는 맛이 들게 일주일 동안 둔 뒤 낸다.

재료
손질한 채소나 과일
아주 뜨거운 물 1컵
양조 식초 ½컵
설탕 6큰술
꽃소금 2¼ 작은술

❖ **사과 절임과 배 절임**
사과 3개(과육이 단단한 걸 고른다)나 배 2개의 껍질을 벗기고 씨를 발라낸 뒤 0.5cm 정도 두께로 저민다. 식초물을 부은 뒤 한 시간이면 먹을 수 있는데, 만든 날 다 먹어야 좋다.

❖ **비트 절임**
약 900g의 비트(작은 게 좋다. 큰 비트는 맛이 딱히 좋지도 않을뿐더러 나뭇가지처럼 질기고 단단한 경향이 있다)를 껍질을 벗기고, 너무 작지 않다면 반으로 자른다. 그대로 아주 얇게 썰거나 반달썰기 한다.

❖ **캔털루프나 수박 등의 멜론류**
캔털루프나 꼬마 수박, 그 밖의 멜론류 한 개의 살을 발라 너무 작지 않게 한 입

크기의 덩어리로 자른다. 식초물은 식힌 뒤 붓는다. 한 시간 안에 먹을 수 있고, 이왕이면 24시간 안에 다 먹는 게 좋다.

❖ **당근 절임**

꼬마 당근(아기 혹은 난쟁이 당근, 큰 당근을 깎아 봉지에 담아둔 게 아니다) 900g을 문질러 닦고 껍질을 벗겨 다듬는다. 이파리가 달린 당근이라면 끝 부분을 1cm 정도 남기고 썰어야 훨씬 보기가 좋다. 모모푸쿠는 롱 아일랜드의 새터 팜스에서 당근을 받는데 12~15cm 길이에다 날씬해서 우리가 만드는 피클에 제격이다. 당근이 좀 더 큰 경우라면 길게 2~3등분한다. 한입에 쏙 들어갈 필요는 없지만 편하게 집어 먹을 수 있을 정도여야 한다.

❖ **콜리플라워 절임**

한 송이를 손질해 한입 크기로 자른다.

❖ **샐러리 절임**

윗동과 아랫동을 다듬고 질긴 껍질―특히 바깥의 대궁에서―을 벗겨낸 샐러리 한 단을 비스듬하게 0.5cm 길이로 썬다.

❖ **체리 절임**

카페 불뤼에서 일할 때 부주방장이었던 베르트랑 슈멜의 레시피를 슬쩍했다. 대개 발라 내버리는 체리의 씨가 바닐라나 아몬드같이 섬세한 맛을 더해준다. 그냥 버리는 부분이 음식을 얼마나 더 맛있게 만들어줄 수 있는지 보여주는 예다. 체리 1ℓ를 씻어 반으로 가르고 씨를 모아둔다. 절구로 체리 씨를 굵게 갈거나 행주에 싸서 고기 망치나 일반 망치로 부숴 면포에 싼다. 식초물에서 소금을 빼고 물과 설탕, 씨 꾸러미를 소스팬에 넣어 팔팔 끓인 뒤 체리에 붓는다. 식힌 뒤 냉장고에 넣는다.

❖ **고추 절임**

태국 고추나 비슷한 크기(길이 5cm이하)의, 매운맛이 또렷한 고추 4컵을 준비한다. 지구가 종말을 맞는 날까지 두고 먹을 수 있는 양이다. 모모푸쿠에서는 절인 뒤 썰어서 여러 종류의 요리에 더한다. 고추를 다룬 다음, 특히 절인 것을 만진 후에는 반드시 손을 씻어야 한다. 말을 안 들어서 대가를 치르더라도 내 책임은 아니다.

❖ **두루미냉이 절임**

4컵(약 900g)의 두루미냉이를 준비해서 잘 문질러 씻는다. 두루미냉이는 코르크 마개처럼 생긴 덩이줄기 식물이다. 중국, 일본, 프랑스에서 많이 쓰지만 미국에서도 점차 찾아볼 수 있다. 아삭하고 바삭바삭한 게 사과와 감자의 중간쯤이라 선초크 맛하고도 많이 다르지 않다. 입이 심심할 때 먹기 좋고 샐러드나, 구운 버섯 샐러드(179쪽)처럼 아삭함을 더해야 할 음식에도 잘 어울린다. 식초물은 끓여서 붓는다. 시치미 토가라시(일본의 일곱 가지 향신료 조합) 1작은술을 식초물에 더해도 좋다.

❖ **회향 절임**
크기에 따라 회향 구근 2~4개를 쓴다. 구근을 뿌리와 줄기를 축으로 삼아 반으로 갈라서 속을 발라내고 다시 반으로 자른 다음, 0.3cm 두께로 얇게 썬다. 고수씨 1작은술을 식초물에 더해도 좋다.

❖ **배추 절임**
푸른 바깥 잎을 떼어내 버린다. 안쪽 16~20겹의 큰 이파리를 절인다. 삼각형으로 칼집을 넣어 바깥쪽의 질긴 흰색 속잎을 잘라내 버린다. 물, 식초, 설탕, 소금을 절임 용기에 담아 설탕이 녹을 때까지 저어준 다음 잎을 조심스레 채워 넣는다. 뚜껑을 덮어 냉장실에 넣는다.

❖ **램프 절임**
램프 1kg을 문질러 씻은 뒤 뿌리를 다듬는다. 이파리가 좁아 절임 용기에 그대로 넣을 수 있을 만큼 작으면 통째로 써도 된다. 제철 막판에 흔한, 크고 이파리가 넓은 것들은 다듬어야 한다. 파란 이파리를 끝에서 3cm 정도 다듬어 다른 데 쓴다. 스크램블 에그에 섞어도 좋다. 식초물은 끓여서 붓는다. 완전히 식혀서 냉장실에 넣는다. 시치미 토가라시 1작은술, 고춧가루 1작은술, 하얀 통후추 1큰술을 식초물에 더해도 좋다. 한 달 이상 두고 먹을 경우, 그러고 나서 푸른 잎은 잘라내 따로 절이는 게 좋다. 푸른 잎 절임을 먼저 먹는다(아니면 아예 절이지 말고 다른 데 쓴다). 푸른 잎은 한 달 정도면 무르는 반면 하얀 아랫동은 몇 달 두고 먹을 수 있다.

❖ **선초크 절임**
선초크(또는 예루살렘 아티초크로도 불린다) 900g의 껍질을 벗기고 0.3cm 두께로 길게 썬다. 식초물은 끓여서 붓는다. 시치미 토가라시 1작은술을 식초물에 더해도 좋다.

❖ **도쿄 순무 절임**
4컵(보통 2다발)을 쓴다. 도쿄 순무는 꼬마 순무로, '수퍼 마리오 브라더스'에 나오는 캐릭터처럼 생겼다. 모모푸쿠에서는 모둠 절임이나, 298쪽의 사진에서 볼 수 있는 것처럼 코의 밥과 미소국 코스에 낸다. 잘 문질러 씻은 뒤 이파리를 0.5cm 정도 남겨놓고 다듬는다.

note
절임은 다 먹었지만 국물이 남았을 경우, 딱히 창의력이 없더라도 사용할 방도를 생각해낼 수 있다. 표고버섯과 배 절임 국물 같은 경우는 소면을 담가먹는 소스를 간하는 데 쓰고, 김치통 바닥에 깔린 훌륭한 고추-마늘-생강 곤죽은 후지 사과 샐러드(184쪽)의 김치 퓌레 대신 쓸 수 있다. 모모푸쿠 근처의 바 PDT의 친구 돈 리는 우리 램프 절임 국물로 칵테일을 만든다.

겨자씨 절임
1컵 분량

겨자씨 절임은 크래프트에서 대놓고 훔쳐왔다. 셰프 톰 콜리키오가 오랫동안 겨자씨 절임을 써온 데는 이유가 있다. 질감은 흥미롭고 맛도 분명하지만 과하게 압도하지 않는 균형 있는 맛. 게다가 식초물 때문에 배어 나오는 펙틴으로 인해 반짝거리면서도 우아해 보이기까지 한다.

만드는 법
겨자씨, 물, 식초, 설탕, 소금을 작은 소스팬에 담아 약한 불에서 끓을락 말락 할 정도까지 약 45분 동안 종종 저어가면서 익힌다. 겨자씨가 물을 머금어 통통하고 부드러워 물기가 마른 것처럼 보이면 잠길 듯 말 듯 물을 붓는다. 식혀서 밀폐 용기에 담아 냉장실에 둔다. 몇 달은 두고 먹을 수 있다.

재료
황겨자씨 1컵
물 1½컵
양조 식초 1½컵
설탕 ½컵
꽃소금 1큰술

수박 속껍질 절임
1ℓ 분량

수박 속껍질 절임은 다른 절임과 다르다. 단 식초물에 절이는 데다 부드럽게 익혀야 하기 때문이다. 그대로 먹을 수 있고, 모둠 절임에 함께 낼 수도 있다. 모모푸쿠에서 수박 속껍질 절임으로 만들어 냈던 음식 가운데는 베이컨과 프리제가 최고다. 프리제와 수박 속껍질 절임, 벤튼의 베이컨, 수란, 절임 국물과 베이컨 기름으로 만든 비네그레트를 더한다.

만드는 법
1. 수박 속껍질을 2.5cm 두께로 썬다. 겉껍질을 조심스레 저며낸 뒤, 2.5cm로 깍둑썰기 한다.
2. 식초, 물, 설탕, 소금, 팔각, 껍질 벗긴 생강을 소스팬에 한데 담아, 설탕이 녹도록 저어가며 끓인다. 수박 속껍질을 넣고 1분간 끓인 다음 1ℓ들이 용기로 옮겨 식힌 후 냉장고에 넣는다. 몇 시간 내에 먹을 수 있고, 열흘 정도 두고 쓸 수 있다. 이후로는 무르고 맛도 옅어진다.

재료
중간 크기 수박 ½개 분량의 속껍질
(속살이 1cm 정도 붙은 것으로 준비한다)
양조 식초 1컵
물 ½컵
설탕 1컵
꽃소금 1큰술+¾작은술
팔각 1개
엄지손가락만 한 생강 1조각

간장 절임
SOY SAUCE PICKLES

표고버섯은 전형적인 간장 절임, 또는 쇼유즈케거리다. 질감이 좋고 감칠맛이 있으며 초간장을 잘 흡수해 간장 절임의 좋은 예를 보여준다.

표고버섯 절임
넉넉히 1ℓ 분량

라멘 육수를 한꺼번에 많이 만들다 보면 맛을 잃지 않은 표고버섯 자투리가 많이 남는다. 하루는 스콧 가핑클이 육수를 끓이고 남은 표고버섯을 간장에 절였다 조려서 먹는 걸 보았다. 너무 맛있어서 절임 모둠에 바로 추가했다. 이후 표고버섯 절임은 스콧과 마찬가지로 누들 바의 붙박이 멤버가 되었다.

만드는 법

1. 말린 표고버섯을 중간 크기 대접에 담아 끓는 물(또는 아주 뜨거운 물)에 부드러워질 때까지, 약 15분간 담가둔다.

2. 버섯을 건져 기둥을 잘라버리고, 갓을 0.3cm 두께로 썬다. 버섯을 담가두었던 물 2컵을 고운 체에 내려 모래나 부스러기를 걸러낸 뒤 따로 둔다.

3. 2의 버섯물, 설탕, 간장, 식초, 껍질 벗긴 생강과 썰어놓은 버섯을 소스팬에 담는다. 끓을 때까지 중간 불에 올렸다가 거품이 올라오기 시작하면 불을 줄여, 가끔 저어가며 30분간 끓인 뒤 식힌다.

4. 생강을 버리고 1ℓ들이 용기에 버섯을 담고는 남은 식초물을 버섯이 잠길 만큼 붓는다. 바로 먹어도 좋고, 한 달 정도 냉장고에서 두고 먹을 수 있다.

재료
말린 표고버섯 또는 48쪽의 라멘 육수에 쓰고 남은 표고버섯 갓 성글게 4컵
설탕 1컵
우수구치 1컵
셰리 식초 1컵
생강 7.5cm 길이 2쪽

momofuku

김치
KIMCHI FERMENTED PICKLES

김치는 사우어크라우트처럼 발효 절임으로 발효 과정에서 맛이 결정지어진다. 이는 모모푸쿠의 음식이나 한국 음식에 기본적인 요소인 데다가 거의 모든 재료로 담글 수 있다. 노스 버지니아 본가에 계신 어머니와 할아버지는 게로 김치를 담그신다. 발효를 촉진하기 위해 김치에 해산물을 종종 넣는데, 생굴은 오징어, 새우, 황석어만큼이나 흔하게 들어간다. 크릴처럼 작은 새우로 담근 젓갈을 쓰는데, 냄새가 강하지만 식욕을 돋우는 한편 새우 특유의 단내가 난다. 적은 양으로도 오래 쓸 수 있어서, 김치 담가 먹기를 진짜 좋아하는 사람이라고 해도 500g들이 유리병 하나면 충분하다. 그러므로 찬찬히 찾아보기를 권한다.

김치에 넣는 많은 소금은 거의 모든 종류의 식중독 균이나 미생물을 죽이고 유산균만 남긴다. 게다가 일단 유산균이 생기기 시작하면 김치의 pH 값이 떨어져 부패를 유발하는 모든 요인이 배양될 수 없다. 세상에서 가장 똑똑한 인간이자 식품과학의 천재인 내 친구 데이브 아놀드가 김치의 원리에 대해 그렇게 설명해주었다. 한편 천일염이나 기타 자연 건조 방식으로 만든 소금은, 마그네슘이나 칼슘처럼 맛을 느낄 수 없는 소량의 불순물 때문에 절인 채소가 더 오랫동안 무르지 않도록 돕는다고도 한다.

모모푸쿠에서는 배추김치와 깍두기, 오이김치를 담근다. 어머니에게서 김치 담그는 법을 배운 이후로 레시피는 조금씩 변화했다. 어머니 역시 외할머니에게서 김치를 배웠다. 일단, 어머니나 외할머니보다는 설탕을 더 많이 넣는다. 그리고 냉장고에서 발효시킨다. 상온에서 냄새가 날 때까지 뒀다가 냉장고로 옮기는 통상적인 방법과는 다른 점이다. 또한 정말 시어질 때까지 두지 않고 몇 주만 두고 쓴다. 담근 지 2주 정도 지나면 유산균이 김치를 발효시키기 시작해 이산화탄소를 만들어내므로, 탄산음료를 입에 머금을 때처럼 공기 방울들이 톡 쏘는 듯한 느낌을 준다. 김치는 이때쯤 가장 맛있다.

배추김치
1~1.5ℓ 분량

만드는 법

1. 색이 변하거나 시든 바깥 잎은 뗀 배추를 길게 반으로 갈라 가로 2.5cm 폭으로 자른다. 소금 전부와 설탕 2큰술을 뿌려 버무린다. 냉장고에 하룻밤 묵힌다.

2. 마늘과 생강은 모두 다져서 고춧가루, 액젓, 새우, 남은 설탕 ½컵과 함께 큰 대접에 담는다. 너무 걸쭉하다 싶으면 양념에 물을 ⅓컵씩 섞어준다. 부드러운 샐러드 드레싱과 비슷하지만 흙탕물처럼 묽지는 않아야 한다. 쪽파와 당근을 섞는다.

3. 배추를 건져 양념에 버무린다. 뚜껑을 덮어 냉장고에 넣는다. 24시간만 지나

재료

작거나 중간 크기의 배추 1포기
천일염 1큰술
설탕 ½컵+2큰술
마늘 20쪽
생강 20조각
고춧가루 ½컵
액젓 ¼컵
우수구치 ¼컵
새우젓 2작은술
2.5cm 길이로 썬 쪽파 ½컵
채 썬 당근 ½컵

면 맛이 들고, 일주일이면 익고, 2주째에 가장 맛있다.

❖ 깍두기

깍두기는 김치찌개(75쪽) 등에 많이 넣지만 그냥 먹기에도 좋다. 우선 무의 껍질을 벗기고 색이 변한 부분을 다듬는다. 그러고 나서 1.25cm 길이로 깍둑썰기 한 무를 배추김치와 같은 과정을 거쳐 버무려 담근다.

오이김치
1ℓ 분량

이 레시피는 즉석 절임과 제대로 된 김치의 중간 격이다. 커비 오이가 제철인 여름에 담가 먹기 좋고, 핫도그에 끼워 먹어도 잘 어울린다.

만드는 법

1. 길게 반으로 갈라 1.25cm 길이로 썬 오이와 설탕 1⅓작은술, 소금 ¼작은술을 그릇에 담아 버무린다. 즙이 배어 나오고 살짝 숨이 죽을 때까지 약 10분 동안 둔다.

2. 중간 크기의 대접에 남은 설탕 2큰술과 소금 1¼작은술을 고춧가루, 생강, 마늘, 액젓, 간장, 새우젓과 한데 섞는다. 세로 5cm로 성냥개비처럼 썬 당근과 쪽파, 얇게 썬 양파, 물기를 뺀 오이를 섞어 잘 버무린 뒤 15분간 두었다가 바로 내거나 두고 먹는다. 냉장고에 넣으면 몇 주는 가지만 매일 조금씩 무르면서 냄새가 지독해질 것이다.

재료

커비 오이 450g
설탕 2½큰술
꽃소금 1½작은술
고춧가루 1½큰술
얇게 저민 생강 1½작은술
얇게 저민 마늘 4쪽
액젓 1큰술
우스구치 1큰술
새우젓 ½작은술
작은 크기 당근 1개
쪽파 1대
작은 크기 양파 ¼개

ps # 모모푸쿠 포크 번
MOMOFUKU PORK BUNS

1인분

뭔가로 유명해진다는 기분은 참 이상하다. 닐 다이아몬드가 되어 〈크래클링 로지Cracklin' Rosie〉를 무대에 올라가 죽는 날까지 부르는 현실을 상상할 수 있는가? 전혀 상상할 수 없다. 하지만 모모푸쿠가 뭔가로 '유명하다'면 포크 번 덕분일 것이다. 맛있냐고? 당연하다. 그럼 제우스의 이마에서 나오는 아테나 여신처럼 집합적인 상상력의 산물인가? 절대 그럴 리 없다. '찐빵+맛있는 고기=맛있는 음식'이라는 지극히 평범한 동양 음식의 공식을 우리 나름대로 해석한 것일 뿐이다. 게다가 완전 막판에 메뉴에 넣은, 실수에 가까운 결과물이었다. 좋은 아이디어라거나, 포크 번을 사람들이 찾을 거라고 생각한 적도 없다.

베이징에 머물 때 이런 종류의 찐빵을 열심히 먹기는 했다. 짙은 색깔이 돌도록 구운 돼지고기를 찐빵에 채워 넣은 차슈바오를 아침, 점심, 저녁까지, 사람들의 맹렬한 식욕을 채워주는 베이징의 노점에서 삼시 세끼 사 먹었다. 도쿄에서는 편의점을 지날 때마다 차슈바오보다 맛이 순한 소가 든 일본식 니쿠만을 사 먹었다. 니쿠만은 동경 세븐 일레븐의 핫도그 같은 음식으로, 고기의 식감이 부드러운 화이트 캐슬(White Castle, 보통 햄버거의 절반 크기인 '슬라이더'를 만들어 파는 패스트푸드 프랜차이즈-옮긴이) 햄버거와는 또 다른 매력이 있었다.

맨해튼 차이나타운의 오리엔탈 가든(지구상의 어느 곳보다 더 자주 들러 음식을 먹었던 곳)을 처음 드나들던 시절 언제나 베이징 덕을 주문했는데, 항상 가운데에 줄이 가서 반으로 접힌 찐빵이 함께 나왔다. 그 찐빵은 쪽파를 넣은 중국식 부침개만큼 전통적이지는 않았지만 베이징 덕에는 훨씬 더 나은 곁들이였다. 차슈바오와 니쿠만도 무시할 수 없지만, 모모푸쿠의 포크 번에는 이 오리엔탈 가든의 베이징 덕이 가장 중요한 영향을 미쳤다. 맨해튼에 있으니 언제나 들러 요리를 먹으면서 빵을 살펴볼 수 있기 때문이었다. 자주 들른 다음부터는 그곳 주인이 도움을 주지 않았다고도 말 못한다.

한 백만 번은 들른 다음 오리엔탈 가든의 주인인 초이 씨(내게는 중국인 삼촌이 없으니 이제는 초이 삼촌이라고 부른다)에게 찐빵 만드는 법을 전수해줄 수 있는지 물었다. 직접 만들어야 한다고 생각한 적은 없었지만 곧 문을 열 누들 바 메뉴에 넣고 싶었기 때문이다. 그는 웃음으로 응대하며 몇 주 동안을 거절하다가 마침내 기회를 주었다(나는 쿵푸-학생, 탐구자, 일꾼-이고 그는 시푸-주인-이기를 일깨워주려는 생각이었을지도). 하지만 그는 나를 부엌으로 데리고 들어가는 대신 '존'이라는 이름 아래 주소와 읽을 수 없는 한자가 쓰인 종이 쪼가리를 건네주었다.

〈라스트 드래곤〉 같은 80년대 무술 영화에서 흑인을 왜곡해 표현하는 것을 본 적 있는지? 지혜를 전수해줄 사부를 찾아 끊임없이 헤매는 녀석이 나오는데 알고 보니 완전 사기라, 포춘 쿠키 공장 같은 데서 사부를 만난다는 뭐 그런 내용이다. 아마 못 봤을 것이다. 찐빵의 비밀을 좇아 '메이메이 푸드'로 발걸음을 옮기는 내 기분이 그랬다. 메이메이 푸드는 2007년 문을 닫기 전까지 뉴욕 수십 군데의 레스토랑에 주로 딤섬을 납품하는 한편 곁다리로 찐빵도 만들었다. 존은 진짜 간단한 재료를 그저 섞고 찌면 짠 하고 빵이 나오는 과정을 보여줬다. 간단한 빵 반죽인 만두(원더 브레드 같은 즉석 식빵 반죽과 별다를 바 없는)를 굽는 대신 찔 뿐이었다.

그러나 밀가루가 사방에 날리는 꼴을 보니 누들 바의 좁아터진 주방에서도 이렇겠구나 싶어 당장 주문을 넣었다. 그때는 만들어볼 공간이 없었으니 메이메이가 문을 닫은 뒤에도 다른 중국 빵집에서 만두를 사다 썼다.

중국 빵집이나 음식점, 그도 아니면 동네 중국 슈퍼마켓에 구색을 갖춘 냉동식품 코너가 있다면 절대 죄책감 느낄 필요 없이 사다 쓰시라. 빵을 직접 구워서 쓰는 샌드위치 가게가 얼마나 될까? 그렇다. 무리할 필요가 없다. 그렇지만 직접 만들고 싶다면 억지로 참을 필요도 없다. 만들기 쉬울뿐더러 냉동 보관도 편하다. 그래서 여기 모모푸쿠의 빵 레시피를 소개한다. 원하는 만큼 레시피를 무한정 늘릴 수 있다.

만드는 법

1. 빵을 찜기에 올려, 만져서 뜨겁지 않을 정도로 데운다. 갓 찐 빵이라면 바로 쓰면 되고, 냉동한 것이라면 2~3분 정도 걸린다.

2. 빵을 찜기에서 꺼내 접시에 펼쳐 담는다. 안쪽에 제과용 붓이나 숟가락의 등으로 해선장을 펴 바른다. 펼친 면 한쪽에 오이 절임을, 반대쪽에 삼겹살을 올린다. 그 위에 쪽파를 골고루 뿌리고 접으면 짠! 포크 번이 된다. 스리라차 소스와 함께 낸다.

재료

찐빵 1개(다음 쪽)
해선장 1큰술
즉석 오이 절임 3~4쪽(78쪽)
두껍게 썬 삼겹살 3쪽
얇게 썬 쪽파 1큰술
스리라차 소스

찐빵
50개 분량

알고 있다. 찐빵 50개면 정말 많다. 하지만 냉동고에 몇 달을 둬도 문제가 없는 데다 레시피를 이보다 더 줄이면 반죽의 부피 또한 줄어 스탠딩믹서의 빵 반죽 갈고리에 걸리지 않는다. 이 점을 감안해서, 시간과 냉동고 공간을 마련한 다음 빵을 만들자.

만드는 법

1. 효모와 물을 스탠딩믹서의 그릇에 담고 빵 반죽용 갈고리를 끼운다. 거기에 강력분, 설탕, 탈지분유, 베이킹파우더, 베이킹소다, 돼지기름 또는 쇼트닝을 넣고 '휘젓기(stiring)'로 섞은 다음, 최저속으로 8~10분간 돌린다. 매끄러우면서 살짝 끈적거리는 반죽이 되면 기름을 바른 중간 크기의 그릇으로 옮긴 뒤, 마른 행주로 덮는다. 약하게 시범 운전 상태로 잠깐 돌렸다 끈 오븐이나 다른 따뜻한 장소로 옮겨 두 배로 부풀 때까지, 약 1시간 15분 정도 둔다.

2. 반죽을 눌러 가스를 빼고 깨끗한 작업대에 올린다. 제빵용 긁개나 칼로 반죽을 반으로 나눈 뒤 5등분한다. 각각을 원통형으로 굴린 뒤 5등분해 전부 50쪽을 만든다. 각 반죽이 탁구공 크기만 하고 무게는 25g 이하이면 된다. 반죽을 동그랗게 굴려서 늘어세운 뒤 비닐 랩으로 덮어 상온에서 30분 동안 숙성시킨다.

3. 반죽이 완성되는 동안 유산지를 가로, 세로 10cm 크기로 ㄴ잘라 50장 준비한다. 돼지기름 또는 쇼트닝을 젓가락에 바른다.

4. 공 모양의 반죽을 손바닥으로 납작하게 누른 뒤, 밀대로 긴 축이 10cm인 타원형이 되도록 민다. 기름을 바른 젓가락을 반죽의 짧은 축에 올린 뒤 반으로 접어 찐빵 특유의 모양을 만든다. 젓가락을 빼고 반죽이 접힌 상태 그대로 유산지 위에 올린다. 마른 행주나 랩으로 덮어 보관한다. 나머지 반죽 또한 같은 방법으로 모양을 잡은 뒤, 30~45분 동안 둔다. 조금 부풀 것이다.

5. 불에 찜기를 올려놓는다. 가득 채우지 말고 여러 번에 나눠 찐다. 유산지에 반죽을 얹은 채로 10분 동안 찐 뒤 떼어낸다. 바로 먹어도 되고(필요에 따라 찜기에서 1분 정도 다시 데워 낸다), 완전히 식힌 다음 비닐 주머니에 넣어 냉동고에 넣으면 몇 달은 간다. 필요할 때 꺼내 찜기에 넣어 2~3분 동안 데운다. 폭신하고 부드러우며 속까지 따뜻해야 한다.

재료

활성 건조 효모 1큰술 + 1작은술
물 1½컵
강력분 4¼컵
설탕 6큰술
탈지분유 3큰술
꽃소금 1큰술
베이킹파우더 깎아 담아 ½큰술
베이킹 소다 ½작은술
돼지기름이나 채소 쇼트닝 ⅓컵+빵을 빚는 데 필요한 만큼의 여분(상온에 둔다)

치킨 앤드 에그
CHICKEN & EGG

4인분

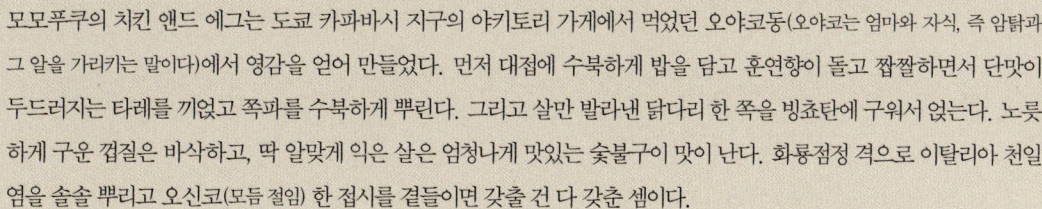

모모푸쿠의 치킨 앤드 에그는 도쿄 카파바시 지구의 야키토리 가게에서 먹었던 오야코동(오야코는 엄마와 자식, 즉 암탉과 그 알을 가리키는 말이다)에서 영감을 얻어 만들었다. 먼저 대접에 수북하게 밥을 담고 훈연향이 돌고 짭짤하면서 단맛이 두드러지는 타레를 끼얹고 쪽파를 수북하게 뿌린다. 그리고 살만 발라낸 닭다리 한 쪽을 빙쵸탄에 구워서 얹는다. 노릇하게 구운 껍질은 바삭하고, 딱 알맞게 익은 살은 엄청나게 맛있는 숯불구이 맛이 난다. 화룡점정 격으로 이탈리아 천일염을 솔솔 뿌리고 오신코(모듬 절임) 한 접시를 곁들이면 갖출 건 다 갖춘 셈이다.

처음 누들 바를 열고 몇 주 동안이나 근처 일본 음식점에서 맛없는 오야코동을 먹었다. 나의 불평을 듣다 지친 퀴노가 오야코동을 메뉴에 넣자고 제안했다. 숯불구이 향을 풍기는 야키토리 닭고기와 밥의 기억을 우리가 원하는 맛—미국의 바비큐와 달리 더 섬세하고 절제돼 있으면서도 전혀 뒤지지 않는—을 찾는 데 한 줄기의 빛으로 삼았다.

훈연향은 일본 요리의 주된 요소가 아니다. 하지만 일본 요리의 기본인 다시가 훈연해서 말린 생선(가츠오부시)으로 낸 육수다 보니 어느 음식에서나 접할 수 있다. 게다가 다시에 대한 비법은 파면 팔수록 더 나온다. 소바집 푸유린에서 잠깐 일할 때, 아키오에게서 육수에 훈연향을 불어넣는 비밀 타레에 대해 배웠다. 쇠막대기 두 개를 대장간에서 모양을 잡기 직전의 칼날처럼 뜨겁게 달군 뒤 타레에 담가, 소스를 태워 향을 불어넣는 놀라운 방법이었다.

우리는 빙쵸탄이나 그릴을 살 돈도 없었으므로 훈연향을 불어넣기 위해서는 머리를 잘 굴려야만 했다. 텍사스 출신이라 좀 아는 퀴노가 사과나무 대신 메스퀴트 연기를 쏘이자는 의견을 냈다. 옳은 판단이었다. 닭고기를 훈연한 뒤 돼지기름(앞에서 이야기한 것처럼, 삼겹살을 오븐에 굽는 과정에서 나오는 엄청난 양의 기름을 일부 쓰는 방법이었다)에 담가 콩피를 만들고, 이를 번철(griddle)에 구우면서 베이컨 누르개로 눌러 껍질을 바삭하게 만드는 3단계 과정을 거쳤다. 콩피 과정을 통해 닭과 돼지기름이 섞여 훈연향을 불어넣을 수 있을 뿐만 아니라, 모든 요리의 맛을 북돋아주는 '주방의 금(팬의 바닥에 깔리는 젤라틴의 진미)' 또한 얻을 수 있었다(62쪽 참고). 믿을 수 없을 만큼 부드러우면서도 육즙이 넘치고 진한 훈연향을 풍기는 한편 조리 막판에 수고를 들일 필요가 거의 없어 더욱 완벽한 닭고기 조리법이었다.

여기까지 설명한다면 모모푸쿠의 요령이 무엇인지 눈치챌 수 있을 것이다. 다시 데우기만 하는 시점까지 조리해서 요리의 완성도를 유지하면서도 막판 준비 시간을 줄이는 게 핵심이다. 이러한 요령은 집에서도 써먹을 수 있다. 닭고기를 미리 콩피해두었다가 먹는 날 꺼낸다. 밥과 달걀을 준비하고 꺼내놓은 닭고기를 껍질이 바삭하도록 구워 얹기만 하면 된다.

만드는 법

1. 물, 설탕, 소금을 각 1컵씩 닭다리도 다 들어갈 만큼 넉넉한 밀폐 용기나 냉동 보관용 비닐봉지에 담고 설탕과 소금이 녹을 때까지 잘 흔든다. 닭을 넣고 봉해서 냉장고에 1~6시간 동안 보관한다.

누들 바 **97**

2. 닭을 꺼내 소금물은 버린다. 다음 쪽의 설명에 따라 냉훈한다(냉훈 설비를 갖추지 않은 경우 다음 단계에서 베이컨을 냄비에 넣는다. 똑같지는 않아도 얼추 비슷할 것이다).

3. 오븐을 80℃로 예열한다.

4. 닭다리를 냄비나 오븐에서 쓸 수 있는 조리 기구에 담는다. 조리 기구의 모양은 별 상관없지만 닭다리 사이의 공간이 좁아야 닭이 잠기는 데 기름이 덜 쓰인다(냉훈하지 않을 경우 베이컨을 닭다리 사이사이에 끼운다). 돼지기름이 녹을 때까지 데운 뒤 닭다리가 잠길 만큼 붓는다. 오븐에 넣고 50분 동안 익힌다. 꺼내 상온에 이르도록 식힌다.

5. 닭다리를 냉장고에 넣어, 기름에 잠긴 상태로 완전히 차게 식힌다. 여기까지는 약 일주일 전에 미리 준비할 수 있다.

6. 요리를 낼 준비가 되면 닭다리 콩피를 낮은 온도의 오븐(90℃ 남짓)에 그대로 넣거나 지방이 녹을 정도의 불에 올린다.

7. 기다리는 동안 재빨리 오이 절임을 만든다. 오이를 0.3cm 두께로 썰어 작은 그릇에 담고 남은 설탕과 소금 1큰술에 버무려둔다.

8. 구멍 뚫린 납작한 국자로 닭을 건져 도마나 큰 접시에 올리고 냄비는 치운다. 지름 25cm짜리 무쇠 팬을 중간-센 불에 1~2분 올려 뜨겁게 달군다(손을 팬의 가운데로 가져갔을 때 2~3cm 높이에서 뜨겁다고 느껴야 한다). 닭다리를 껍질이 밑으로 가도록 팬에 올려(팬이 작으면 두 개로 나눈다) 노릇해질 때까지 3~4분 굽는다. 굽는 동안 베이컨 누르개나 작지만 무거운 스킬렛으로 누른다. 다 구운 닭다리를 도마로 옮긴다.

9. 밥을 빈 공기 4개에 나눠 담는다. 숟가락 등으로 밥 가운데를 누르고 달걀을 올린다. 오이 절임을 달걀 주위에 고르게 올린다. 닭다리를 1.2cm 두께로 썰어 달걀 주위에 펼쳐둔다. 쪽파를 뿌려 낸다.

10. 다 먹은 뒤 콩피 냄비를 데워 금색의 맑은 지방을 깨끗한 용기에 옮겨 담는다. 그 외에 육즙 등도 별도의 작은 용기에 담는다. 모두 냉장실에 두고 필요할 때 쓴다. 지방은 몇 달, 고기 젤리는 일주일 정도 두고 쓸 수 있다.

재료
미지근한 물 8컵
설탕 1컵+1큰술
꽃소금 1컵+1큰술
뼈를 발라낸 닭다리 4쪽
훈제향 진한 베이컨 2줄(냉훈하지 않을 경우. 벤튼 제품 추천)
녹여낸 돼지나 오리 기름, 또는 포도씨유나 기타 식용유 4컵과 여분
커비 오이 2개
밥 4컵(301쪽)
반숙 달걀 4개(64쪽)
썬 쪽파 ½컵

냉훈
cold-smoking

모모푸쿠에서는 냉훈법(cold-smoking, 재료에 나무를 태운 향만 불어넣고 열로 조리는 하지 않는 훈제법-옮긴이)을 주로 쓴다. 미국 가정집이면 하나씩 갖추고 있는 그릴로 냉훈하는 방법을 소개한다.

훈연용 나뭇조각(메스키트가 좋다) 두 주먹을 큰 그릇에 담아 잠기도록 물을 붓는다. 침니 스타터를 내열 작업대 위에 올려 숯(활엽수 경재로 만든 덩어리 숯이 좋다) 네 주먹을 담고 아래쪽에 신문지를 구겨 넣어 불을 붙인다.

그릴 뚜껑과 바닥의 환기구를 연다. 윗단 받침대를 들어내 비눗물로 잘 씻는다. 일회용 알루미늄 구이팬을 아랫단(또는 그릴의 바닥)에 올린다. 물에 담가둔 나무 쪼가리를 꺼내 물기를 털어낸 다음 구이팬에 고르게 담는다.

불을 붙이고 약 20분 뒤, 숯이 빨갛게 타오르고 재로 덮이기 시작하면 몇 덩어리를 알루미늄 팬에 담은 나뭇조각 위로 드문드문 올려놓는다. 연기를 내며 탈 정도는 되지만 불이 나거나 열이 오르도록 뜨겁지는 않을 것이다. 윗단을 그릴에 올리고 염지한 고기를 받침대 위에 올린다.

그릴의 뚜껑을 덮는다. 몇 분 뒤 그릴의 환기구로 온도계를 꽂아 넣는다. 27~38℃ 사이의 온도를 유지하면서 연기가 올라와야 한다. 너무 뜨거울 경우 뚜껑을 들어 숯 한두 덩이를 들어낸다. 연기만 나고 뜨겁지 않다면 반대로 한두 덩이를 넣으면 되는데, 너무 온도를 올리지 않도록 주의한다. 45분 동안 연기를 쏘인다. 연기가 나지 않을 경우 나뭇조각이나 숯을 더해준다. 레시피대로 요리를 진행한다(냉훈한 닭은 조리가 되지 않았으므로 그대로 먹어서는 안 된다).

치킨윙
CHICKEN WINGS

4~8인분

세상에서 가장 긴 치킨윙 조리법이다. 길어서 미안하지만 그래도 맛은 보장한다.

만드는 법

1. 날개 끝은 칼로 잘라내 나중에 육수를 만드는 데 쓴다. 가운데 관절에서 날개를 두 토막 낸다.

2. 소금물과 날개를 함께 담을 만큼 큰 밀폐 용기나 지퍼백에 물, 설탕, 소금을 담아 녹을 때까지 잘 저어준다. 닭날개를 넣고 뚜껑을 덮거나 주둥이를 봉해 냉장고에 1~6시간 둔다.

3. 2를 꺼내 날개를 건져내고 소금물은 버린 뒤 99쪽의 방법에 따라 날개를 훈연한다(훈연할 장비나 재료가 없다면 베이컨을 준비해 다음 단계에서 냄비에 넣는다).

4. 오븐을 80℃로 예열한다.

5. 냄비나 오븐에서 사용 가능한 그릇에 날개를 넉넉하게 담는다. 그릇의 모양은 상관이 없지만 남은 공간이 적을수록 날개가 잠기는 데 기름이 덜 들 것이다(훈연 과정을 거치지 않는다면 베이컨을 함께 넣는다). 돼지기름(혹은 오리기름이나 포도씨유)이 녹아 따뜻할 때까지 끓인 다음 날개 위에 붓는다. 오븐에 넣어 30분 동안 익힌 뒤 꺼내 상온에 이르도록 식힌다. 그대로 냉장고에 넣어 기름에 잠긴 상태에서 차게 식힌다. 일주일 전에 미리 만들 수 있다.

6. 닭날개를 콩피하는 동안 타레를 만든다. 1에서 잘라낸 날개 끝을 넓은 볶음팬이나 스킬렛에 담아 중간-센 불에 올려 진한 갈색이 돌도록 익힌다. 때로 저어주며 미림, 사케, 간장을 더하고, 스패츌러나 나무 주걱으로 팬 바닥에 붙은 살점을 긁어낸다. 끓기 시작하면 불을 줄여 40분간 은근히 끓인다. 팬을 불에서 내리고, 국물은 체에 거르고 날개 끝은 버린다. 후추로 양념하고 식혀, 쓸 때까지 냉장고에 둔다.

7. 낼 때가 되면 날개를 냄비에 콩피된 상태로 낮은 온도(90℃ 언저리)의 오븐이나 불에 올려, 굳은 기름이 다시 녹을 때까지 데운다. 구멍 뚫린 납작한 국자로 날개만 건져내 종이 행주에 올려 기름기를 뺀다. 냄비는 그대로 둔다.

8. 지름 25cm짜리 무쇠 스킬렛을 중간-센 불에 1~2분 올려 달군다(손을 팬 가운

재료
끝이 붙어 있는 닭날개 20쪽
미지근한 물 8컵
설탕 1컵
꽃소금 1컵
훈제향 진한 베이컨 2줄(냉훈하지 않을 경우. 벤튼 제품 추천)
돼지 또는 오리 기름 또는 포도씨유나 기타 식용유 5컵 + 약간 더
식용유 ¼컵
미림 1컵
사케 1컵
우스구치 1컵
후추
중간 크기 마늘 6쪽
고추 절임 5~6개
쪽파 1대

데로 가져갔을 때, 약 2.5cm 높이에서 뜨거워야 한다). 팬을 가득 채우지 않게 날개를 여러 번 나눠서 익힌다. 양면에 진한 갈색이 돌도록 베이컨 누르개나 무거운 스킬렛 작은 것을 올려놓고 3~4분 동안 익힌다.

9. 날개가 익을 동안 소스를 만든다. 콩피하고 남은 기름 한두 숟가락을 넓은 스킬렛이나 볶음팬에 담아 중간 불에 올린다. 1분 뒤 얇게 저민 마늘을 넣고, 향이 감돌며 부드러워질 때까지 2~3분 동안, 간간이 저어가며 익힌다. 타레 절반(나머지는 다른 데 쓰게 둔다)을 더하고 센 불로 올려 마늘과 함께 8~10분, 또는 날개가 노릇하게 잘 익을 때까지 은근히 끓인다.

10. 소스에 다 익은 날개와 고추 절임을 넣는다. 팬의 크기가 작다면 여러 번에 나눠, 소스에 날개를 골고루 버무린다. 그릇에 담고 얇게 썬 쪽파를 솔솔 뿌려 뜨거울 때 낸다. 콩피하고 남은 기름은 체에 내려 밀폐 용기에 담아 냉장 보관한다. 무기한 두고 쓸 수 있으며 묵을수록 맛이 든다.

프라이드치킨
FRIED CHICKEN

2~4인분

프라이드치킨을 향한 나의 사랑은 끝이 없다. 음식을 먹거나 사올 때 곁들이처럼 주문할 정도다. 세상에서 가장 맛없는 치킨이라도 사랑으로 먹을 수 있다.

이 치킨 레시피는 한 구역 위로 옮긴 새 누들 바에서 여러 방법을 시도한 끝에 태어났다. 남부 전통 방식으로 버터밀크에 담그는 것도 괜찮았지만, 오래 튀겨야만 하는 닭의 자연스러운 맛을 한껏 끌어내주지는 못했다. 케빈과 스콧이 반죽과 튀김옷을 여러 종류로 만들어 실험했는데, 모두 맛은 있었지만 어딘가 이상했다.

'풀레 루즈(poulet rouge)'라는 미친 듯이 비싸지만 맛있는 닭을 썼기 때문에, 가능하면 다른 맛을 지나치게 더하고 싶지 않았다. 그래서 닭을 삶아 익힌 다음, 튀겨서 색을 내고 바삭하게 만드는 조리법을 택했다. 이는 새 누들 바의 주방에서만 가능한 방식이기도 했다. 원래의 누들 바에서는 최악의 장비로 요리를 했는데, 장비라 해 봐야 지하실의 오븐(지하실의 모든 재료를 다 집어넣어 굽는)과 튀김기(닭다리 두 개를 집어넣으면 꽉 차는) 각각 한 대씩이 전부였다. 새 누들 바에서는 내부에 증기를 채워 70℃에서 닭을 찔 수 있는 환상적인 오븐과 새끼 돼지쯤은 통째로 튀길 수 있을 정도로 크고 속이 깊은 튀김기를 들여놓았다.

하지만 장비 때문에 이런 조리법을 고안해낸 것은 아니다. 닭을 기름에 짧은 시간 튀기므로 맛이 깨끗한 데다 소금물의 설탕 덕분에 갈색이 빨리, 진하게 든다는 이점이 있다. 꺼내서 조각 낸 다음 옥토 비네그레트에 버무리면 프라이드치킨 저녁 시간이 된다.

만드는 법

1. 닭을 날개, 다리, 가슴 등으로 분해한다. 소금물과 날개를 함께 담을 만큼 큰 밀폐 용기나 지퍼백에 물, 설탕, 소금을 담아 녹을 때까지 잘 저어준다. 닭을 넣고 뚜껑을 덮거나 주둥이를 봉해 1~6시간 냉장실에 둔다.

2. 불에 찜기를 올린다. 닭을 건지고 소금물은 버린다. 찜기에 닭을 넣는다. 중국식 대나무 찜기에 넣을 경우 아랫단에는 다리, 윗단에는 가슴 부위를 넣는다. 뚜껑이 살짝 열리도록 비스듬히 둔 채 중간 불로 올린다. 40분 동안 찐 후 꺼내서 식힘 망에 둔다. 그대로 냉장고에 넣어 2시간에서 하룻밤 동안 둔다.

3. 튀기기 적어도 30분 전에 닭을 냉장고에서 꺼낸다.

4. 속이 깊은 스킬렛에 닭이 잠길 정도로 기름을 담아 190℃까지 올린다. 닭을 나눠 넣고 껍질이 바삭하며 짙은 갈색이 돌도록, 한 번만 뒤집어 6~8분간 튀긴다. 종이 행주를 깐 접시에 올려 기름을 뺀다.

5. 몸통에서 날개를 잘라낸 뒤 가슴은 2등분한다. 다리는 무릎을 기준으로 넓적다리와 정강이를 가른다. 큰 대접에 담아 비네그레트에 버무린 다음 뜨거울 때 낸다.

재료

미지근한 물 4컵
설탕 ½컵
꽃소금 ½컵
닭(1.3~1.6kg) 1마리
포도씨유나 식용유 4컵
옥토 비네그레트

삶은 달걀과 미소 버터를 곁들인 **구운 아스파라거스**
PAN-ROASTED ASPARAGUS POACHED EGG & MISO BUTTER

4인분

나는 미소라멘을 사랑한다. 일본에 살던 시절, 미소라멘의 본고장인 삿포로 지역에서 엄청 자주 먹었다. 그곳의 라멘집은 대부분 버터 한 덩어리와 통조림 옥수수 몇 알을 고명으로 올린다. 싸구려 같아 보이긴 해도 엄청나게 맛있다. 미소라멘에 대해 몽상하던 어느 날, 어디에서도 본 적 없는 미소 혼합 버터를 생각하게 됐다. 라멘에서 버터와 미소의 조합이 워낙 좋았으므로 미소와 버터를 한 통씩 만들어 쓰면서 조금씩 미소의 비율을 늘려보았다. 그 결과 고소하면서도 부드럽고 맛있어 케이크의 프로스팅처럼 손가락까지 핥게 되는 미소 버터의 레시피를 완성했다.

한편 퀴노는 이런저런 시도 끝에 미소 버터를 달걀과 섞으면 카르보나라와 맛이 비슷하다는 사실을 발견했다. 짭짤하면서도 발효된 맛이 있는 미소가 돼지고기를 대신한다는 것이었다. 그래서 어느 날 셰리 식초를 바탕으로 뵈르 몽테(beurre monté, 약간의 물을 더해 녹인 버터. 식당에서 소스의 바탕으로 많이 쓴다-옮긴이)를 만들면서 버터와 물 대신 우리가 만든 미소 버터를 넣어보았다. 달걀과 섞어보니 홀랜데이즈 소스와 비슷한 느낌이었다. 물론 맛 자체보다는 지방에 지방을 더한 느낌이 비슷했다는 의미다. 이 소스에 잠재력이 있다는 생각이 들어, 유행에 맞춰 시골풍으로 꾸민 뉴욕의 이탈리아 레스토랑 같은 데서나 볼 수 있는 '아스파라거스와 달걀 프라이'와 비슷한 요리를 만들었다. 하지만 딱히 홀렌데이즈 같지도 않은 이 소스만 두드러지게 하려고 만든 메뉴는 아니다.

만드는 법

1. 미소 버터를 만든다. 버터 5큰술과 미소를 작은 그릇에 담아 나무 숟가락으로 잘 섞어준다. 미소와 버터가 완전히 섞여 균일한 색깔을 띠어야 한다. 필요할 때까지 둔다. 랩으로 잘 싸면 냉장고에 몇 주 동안 두고 쓸 수 있다.

2. 아스파라거스 줄기에서 나뭇가지처럼 단단한 밑동을 3cm가량 꺾어낸다. 채소 껍질 벗기는 칼로 각 줄기의 질긴 바깥 켜를 벗겨낸다. 너무 윗부분까지 벗겨내지 않도록 주의한다. 밑동을 잘라낸 끝에서 5cm이상 올라갈 필요는 없다.

3. 남은 버터 3큰술을 넓은 스킬렛에 담아 중간 불에 올리고, 접시에 종이 행주를 깔아 준비한다. 버터가 녹아 연기를 막 내기 시작하면 아스파라거스를 팬에 올린다(한 번에 너무 많이 조리하면 안 된다. 필요하면 나눠서 익히고, 기름을 잘 걷어낸다. 처음 아스파라거스를 익힌 다음 버터에서 탄내가 너무 심하게 나면 버터를 새로 넣는다). 2~3분 뒤 아스파라거스에 색이 돌기 시작하면 소금으로 넉넉하게 간을 하고, 중간 불로 낮춘다. 다른 면에도 색이 돌도록 숟가락이나 스패출러로 뒤집은 다음 몇 분 더 익힌다. 아스파라거스에 색이 짙게 들고 연하지만 아주 부드럽지는 않

재료

백미소 ½컵
무염 버터 8큰술(상온에 둔다)
가는 것과 중간 굵기 사이 아스파라거스 230g
꽃소금
셰리 식초 2큰술
천천히 반숙한 달걀(64쪽), 또는 수란 1개
후추

을 때 종이 행주를 깔아둔 접시로 옮겨 기름을 뺀다.

4. 아스파라거스를 익히는 동안 작은 소스팬을 중간 불에 올려 셰리 식초를 데운다. 30초 뒤 미소 버터를 더하고 약한 불로 낮춘 뒤 잘 젓는다. 버터가 살짝 녹았을 때 팬을 불에서 내려 따뜻한 곳에 둔다. 완전히 녹지 않은 채 점도를 갖추고 있어야 한다.

5. 간을 보고 아스파라거스에 소금 간을 더한다. 미소 버터를 4등분해서 각 접시의 가운데에 두껍게 발라준다. 그 위에 아스파라거스를 나눠 담고 삶은 달걀을 올린 다음 후추를 뿌려 바로 낸다.

note

미소 버터는 거의 모든 음식의 맛을 돋아주는 데다가 몇 주는 두고 쓸 수 있으므로, 한꺼번에 많이 만들어놓고 써도 좋다. 버터와 미소를 스탠딩 믹서에 담아 주걱(paddle)을 끼워 돌리면 된다.

베이컨과 볶은 양파, 미소 버터를 곁들인 여름 옥수수구이
ROASTED SWEET SUMMER CORN MISO BUTTER, BACON & ROASTED ONIONS

4인분

누들 바에서 첫 번째 여름을 맞았을 때, 제철을 맞은 아스파라거스와 옥수수에 미소 버터를 더해 서코태시(succotash, 리마 콩과 옥수수 등을 버터에 볶은 음식-옮긴이)를 만들기로 했다. 어쩌다 보니 주연인 리마 콩은 치워버리고 옥수수, 베이컨, 양파와 미소 버터만 남았는데 이 재료들로 만든 요리가 가장 큰 인기를 끌었다. 그래도 누들 바가 마치 국수 몇 종류를 곁다리로 파는 옥수수 전문 레스토랑처럼 보여서 다시 메뉴에 넣지 않기로 했다.

나중에 케빈 페물리가 옥수수와 미소의 조합에 더욱 초점을 맞춰 요리를 가다듬고는 고춧가루와 얼린 미소 버터를 마이크로플레인(microplane, 식당 주방에서 많이 쓰는, 아주 고운 강판. 치즈 등을 가는 데 쓴다-옮긴이)으로 갈아 솔솔 뿌려 완성했다. 모모푸쿠식 엘로테(elote, 구운 옥수수에 마요네즈를 바르고 고춧가루, 치즈, 라임으로 마무리하는 멕시코식 옥수수 요리-옮긴이)라고 할 수 있었다. 하지만 옥수수의 본고장 아이오와 주에서 1년 동안 수확하는 옥수수보다 더 많은 양을 구워대는 노리타 지역 카페 아바나처럼 될까 봐 메뉴에는 올리지 못했다. 물론 집에서 만들어보고 싶다면야 굳이 말릴 이유는 없다.

끝내주는 여름철 곁들이 혹은 전채 요리지만 1인분에 새우(126쪽의 '새우와 그리츠' 조리법 참조) 몇 마리 혹은 천천히 반숙하거나 프라이한 달걀만 얹어주면 한 끼 식사로 충분하다.

만드는 법

1. 미소 버터를 만든다. 미소와 버터 5큰술을 작은 그릇에 담아 나무 숟갈로 잘 섞어준다. 미소와 버터가 완전히 섞여 균일한 색깔을 띠어야 한다. 필요할 때까지 둔다. 랩으로 잘 싸면 냉장고에 몇 주 동안 두고 쓸 수 있다.

2. 지름 25~30cm짜리 무쇠 스킬렛을 중간 불에 올려 아주 따뜻해질 때까지 둔다. 2.5cm~4cm 길이의 막대기 모양 베이컨을 넣어 부피가 반으로 줄고 노릇하면서도 너무 바삭하지 않게 약 4분 동안 익힌다. 구멍 뚫린 납작한 국자로 베이컨을 건져 종이 행주에 올려 기름(필요하면 나중에 다른 요리에 쓴다)을 뺀다. 팬을 다시 불에 올린다.

3. 센 불로 올리고 기름을 더 두른다. 팬에서 연기가 나면 옥수수를 넣고, 팬을 흔들거나 큰 숟가락으로 저어가며 대부분의 알갱이가 밝은 노란색인 가운데 일부만 갈색이 될 때까지 3~4분간 볶는다(옥수수를 팬에 올렸을 때 팝콘 튀기는 소리가 나면 중간~센 불로 내린다).

4. 베이컨과 볶은 양파를 넣고 잘 섞어준다. 육수, 미소 버터, 소금과 후추 약간을 더한다. 팬을 앞뒤로 흔들거나 저어가면서 1~2분 동안 더 익혀 옥수수 알갱이가 반짝이도록 버터와 미소를 골고루 입혀준다. 팬의 바닥에 육수가 고이지 않아야 한다.

5. 옥수수를 그릇에 옮겨 썰어놓은 쪽파를 흩뿌린 뒤 뜨겁거나 따뜻할 때 낸다.

재료

백미소, 수북하게 쌓아 2큰술
무염 버터 2큰술(상온에 둔다)
훈제 베이컨 6쪽(벤튼 제품 추천)
포도씨유나 식용유 1큰술
옥수수 알갱이 4컵(4~5개 분량)
볶은 양파, 수북하게 담아 ¼컵(61쪽)
라멘 육수(48쪽)
꽃소금
후추
채 썬 쪽파 1컵

김치 퓌레와 베이컨을 곁들인 브뤼셀 스프라우트
BRUSSELS SPROUTS KIMCHI PURÉE & BACON

4인분

하루는 레스토랑 문을 열어놓고는 시장까지 걸어가서 이런 생각을 한 적이 있다. '젠장, 브뤼셀 스프라우트로는 대체 뭘 만들어 팔 수 있나?' 별로 바쁘지도 않고 제철 채소도 잘 안 쓰던 시절이었다.

몇 달 뒤 브뤼셀 스프라우트가 제철을 맞았을 때 우리는 시장에 나오는 재료에 맞춰 메뉴를 짜려 하고 있었다. 그래서 브뤼셀 스프라우트의 재출현을 일종의 도전으로 받아들였다. 제철 재료를 바탕으로 거의 대부분의 음식을 만든다면 브뤼셀 스프라우트로도 뭔가를 해야 하지 않을까? 뉴 아메리칸 레스토랑이 지배하는 어느 도시처럼 베이컨이나 밤 없이도 손님들이 브뤼셀 스프라우트를 맛있게 먹게 할 방법은 없을까?

그래 봐야 새끼 양배추잖아, 라고 스스로에게 말했다. 한국 사람이니까 '김치를 만들어보자'라고도 생각했지만 결과는 별로였다. 통째로 절이면 가운데는 딱딱하고 날것 그대로였고 채를 썰면 축축한 난장판이 되어버렸다. 그래서 좀 더 간접적인 방법으로 요리해야 되겠다고 생각했다.

언제나 그렇듯 베이컨을 쓰자는 생각이 바로 떠올랐다. 잘 그을린 브뤼셀 스프라우트의 짙은 단맛과 희미한 쓴맛을 좋아했으므로 일단 구워보기로 했다. 황 냄새 나는 작은 녀석들이 발효를 통한 김치 특유의 맛과 냄새를 잘 받아들였기 때문에 김치 퓌레(purée, 야채, 과일 등을 갈아서 으깬 것-옮긴이)를 소스 삼아 버무렸다. 궁합이 잘 맞았으므로 여기에 베이컨을 더했다. 맛은 있지만 보기엔 별로였다. 그래서 색을 더하기 위해 성냥개비 모양으로 가늘고 길게 썬 당근을 한 무더기 얹고는 더 손을 대지 않았다.

만드는 법

1. 오븐을 200°C로 예열한다.

2. 브뤼셀 스프라우트의 바깥쪽에 헐겁게 붙어 있는 이파리를 떼어내 버린다. 가운데를 축으로 반으로 가른다.

3. 오븐에서 사용할 수 있는 볶음팬이나 스킬렛을 중간 불에 올리고 퓌레와 2.5cm~4cm 길이의 막대기 모양으로 썬 베이컨을 넣는다. 가끔 저어주면서 바삭해질 때까지 5분 정도 익힌다. 구멍 뚫린 납작한 국자로 베이컨을 건져 종이 행주에 올린다.

4. 팬에 남은 베이컨 기름 대부분을 따라내 버리고 브뤼셀 스프라우트를 넣는다. 중간-센 불로 올려 소리가 날 때까지 지진다. 오븐에 넣어 노릇해질 때까지 약 8분 동안 굽는다. 팬을 흔들어 브뤼셀 스프라우트를 재배치해준다. 밝은 녹색을 띠고 어느 정도 연해질 때까지, 10~15분 더 굽는다.

재료

브뤼셀 스프라우트 450g
훈제향 진한 베이컨 110g
배추김치 퓌레 1컵
무염 버터 2큰술
꽃소금
후추
가늘게 채 친 당근 1컵

5. 팬을 다시 중간 불의 화로에 올려 버터와 베이컨을 넣은 뒤 소금과 후추로 간을 맞춘다. 뒤섞어 잘 버무려준다.

6. 김치를 얕은 그릇 네 개에 나눠 담는다. 숟가락 등으로 그릇 바닥을 덮도록 펴 담는다. 브뤼셀 스프라우트를 나눠 김치 위에 작은 무더기처럼 쌓아 담는다. 가늘게 채친 당근을 한 무더기씩 고명으로 얹어서 낸다.

연두부와 시소를 넣은 방울토마토 샐러드
CHERRY TOMATO SALAD SOFT TOFU & SHISO

4인분

현존하는 최고의 셰프 가운데 한 사람인 장 조르주 봉게리히텐과 어떤 행사장에서 이야기할 기회가 있었다. 그는 이 요리를 모모푸쿠 최고라 말했다. 코의 얼린 푸아그라(뒤에서 더 이야기할 것이다) 같은 것보다는 바로 이런 요리가 "난 여태 뭐 했지" 하고 생각하게 만들기 때문이란다. 정말 환장하도록 엄청난 칭찬이다.

아무래도 똑똑한 사람인지라, 그가 샐러드에서 뭔가를 읽어내기는 했다. 이 샐러드 한 접시에는 누들 바의 정신이 담겨 있다. 처음 이 요리를 만들던 해, 여름 내내 엄청나게 좋은 토마토가 시장에 깔려 있었다. 대개 8월 말이나 되어야 진짜 좋은 토마토가 나오곤 했으니 뉴욕에서는 흔한 일이 아니었다. 그래서 넘쳐나는 토마토로 뭘 할 수 있을까 고민했다. 바질, 천일염, 올리브유처럼 토마토와 흔히 짝지을 수 있는 맛이 나는 재료들이 먼저 생각났다. 하지만 누들 바가 피자며 비빔밥까지 내는 범아시아(Pan-Asian) 식당이 되기를 원하지 않았으므로 맛의 특성은 받아들인 채 필요에 맞춰 변화를 주었다.

먼저 두부가 전통적인 카프레제 샐러드의 모차렐라 치즈처럼 토마토의 산도를 덜어내고 부드러움을 더하며, 샐러드 전체의 양을 늘려준다는 사실을 깨달았다. 한편 시소와 바질은 오래 소식을 모르고 지낸 사촌과도 같다. 맛은 완전히 다르지만 박하 비슷한 향이 있어 쓰임새가 대단히 비슷하다. 그리고 비네그레트의 참기름 한 방울은 올리브유의 고소함을 떠올리게 해준다.

이렇게 조합한 결과, 이탈리아 샐러드와는 지구 반대편에 자리 잡고 있지만 우리가 믿는 조합과 접근 방식으로 토마토의 장점을 빛내주는 요리가 되었다.

만드는 법

1. 도마에 평행하게 칼을 눕혀 물기를 뺀 두부를 반으로 가른다. 지름 5~6cm짜리 원형 틀(또는 좁고 곧은 유리잔)로 두부를 잘라낸다. 두부들을 세워 다시 반으로 갈라, 전부 8조각의 동그란 두부를 준비한다(자투리는 뒀다가 다른 음식에 쓴다).

2. 큰 소스팬에 소금물을 담아 끓이고 큰 그릇에는 얼음물을 준비한다. 준비한 토마토의 3분의 2는 바닥에 작은 X자나 칼자국을 낸다. 끓는 물에 나눠 넣고 10초 뒤 구멍 뚫린 납작한 국자로 건져 얼음물에 담가 식힌다. 데친 토마토의 껍질을 벗겨낸 뒤 그릇에 담아 냉장고에 10분 동안 둔다.

3. 남은 토마토를 반으로 가른다.

4. 식초, 간장, 참기름과 포도씨유를 큰 그릇에 담고 저어 섞는다. 2와 3의 토마토를 더해 잘 버무린다.

재료

비단두부 1덩어리(430g)
갖가지 색깔의 방울토마토 2ℓ
셰리 식초 ¼컵
우수구치 1큰술
참기름 1작은술
포도씨유나 식용유 ½컵
꽃소금
후추
시소 이파리 6장

5. 낼 때는 네 개의 얕은 그릇에 각각 1의 두부를 2쪽씩 담은 뒤 소금을 약간 뿌린다. 그 위에 4의 토마토를 1컵씩 올린 뒤 소금과 후추로 간하고 가늘게 채 친 시소 이파리를 넉넉하게 올린다.

우리는 개별 요리에 얼마나 만족하는지에 상관없이 언제나 다듬거나 바꾸거나 다르게 해석한다는 모모푸쿠 주방의 원칙을 준수한다. 말하자면 일본의 카이젠(매일매일 스스로를 개선하기 위해 노력한다는 원칙)에 뿌리를 둔 접근 방식이다. 그래서 같은 요리라도 다시 고안하고 상상해서 손님에게 낸다. 이 토마토 샐러드는 1.0버전이다.

쌈 바의 첫 여름, 티엔, 팀 등 주방 식구들이 껍질을 벗긴 차가운 토마토 샐러드를 각자 재해석해서 내놓았다. 단단한 두부를 작은 정육면체로 잘라 바삭하게 튀겨 크루통(croûton)처럼 만들었다. 여기에 1.0버전에서 쓰는 것과 비슷한 비네그레트에 오팔 바질(태국 음식점에서 볼 수 있는)을 더해 마무리해 2.0버전을 완성했다.

새 누들 바에서는 케빈, 스콧, 조가 두부와 시소를 빼고 채 친 로메인 상추와 설탕을 입힌 베이컨을 더해 3.0버전을 만들었다.

코에서의 첫 여름, 4.0버전도 나왔다. 토마토의 껍질을 벗기고 훈연한 타레에 절여 '비네그레트'를 만들고(토마토는 식감을 위해 하나만 얼렸고 나머지는 차게 식혔다), 연두부 대신 즉석 유부를 더했다. 그리고 시소 이파리로 마무리했다.

홀스래디시를 얹은 와사비 콩
PEAS WITH HORSERADISH

4인분

초창기, 우리는 동네 보데가(bodega, 라틴아메리카계 편의점-옮긴이)에서 부족한 것들을 사들이곤 했다(요즘에도 필요한 것을 급하게 사야 할 때, 모든 상품을 다섯 종류씩 갖추고 있는 24시간 델리가 있다는 데 요리사로서 행복을 느낀다). 이 레시피의 와사비 콩을 발견한 것도 보데가의 계산대였다. 생각보다 이스트 빌리지의 보데가에서도 쉽게 찾을 수 있는 일본 큐피 마요네즈를 사러 간 길이었다. 6월이라 콩이 제철이기도 했다.

누들 바의 초창기 시절, 우리는 언제나 목록을 만들곤 했다. 영화 〈사랑도 리콜이 되나요 High Fidelity〉에 나올 법한 공부벌레나 쓸 진부한 방식이었다. '가장 맛있게 먹었던 음식 다섯 가지', '세상에서 가장 맛없는 음식 다섯 가지'와 같은 식이었다. 와사비를 넣은 으깬 감자는 언제나 '맛없는 음식 열 가지' 안에 들곤 했다(개인적으로 셰프 캣 코라에게, 요리사로서는 그녀가 출연하는 〈아이언 셰프 아메리카 Iron Chef America〉에 반감을 가지고 있다. 캣 코라가 알렉스 리를 물리치다니, 그것도 와사비를 넣은 으깬 감자로! 알렉스 리는 나의 우상은 물론 뉴욕의 대니얼 레스토랑 그룹을 오랫동안 이끌어온 엄청나게 재능 넘치는 거물 요리사다. 그러니 〈아이언 셰프 아메리카〉는 나에게 완전 쓰레기나 다름없다).

다시 델리 이야기로 돌아가자. 계산대에서 와사비 콩을 들여다보면서도 사람들이 왜 그렇게 이걸 좋아하는지 이해가 되지 않았다. 콩에 초현대적인 화학 처리를 한 다음 홀스래디시 기름을 바른 것에 지나지 않았기 때문이다. 그래서 생각했다. 생홀스래디시는 훌륭한 재료고 맛도 좋으니(비싸지도 않거니와 냉장고에 천년만년 두고 쓸 수 있다), 콩과 홀스래디시를 합치면 되지 않을까? 이 요리는 그렇게 탄생했다. 거기에 래디시를 더해 아삭한 식감과 색을 더했을 뿐이다. 구할 수만 있다면 수박 래디시로 정말 근사하게 만들 수 있을 것이다.

조리되었다고는 하지만 깍지완두가 거의 날것임을 기억하자. 데워서 버터에 버무리기만 하면 된다. 깍지, 또는 꼬투리째 먹을 수 있는 완두콩이면 모두 좋고, 래디시는 선택이지만 넣고 안 넣고의 차이가 크다. 갈아낸 생홀스래디시에 알싸함을 더해 보충해주기 때문이다. 급하면 얼린 콩으로 만들어도 되지만 날것의 깔끔함이 아쉬울 것이다. 뭐든 다 좋은데 생홀스래디시만은 갈아서 병에 담아 파는 걸로 대체하지 말자. 요리가 축축한 진창이 되어버린다.

만드는 법

1. 육수를 넓은 볶음팬에 담아 센 불에 올려 반으로 줄 때까지, 약 5분 동안 끓인다.
2. 그동안 래디시를 다듬어 종잇장처럼 얇게 저민 뒤 소금을 넉넉하게 버무려둔다.
3. 육수가 졸아들면 콩을 넣고 가끔 저어가며 밝은 녹색을 띨 때까지 2~3분 동안 익힌다. 간장을 넣고 중간 불로 줄인다. 버터를 넣고 팬의 국물을 저어준 뒤 숟가락으로 떠 채소에 끼얹는다. 버터가 녹고 국물이 콩에 잘 입혀질 때까지 계속한다.
4. 래디시에 소금과 후추로 간한다. 한 번 저은 다음 따뜻한 그릇에 담아 홀스래디시를 콩 위에 흩뿌리듯 올린다. 바로 낸다.

재료
라멘 육수 1컵(48쪽)
작은 크기 빨간 래디시 3개
꽃소금
깍지완두 450g
우수구치 1큰술
무염 버터 3큰술
후추
갓 갈아낸 생홀스래디시 ¼컵

오리엔탈 소스를 얹어 팬에 구운 부쇼 홍합
PAN-ROASTED BOUCHOT MUSSELS WITH OS

4인분

홍합은 누들 바 초창기 시절 약 1년 동안 붙박이 메뉴였다. 거의 대부분 '팬에 구운 부쇼 홍합'처럼 주재료인 홍합만을 내세워 불렀지만, 때로 '된장 소스', 'w/OS'처럼 상세한 설명을 곁들이기도 했다. w/OS는 '오리엔탈 소스를 넣은(with Oriental Sauce)'의 줄임말로 일반적인 아시아 해산물 소스에 붙인 이름이다. '오리엔탈'은 한물 간 데다가 아슬아슬하게 인종 차별적이기까지 한 용어지만 기회가 닿을 때마다 즐겨 썼다. 그러나 누들 바의 주방에는 '오리엔탈'이 몇 명 없었고 서양인들은 그런 표현을 좋아하지 않았으므로 오리엔탈 소스라는 표현을 자제해왔다. 하지만 이 책에서는 당신과 나밖에 없으니 그냥 생긴 대로 부르자. '오리엔탈 소스'라고.

주재료인 홍합은 우리가 가장 좋아하는, 메인 주의 하드랜드 섬에서 '부쇼(bouchot)' 방식으로 양식한 것이다. 부쇼는 양식법 가운데 하나로 두꺼운 나무기둥을 바닷물에 담가 양식하는 방법이다. 기둥 덕분에 썰물일 때도 물 위에 나와 있는 시간이 적어 부쇼 홍합은 찌꺼기가 적고 맛이 훨씬 좋다. 또한 동아줄에 매달아 양식해 깊은 바닷물을 먹고 자라는 홍합에 비해 살도 단단하고 두툼하다. 혹시 차선책으로 줄에 매달아 양식한 홍합을 쓴다면 프린스 에드워드 섬 홍합이 가장 낫다. 녹색 껍데기의 뉴질랜드 산은 핼쑥하며 흐느적거리므로 쓰지 않는다. 괜찮은 홍합을 찾을 수 없다면 큰 새끼대합이나 버터 클램(butter clam, 북미 태평양에서 나는 대형 식용 조개—옮긴이)으로 대체할 수 있다.

만드는 법

1. 된장, 셰리 식초, 생강, 썬 쪽파, 얇게 저민 마늘을 작은 그릇에 담아 짓이긴다.

2. 홍합을 손질한다. 큰 대접의 찬물에 몇 분간 담가 해감하고, 부스러기가 남지 않도록 껍데기를 깨끗이 문질러 닦는다. 껍데기 옆으로 튀어나온 부슬부슬한 수염을 뜯어낸다.

3. 홍합이 전부 들어갈 만큼 크고 뚜껑이 딸린 넓은 냄비에 기름을 둘러, 센 불에 올린다. 1분쯤 지난 뒤, 기름이 뜨겁지만 연기가 올라오지는 않을 때 홍합을 넣는다. 1분 동안 저어가며 익히다가 사케를 더한다. 냄비 뚜껑을 덮고 조개가 모두 입을 벌릴 때까지 약 4분 동안 찐다.

4. 뚜껑을 열고 홍합을 냄비 한쪽으로 몰아놓고 1의 된장을 냄비 바닥에 깔린 국물에 넣는다. 빨리 잘 젓고 섞어서 소스와 홍합을 골고루 버무려준다.

5. 구멍 뚫리고 납작한 국자로 홍합을 떠 우묵한 대접 네 개에 고루 나눠 담는다. 입을 벌리지 않은 홍합은 버린다. 냄비의 국물 또는 소스를 나눠 담고 후추와 길게 썬 쪽파로 넉넉하게 장식한다.

재료

된장 (없을 경우 백미소) ⅓컵
셰리 식초 2큰술
다진 생강 2큰술
얇게 썬 쪽파 2큰술+4cm로 길게 썰어 ½컵
마늘 6쪽
홍합 1.8~2kg
포도씨유나 식용유 ¼컵
단맛 없는 사케 1컵
후추

베이컨 다시에 끓인 감자와 조개
BACON DASHI WITH POTATOES & CLAMS

4인분

일본 요리는 단순함이 생명이다. 내가 가장 좋아하는 요리도 너무나 단순한, 다시에 끓인 조개다. 그게 전부다. 레시피이면서 요리 이름이기도 한, 다시에 끓인 조개. 조개를 찌면 입을 벌려 자신의 정수를 토해낸다. 여기에 다시의 훈연향이 완벽하면서도 예의바르게 조개의 단맛을 보좌한다. 그래서 정말 단순하면서도 맛있다. 처음으로 모모푸쿠의 베이컨 다시를 써서 만든 요리이기도 한데, 수준을 살짝 높인 레시피를 소개한다.

재료
베이컨 다시(53쪽)
작은 손가락 감자 450g
새끼대합이나 버터 클램 24마리
훈제향 진한 베이컨 110g
우수구치
쪽파 이파리 6개 또는 쪽파 기름 ¼컵(다음 쪽 참조)

만드는 법

1. 베이컨 다시를 큰 수프 냄비에 담아 센 불에 올린다. 끓으면 불을 줄여 다시가 은근히 끓는 상태에서 수세미로 문질러 닦은 감자를 넣는다. 부드러워질 때까지 약 10~15분 동안 익힌다(맛을 봐서 확인한다.) 감자가 익으면 구멍 뚫린 납작한 국자로 냄비에서 건져 둔다. 베이컨 다시를 그대로 둔 채로 불만 약하게 줄인다.

2. 감자가 익는 동안 큰 그릇에 찬물을 담아 조개를 넣는다. 몇 분간 해감한 뒤 껍데기를 모래 한 알 없이 깨끗하게 문질러 닦는다.

3. 지름 25~30cm의 무쇠 스킬렛을 중간 불에 1~2분 동안 올려 아주 따뜻하게 달군다. 2.5~4cm 길이의 막대기 모양으로 썬 베이컨을 올려 반으로 줄어들 때까지 약 4분 동안 익힌다. 노릇하지만 너무 바삭하지는 않도록 굽는다. 베이컨을 구멍 뚫린 납작한 국자로 꺼내 종이 행주에 올려 기름을 뺀다(필요에 따라 베이컨 기름은 뒀다가 다른 데 쓴다).

4. 베이컨이 다 익을 무렵 불을 올려 다시를 팔팔 끓인다. 조개를 넣고 뚜껑을 덮은 뒤 모든 조개가 입을 벌릴 때까지, 8~10분 동안 끓인다. 불에서 내린 뒤 감자를 육수에 넣어 데우고 간을 본다. 베이컨 다시도 짭짤하고 조개가 더하는 국물 또한 짭짤하지만, 국물 전체의 맛을 위해서는 간장을 조금 넣어야 할 수도 있다. 단맛이나 신맛이 필요할 경우 미림을 약간 더한다.

5. 대접에 국물을 떠 담는데, 조개가 익으면서 모래를 토했을 수도 있으니 바닥에 깔린 부분은 담지 않는다. 입을 벌리지 않은 조개는 버린다. 바삭한 베이컨과 길게 채 썬 쪽파, 또는 쪽파 기름을 올린다.

쪽파 기름
약 1컵 분량

만드는 법

1. 뿌리와 시든 잎 등을 다듬은 쪽파를 대강 굵게 썬다. 블렌더에 넣고 소금, 기름을 더해 한데 섞일 때까지 돌려 퓌레로 만든다. 완전히 유화되기 전에 멈춘다.

2. 고운 체에 면포를 깔고 그릇에 올려 파기름을 걸러낸다. 걸쭉한 파와 기름 곤죽을 체에 올려 나무 숟갈로 조심스레 누른다. 세게 누르면 기름이 탁해질 수 있으니 조금 남겨두는 것도 좋다. 기름은 바로, 또는 하루 이틀 냉장실에 두고 쓸 수 있다.

재료
쪽파 1대
꽃소금 1작은술
포도씨유나 식용유 1¼컵

사천 가재
SICHUAN CRAWFISH

2인분

내 인생 최고의 시기는 2003년, 일본에서 배우던 요리를 그만두고 옛 친구를 만나러 베이징에 갔을 때였다. 베이징의 뒷골목들을 그 누구보다도 속속들이 아는 친구였다. 사고를 친 다음 날 밤, 친구는 나를 후통—빈민가—의 구질구질한 식당에 데려갔다(2008년 올림픽을 대비해 베이징의 대부분을 밀 때, 이곳도 같은 운명에 처했다). 친구인 툴리가 자리에 앉기 전에 웨이터와 눈짓과 헛기침을 주고받았고, 기다렸다는 듯이 그가 진짜 말도 안 되게 많은 가재 한 무더기를 우리 앞에 내동댕이쳤다.

웍에 말린 고추, 사천 통후추, 간장을 넣고 함께 볶은 가재는 말도 안 되게 어마어마한 양만큼이나 맛도 있었다. 가재 껍데기를 깨부숴 수북하게 쌓아가며 먹는 한편 강을 이룰 만큼 많은 맥주와 바이슈(白酒)를 벌컥벌컥 들이켜며, '이런 게 먹는 거지'라고 생각했던 기억이 난다. 그래봐야 다 합쳐서 고작 5달러라니, 가재와 그날 저녁을 잊을 리가 없다.

해산물을 납품하는 바비로부터 생가재가 있다는 이야기를 들으니, 주문해서 먹었던 사천식 그대로 조리할 수 있는지 시도해보고 싶었다. 아주 뜨거운 팬에 산 채로 던져 넣고 고추, 통후추, 간장을 더한 뒤 그대로 대접에 담아 낸다. 조리라고 해 봐야 그게 전부였다. 단순하니 우리가 낸 요리 가운데 가장 '정통'이었다.

집에서는 여러 번에 나눠서 조리해야 한다. 가능하다면 둘, 또는 그 이상의 팬에 재료를 적절히 나눠 동시에 조리해도 된다. 도망가는 놈(가재는 갑각류 가운데 탈옥의 일인자다)이나 꼬집는 놈을 조심하라. 가재는 살아서 성질부리는 놈으로 사야 한다.

만드는 법

1. 조리하기 15~30분 전, 가재를 찬 소금물에 담가 모래를 토해내도록 한다.

1. 넓은 스킬렛이나 볶음팬 두어 개에 기름을 둘러 센 불에 달군다. 1분 뒤, 사천 통후추와 함께 말린 고추를 손으로 부숴가며 팬에 넣는다. 30초에서 1분 뒤 기름에 향이 잘 배면 가재를 넣어 기름에 잘 버무려가며 저어준다. 가재가 밝은 빨강색을 띨 때까지 4~5분 동안 조리한 다음 간장을 더해 몇 번 더 저어 큰 그릇에 담아 낸다. 쪽파를 뿌려 뜨거울 때 낸다. 남은 가재도 같은 방식으로 조리한다.

재료
산 가재 1.8~2.7kg
포도씨유나 식용유 ¼컵
말린 홍고추 20~30개
사천 통후추 2큰술
우수구치 ¼컵
썬 쪽파 ½컵

note

가재를 처음 먹어보는 사람을 위한 팁. 대가리를 떼어내 흘러나오는 즙을 빨아 먹거나, 손가락으로 눌러 짜 함께 내는 밥이나 빵과 먹는다. 껍데기의 큰 쪼가리를 벗겨낸 뒤 꼬리를 집어 흔들어서 살을 빼낸다. 가재를 담아낸 그릇 바닥에 고인 매콤한 팬 소스에 찍어가면서 먹는다. 배부를 때까지 되풀이한다.

다시마, 죽순, 고추 절임을 넣은 구운 문어 샐러드
GRILLED OCTOPUS SALAD KONBU, BAMBOO SHOOTS & PICKLED CHILES

4-6인분

구운 문어 샐러드는 누들 바 메뉴 가운데 가장 인기 있는 요리 중 하나이다. 라멘 육수를 내고 남은 다시마를 활용하기 위해 케빈 페물리가 고안해냈다. 조금 더 단순한 요리가 될 수는 없었을까? 가능했을 것이다. 그렇지만 맛도 더 좋았을까? 아니었을 거다.

손님에게 내기 한참 전부터 미리 조리해야 한다는 걸 염두에 두어야 한다. 주중 저녁에 대강 할 만한 요리는 아니지만 또 그렇게 어렵지도 않다. 다만 미리 계획을 짜서 움직여야 한다. 어쩌면 쓰고 남은 다시마가 잔뜩 쌓여 동기를 불어넣어 줄지도 모른다.

만드는 법

1. 얼어 있다면 싱크대에 찬물을 받아 문어를 봉지째 담근다. 꺼내서 헹군 다음 머릿속의 연골을 빼낼 필요가 있는지 본다. 문어 대가리 꼭대기를 쥐어짜면 쏙 빠져나올 것이다.

2. 오븐을 135℃로 예열한다.

3. 쿠르부용(court boullion, 주로 해물을 삶을 때 쓰는 프랑스 요리의 국물로 물에 소금, 화이트 와인, 허브 등을 넣어 맛을 낸다-옮긴이) 비슷한 걸 만든다. 오븐에서 쓸 수 있으면서도 문어와 국물을 전부 담을 수 있을 만큼 넉넉한 크기의 소스팬이나 냄비에 물, 간장, 미림, 사케, 식초를 담아 끓인다. 거품을 보글보글 내며 끓도록 불을 줄인다.

4. 문어를 한 마리씩 물에 데친다. 머리를 잡고 다리를 끓는 물에 담가본다. 마치 수영장 물의 온도를 확인하려고 발가락을 슬쩍 담그는 것과 같다. 넣자마자 바로 다리가 말리면 즉시 조림 국물에 문어를 넣을 수 있다. 팬 뚜껑을 덮고 오븐에 넣어 2시간 동안 조린다. 다 조린 문어는 건져내고 국물은 버린다. 조린 문어는 한 번에 다 쓰는데, 미리 준비하는 상황이라면 식힌 다음 밀폐 용기에 담아 냉장고에 하루 이틀 둘 수 있다.

5. 문어가 익는 동안 통조림의 죽순을 헹구고 남은 국물은 버린다. 약한 불에 올린 작은 소스팬에 넣어 간간이 저어주며 부드러워질 때까지 약 15분 동안 익힌 뒤 식힌다.

문어 재료
냉동 또는 생물 문어 900g
물 2컵
우스구치 1¼컵
미림 1컵
사케 1컵
양조 식초 ¼컵 + 3큰술
포도씨유나 식용유 1큰술

샐러드 재료
340g들이 죽순 통조림 1캔
다시마 5cm×15cm 4장
썬 쪽파 ¼컵
후추
옥토 비네그레트(123쪽)
가늘게 채 친 당근 1컵
통깨 1작은술

6. 이상적인 경우라면, 라멘 육수(48쪽)나 두 종류의 다시(53쪽)에 쓰고 남은 다시마를 가지고 있을 것이다. 아니라면 흐르는 물에 다시마를 헹궈 소스팬에 넣고 물을 2.5cm 깊이로 담는다. 끓기 시작하면 불에서 내려 10분간 담가둔 다음 건진다. 다시마를 분리해서 1장씩 원통형으로 돌돌 말아 쥐고 끈 모양으로 길게 썬다.

7. 다시마와 죽순, 관자를 큰 대접에 담아 후추를 약간 넣고 옥토 비네그레트에 담근다. 특히 다시마에 비네그레트를 잘 버무린 다음 접시에 옮겨 담는다. 대접에 남은 건 문어를 마무리하는 데 쓴다.

8. 문어를 지질 차례다. 큰 무쇠팬을 중간-센 불에 1~2분 올리거나, 아예 그릴에 불을 지핀다. 뜨거운 직화가 필요하므로 가스레인지의 불을 가장 세게 올린다. 그릴을 쓸 경우 조개탄에 불을 지펴 그 위에 손을 올렸을 때 단 1, 2초밖에 버티지 못할 정도로 뜨겁게 설정해둔다. 큰 대접에 문어를 담아 기름을 넣고 손으로 가볍게 버무린다. 작은 문어 병정들을 다리 먼저 그릴에 댄다. 다리가 바삭하고 살짝 그을지만 타지는 않을 정도까지 익힌다. 빨리 익으므로 1~3분이면 충분하다.

9. 샐러드를 버무린 대접에 문어를 옮겨 남은 비네그레트에 버무린다. 그릇에 나눠 담고 당근은 넉넉하게, 통깨는 조금만 올린다.

옥토 비네그레트
OCTO VINAIGRETTE

1컵 분량

세계 최고의 양념이면서 어떤 음식도 그 맛을 향상시키는 옥토 비네그레트의 창조자, 케빈 페물리의 이야기를 들어보자.

그렇다, '옥토 빈'이 비네그레트의 정식 명칭이다. 전통적인 비네그레트에서 식초와 기름의 비율을 뒤집은 것이 특색이라고 할 수 있다. 구운 문어의 맛을 북돋고, 양상추와는 달리 아주 힘이 세고 톡 쏘는 소스가 필요한 다시마를 버무리기 위해 고안해냈다. 졸업 파티 파트너가 톡 쏘는 이 드레싱처럼 눈에 확 들어오는 드레스를 입었다면 얼마나 좋았을까. 보통 샐러드에 쓰기에 옥토 빈은 너무 강하다. 그렇지만 굽거나 튀긴 고기와는 정말 잘 어울린다. 통째로 튀긴 가자미에 곁들여 낸 적도 있다. 구운 방어 대가리에도 잘 어울린다. 프라이드치킨(103쪽)도 좋은 짝인 건 두말할 나위도 없다.

만드는 법

마늘, 생강, 절인 고추, 식초, 간장, 포도씨유, 참기름, 설탕, 후추를 밀폐 용기에 담아 잘 흔들어 섞어준다. 냉장고에서 4~5일 동안 두고 쓸 수 있으며, 타조 알을 뺀 어떤 음식에도 잘 어울린다. 물론 그것도 타조 탓이지 비네그레트 잘못은 아니다.

note

마늘과 생강을 준비할 때 칼 솜씨를 최대한 발휘한다. 아주 작은 마늘과 생강 조각-마늘 누르개나 생강갈이로 만든 곤죽이 아닌-조차도 맛에 큰 차이를 가져올 수 있다. 너무 큰 생마늘 조각은 톡 쏘는 매운맛을 안 겨주며, 생강 덩어리 또한 너무 매울 뿐 아니라 씹히는 느낌이 불쾌할 수 있다.

재료

곱게 다진 마늘 2큰술
곱게 다진 생강 2큰술
곱게 다진 고추 절임 ¼컵(81쪽)
양조 식초 ¼컵
우수구치 ¼컵
포도씨유나 식용유 2큰술
참기름 ¼작은술
설탕 1½큰술
후추

새우와 그리츠
SHRIMP & GRITS

4인분

누들 바의 첫 가을과 겨울은 암울했다. 장사도 안 되고 아마 음식도 별로였을 것이다. 첫 봄과 여름에는 메뉴를 늘렸고 솜씨도 나아졌으며 손님도 미친 듯이 많이 왔다. 두 번째 가을로 접어들면서 스콧, 케빈, 퀴노와 나는 새 요리와 재료를 끊임없이 시험하며 가능성을 타진해 메뉴에서 남기고 버릴 것을 골라냈다. 우리의 색깔을 찾기 시작했고 능숙하게 조리할 수 있는 요리의 수준을 한 단계 발전시키려 했다.

어느 오후, 퀴노가 아침으로 옥수수죽과 달걀 프라이를 먹고 싶다고 말했다. 다음 날 아침, 나는 몇 구역 위에 자리 잡은 옛 스승 마르코 카노라의 식당 허스에 들러 폴렌타 몇 킬로그램을 훔쳐왔다. 처음에는 배나 채울까 하여 라멘 육수로 폴렌타를 끓여 천천히 반숙한 달걀을 하나씩 깨 올렸다. 하지만 너무 맛있어서 메뉴에 올려봐야겠다고 마음먹었다.

그때 반짝 하는 순간이 찾아왔다. 폴렌타보다는 그리츠가 낫겠다는 생각이 든 것이다. 치브레오(Cibrèo)보다는 와플하우스 분위기로 가는 것이 좋을 것 같았다(치브레오는 이탈리아 피렌체의 고급 식당이고 와플하우스는 주로 미국 남부에 널린, 이름처럼 와플이며 팬케이크 등을 파는 프랜차이즈 식당이다. 폴렌타와 그리츠는 옥수수 가루로 끓였다는 측면에서 같은 음식이지만 정통 이탈리아의 고급 분위기보다는 미국 남부의 대중적인 느낌으로 가자는 의미이다—옮긴이). 그리츠와 새우는 고전인 데다 크래프트에서 일할 때 알게 된 안슨 밀스 제품은 최고의 그리츠를 만드는 데 충분했다. 모든 게 맞아떨어지기 시작했다.

요리를 완전히 다듬은 그때가 매우 중요한 순간이었다. 라멘 육수(눈에 드러나지 않는)를 뺀다면 아시아 음식에 바탕을 두지도 않고, 서로 관계도 없어 보일 테니 말이다. 우리 말고는 새우과 그리츠를 내놓는 라멘집이 없었다.

하지만 맛은……. 내가 태어나기 몇 세대 전 조상들이 남부 사우스 캐롤라이나의 찰스턴에 정착했더라면 어땠을까? 옥수수는 물론 그리츠를 먹었을 것이며 베이컨 기름을 바탕으로 끓였을 것이다. 아니면 남부 사람들이 마법처럼 한국에 정착해서 아침으로 그리츠 대신 죽을 먹으면 어땠을까? 컨트리 햄의 짭짤함을 감당할 수 있는 사람이라면 김치도 문제없을 것이다. 한편 일본 사람이 그리츠를 끓인다면 다시에 간장으로 간을 맞출 것이다.

나 자신과 그러한 이야기를 나누었다. 거지 같은 퓨전 음식을 만들고 싶지 않았기 때문이다. 베트남이나 케이준 사람들이 프랑스 요리의 조리법을 받아들여 프랑스 요리처럼 보이지만 완전히 다른 맛이 나는 음식을 만들었음을 떠올리며 스스로를 위안했다. 하지만 이 요리 덕분에 전통을 바탕으로 우리 입맛에 가장 잘 맞으면서도 진실한 음식을 만들어야 우리의 접근 방식이 바보짓거리가 되지 않으리라는 것도 깨달았다. 이미 모모푸쿠는 탄탄하게 기반을 다지고 있었지만 이 요리는 우리, 아니 적어도 나로 하여금 바깥을 둘러보고 앞으로 나아갈 수 있도록 도와주었다.

만드는 법

1. 선견지명이라도 있다는 듯, 냄비에 물과 그리츠를 넣고 밤새(아니면 적어도 8시간) 불린다.

2. 그리츠를 불렸다면 물을 따라 버리고 육수를 넣어 중간-센 불에 올리고 가끔 저어가면서 끓인다. 불리지 않았다면 물과 육수를 넣고 냄비에 담아 중간-센 불에 끓인 뒤 미친 듯이 저어가면서 그리츠를 꾸준히 흐르는 가느다란 물줄기처럼 붓는다. 그리츠가 끓으면 5분 동안 계속해서 저어준 다음 약한 불로 줄인다. 안슨 밀스에 의하면, 이 처음 5분 동안의 조리 과정을 '1차 전분 조리'라고 부른다. 부연 설명하자면 다음과 같다. "1차 전분은 그리츠나 폴렌타의 초기 조리 과정을 의미합니다. 고운 옥수수 입자가 불어 큰 입자가 떠있을 수 있도록 받쳐주는 역할을 하지요. 1차 전분 조리가 완료될 때까지 계속해서 저어주고 직후 불을 줄여주는 것이 중요합니다." 보시는 바와 같이 '중요'하므로 끊임없이 저어주시라.

3. 간장, 넉넉한 소금과 약간의 후추를 넣는다. 약한 불로 낮추고 반복적으로 저어준다. 계속해서 저어줄 필요는 없다. 그리츠가 불어서 너울거리며 종종 김이나 거품이 생겼다가 터질 것이다. 불려둔 그리츠라면 약한 불에서 10분만 끓이면 된다. 불리지 않은 경우라면 20~25분이 걸릴 것이다. 알갱이가 깔깔하게 남아있지 않고 진하며 번질거리면 다 된 것이다.

4. 깍둑썰기 한 버터를 넣고 녹아 스며들 때까지 저어준다. 간을 보고 소금 또는 후추를 더한다. 다른 재료를 조리할 동안 식지 않도록 뚜껑을 덮어 치워둔다(그리츠만 먹는 경우라면 뜨거울 때 바로 낸다).

5. 2.5~4cm 길이의 막대 모양으로 썬 베이컨을 조리한다. 지름 25~30cm짜리 무쇠 팬을 아주 따뜻해질 때까지 중간 불에 1분 정도 올린다. 베이컨을 올려 원래 크기의 반 정도로 줄어들어 바삭하고 노릇해질 때까지 5~6분 정도 익힌다. 구멍 뚫린 납작한 국자로 베이컨을 건져 종이 행주에 올린다. 팬의 베이컨 기름을 따라내고(원한다면 나중에 쓸 수 있다) 팬을 다시 불에 올린다.

6. 껍질을 벗기고 등을 딴 새우를 그릇에 담아 포도씨유를 끼얹고 소금을 넉넉하게 뿌려 잘 버무린다. 종이 행주로 팬을 닦고 센 불로 올린다. 팬을 가득 채울 것 같다면(대부분 그럴 것이다) 새우를 나눠 익힌다. 새우를 팬에 올리자마자 베이컨 누르개나 스패츌러의 등, 작은 팬 등 뭐든지 제 역할을 할 만한 것으로 새우를 1~2분 정도 지진다. 회색이나 분홍색을 띤 생새우의 속살이 뜨거운 금속에 닿아 천천히 흰색으로 변하는 걸 지켜보라. 흰색 선이 바닥에서 40퍼센트까지 올라왔을 때 새우를 뒤집어 다음 면을 지진다. 아주 노릇하지는 않지만 그럭저럭 괜찮은 수준이 될 때까지만 1분 정도 지진다. 팬에서 꺼낼 때쯤이면 살짝 덜 익은 상태일 것이고 이후에도 계속해서 익는다(그리고 너무 익힌 새우는 아무도 좋아하지 않는다).

7. 모두를 위해 접시를 준비한다. 그리츠를 푸짐하게 담고, 한가운데에 달걀을 까 올린 다음, 베이컨과 새우를 한 무더기, 썬 쪽파를 또 한 무더기 올린다. 바로 낸다.

재료

물 2컵
흰색이나 노란색 즉석 그리츠 2컵(안슨 밀스 제품)
라멘 육수(48쪽) 또는 베이컨 다시(53쪽) 2컵
우수구치 2큰술
꽃소금과 후추
무염 버터 8큰술
훈제향 진한 베이컨 2줄
중간 크기 새우 450g(약 16~20마리)
포도씨유나 식용유 2큰술
반숙 달걀(64쪽) 또는 수란 4알
얇게 썬 쪽파 ½컵

나는 에이허브 선장이었고, 부리토는 나의 모비딕(Moby Dick)이었다.

설명을 덧붙이자면, 다 죽어가던 누들 바는 영업을 시작하고 1년이 되는 시점에 이르자 본 궤도에 올랐다. 음식 좀 한다는 요리사를 쓸 수 있었고 하루 종일 손님으로 가득했다. 이 모든 건 말도 안 될 정도로 호의적인 미디어 덕분이었다. 주변 사람들이나 이 바닥의 동료들이 짜증을 낼 정도였다.

55제곱미터 될까 말까 한 공간에 스물일곱 석을 쑤셔 넣고 장사를 하는 현실이라 가게를 하나 더 내야만 했다. 그래야 손님이 더 많이 오고 돈도 더 벌어 실력 있는 요리사들을 고용해 사업을 계속 키울 수 있었다.

확장의 가능성은 다양했다. 외식사업의 자연스러운 진화 방향과, 누들 바에서 우리가 거둔 성공을 적극 활용한다면 비슷한 콘셉트에 더 고급스러운 식당을 내는 방안이 가장 바람직해 보였다. '누들 바 II' 아니면 그보다 더 고급스러운 식당이 답이었다. 하지만 나는 끊임없이 손을 대거나 바꾸지 않고 단순하게 돈을 벌 수 있는 사업체를 원했다. 시스템을 적당히 구축해 능력 있는 몇 명에게 맡긴다면, 처음 누들 바가 그랬던 것처럼 계속해서 골치를 썩이거나 하지는 않으리라는 생각이 들었다.

그래서 서양인들은 발음도 제대로 못하며 인기조차 없는 누들 바 점심 메뉴인 쌈을 바탕으로 가게를 내면 어떨까 생각했다. 한국에서 '쌈'은 상추에 싸 먹는 전통 음식이다. 어릴 때면 여름마다 뒷마당에서 고기를 구워 먹곤 했는데 언제나 상추가 바구니에 담겨 있어 어떤 음식이든 싸 먹을 수 있었다. 쌈의 가능성은 무궁무진했다.

모모푸쿠의 쌈은 한국의 보쌈과 캘리포니아의 부리토를 합친 것이다. 큰 밀가루

토르티야에 해선장을 바르고 밥을 깐 뒤 깍지콩, 돼지 목살, 볶은 양파, 김치, 표고버섯 간장 절임을 얹고 말아서 먹는 방식이었다. '쌈 바'로 이름 지어 부리토 쌈을 팔 생각이었다. 말하자면 '치포틀레(Chipotle, 부리토 등의 멕시코 음식을 파는 프랜차이즈-옮긴이)'의 한국판 같은 것이었다. 패스트푸드로 인기를 누린다면 온 미국에 걸쳐 지점을 내서 꿈에도 상상하지 못할 정도로 부자가 될 수 있을 거라고 생각했다. 그리고 내키면 또 다른 목표를 좇으면 될 일이었다.

주방 식구들을 포함해서 사업 파트너가 될 사람들까지, 모두 내가 미쳤다고 생각했다. 하지만 나는 한번 마음먹으면 저지르고야 마는 사람이었다. 식당을 내면 손님이 모일 거라고 생각했다.

누들 바에서 몇 구역 떨어진 13번가와 2번가 사이에 가게 자리를 찾았다. 12년이나 비어 있던 자리였다. 법을 지켜가며 마지막으로 장사를 했던 업체는, 내 기억이 맞다면 후진 중국음식 테이크아웃점 인 스프링 조이 빌리지 레스토랑이었을 것이다(물론 애정을 듬뿍 담아 하는 이야기다. 나는 후진 테이크아웃 중국음식을 좋아한다). 법정 관리의 해제 과정에서 전 주인도 장씨라는 사실을 알게 되었는데, 그때만 해도 그게 불길한 징조라는 생각은 못했다.

지금 쌈 바가 자리 잡고 있는 1층은 대공습 이후 런던 같았다. 녹슨 양철 천장에 큰 구멍이 나 있었고 건물 전면은 누수로 인해 보기 흉할 정도로 엉망이었다. 증기관은 1990년대 언제쯤에 망가졌는데 아무도 손을 쓰지 않았다. 재난이며 황무지였다.

지금 밑준비 주방이 자리 잡고 있는 아래층은 훨씬 더 무시무시했다. 계단 옆 비상구에는 아멕스 신용카드 간판이 붙어 있었고 계단 아래 숨어 있는 벽감에는 샤워실이 있었다.

한편 천장이 낮은 지하 벽돌벽 공간 전체를 쪽방이 차지했고 거기에는 1층에 스며들어 온 물로 인해 썩어가는, 더러운 매트리스가 들어앉아 있었다. 스프링 조이 빌리지 시절이나 그 이후, 사창가로 이중생활을 누린 공간 같아 보였다.

그렇게 썩어가는 잔해 가운데 믿을 수 없을 정도로 잘 보존된 쓰레기도 있었다. 따지 않은 탄산음료 캔이나 1차 걸프 전쟁 시절의 〈타임〉지, 아래층의 사업과 얽힌, 차마 언급하기 어려운 물건들도 있었다. 새 단장을 위해 철거할 때 가벽 뒤에서 반쯤 들어찬 술병들이 있는 바도 발견했다. 과일 코디얼(cordial, 증류주에 과일, 크림, 허브, 향신료 등으로 맛을 내고 설탕을 더한 술, 1960~80년대에 인기를 끌었다―옮긴이)이 칵테일 재료로 인기를 끌던 시절이니, 우리가 상상했던 것보다도 추악한 역사는 긴 셈이었다.

누들 바에서 겨우 몇 구역 떨어져 있는 데다가 위치도 모퉁이고 싸지도 않았지만 당시 알아보던 다른 자리처럼 바가지를 씌우는 상황은 아닌지라, 이 자리가 모모푸쿠의 새로운 공간이 될 운명이었다.

누들 바와 아파트를 담보로 잡히고 공사를 하는 동안 상황은 초현실적으로 흘러갔다. 2006년 봄, 제임스 비어드 재단에서 '올해의 신인 셰프상' 후보로 다른 넷과 함께 나를 지명한 것이다. 요식업계에서는 엄청난 일이었다. 그러나 경쟁자들과 나 사이의 간극은 어이없도록 엄청난 수준이었다. 나를 놀려먹으려고 후보로 끼워 넣은 것처럼 보일 지경이었다. 코리 리(또 다른 후보로, 최종 수상자가 되었다)의 약력을 소개한다면 이해가 빠를 것이다. 우리는 둘 다 이십대 후반의 한국계 요리사지만, 나와 달리 그는 나파 밸리에 자리 잡

은 토머스 켈러의 프렌치 런드리에서 주방을 책임진다. 조리계에선 완벽함, 우아함, 야망의 상징 같은 바로 그 프렌치 런드리다. 반면 나는 빌어먹을 라멘집이나 꾸려나가고 있다. 그래서 당연히 상을 못 탈 거라는 사실을 알았는데, 차라리 그게 위안이 되었다. 그러나 코리 리는 물론이고 그와 능력이 비슷한 다른 셰프들과 함께 후보에 오른다는 것 자체가 우스꽝스러우면서도 스트레스 받는 일이었다.

하지만 어떤 측면에서는 준비가 되어 있기도 했다. 〈푸드 앤드 와인〉지에서 2006년 '최고의 신인 셰프'로 선정했다는 통보를 받았기 때문이다. 그렇게 큰 상을 받을 자격이 없다고 생각했기 때문에 굉장히 민망했다. 그래서 편집장인 다나 코윈이 축하 전화를 했을 때 상을 다른 셰프에게 줄 수 없는지 물었다. 아직 그런 상을 받을 준비가 안 되어 있으며 그로 인한 부담을 견뎌내기가 힘들다고 이유를 댔다. 그녀는 충분히 기뻐해도 좋다며 여태껏 누구도 상을 고사하려 한 적이 없다고 말해주었다.

〈푸드 앤드 와인〉지의 발표가 있었던 4월, 나는 동부 프렌치 런드리의 쌍둥이 격 식당 퍼 세의 셰프 조나단 베노가 또 다른 신인 셰프 수상자임을 알았다. 알고 나니 한층 더 당황스러웠다. 베노는 모든 측면에서 나보다 훨씬 더 나은 요리사였다. 또한, 크래프트에서 함께 일할 때 좋은 요리를 위해서는 자질구레한 것들도 신경 써야 한다는 가르침을 주기도 했다. 그는 내 멘토고 나는 제자인데 함께 상을 받는다니…… 생각만으로 골치가 아팠다.

상 때문에라도 뭔가 다른, 기대를 분산시킬 만한 일을 벌여야 한다고 마음먹었다. 부리토 바가 완벽한 해법이라는 생각이 들었다. 나는 내가 받드는 사람들처럼 주류에 속하는 일류 요리사가 되기 위해 한 분야에 뼈를 묻고 싶지는 않았다. 나의 요리 세계는 패스트푸드, 라멘, 서브머린 샌드위치, 피자 등 나도 즐겨 먹고 모두가 부담 없이 사 먹을 수 있는 간단하고 맛있는 음식의 경계에 놓여 있었다. 성공하고 싶었지만 다른 사람들의 경쟁 방식에 말려들고 싶지는 않았다. 내 방법대로 성공하고 싶었다.

어쩌면 누들 바는 초창기에 수천 군데의 다른 레스토랑처럼 망해야만 했을지도 모른다. 아니, 아예 문을 열지 말았어야 했는지도 모른다. 그때 나는 스물일곱치고는 나쁘지 않은 경력을 지니고 있었다. 경험을 더 쌓고 더 높은 자리로 올라가,

쌈 바 **135**

진짜 레스토랑을 꾸려나갈 수 있을 만큼 배울 때까지 퍼 세나 wd~50 등에 자리를 알아 봤어야 했을지도 모른다. 하지만 어쩐 일인지 상황이 그렇게 흘러가지 않았다.

　　매체에 알려지기 이전, 모모푸쿠는 약자였다. 뭔가를 증명할 건덕지조차 없었다. 그저 맛있는 음식을 '싸고 양 많이' 주면서 즐기라고 권할 뿐이었다. 그때 모모푸쿠를 놓고 온갖 말이 돌았다. 사람들은 모모푸쿠와 나를 싫어했고, 내가 데리고 일했거나 나를 데리고 일했던 사람들은 내 욕을 했다. 그 소리가 내 귀에 들어와도 신경 쓰지 않았다. 사람들이 인터넷에서 온갖 나쁜 이야기를 해대던 초창기에는 방어해보려고도 했다. 그러나 욕만 더 얻어먹어 금세 포기하고 말았다. 이 모든 일이 정말 나의 책임일까 하는 생각도 들었다. 그래서 그저 부리토의 거물이 되는 데 힘을 쏟았다.

　　공사는 총체적 난국이었다. 뉴욕에서 하는 공사라는 게 언제나 그렇다. 쌈 바만의 문제도 따로 있었다. 건물이 너무 오래된 나머지 시 당국에 제출된 기본 시설 증명서가 없었다. 그게 없이는 맥주나 포도주 면허를 얻거나 가스를 들이는 것은 물론이고 아예 가게 문을 열 수조차 없었다. 개보수에 50만 달러를 들이고 나서야 그런 사실을 알게 되었으니 공사를 멈추거나, 시 당국과 합의를 보거나, 나머지 돈을 다 처넣고 어떻게든 되기를 바라는 수밖에 없었다. 물론 세 번째 안을 택했지만, 일이 제대로 풀리지 않을 경우를 생각하느라 여러 날 잠을 설쳤다.

　　마침내 기본 시설 증명서를 받아 공사를 끝내고 2006년 8월 20일, 친구와 동료 셰프, 기사를 써준 사람들을 모아 개업 파티를 열었다. 쌈 바의 전면부는 유리로 된 차고 문이었으니, 우리는 그걸 위로 열어 더운 밤공기와 초대 손님을 맞아들였다. 사람들이 곧 쌈 바를 가득 메웠다.

　　그러나 다음 날부터 몇 주 동안의 상황은 첫날과 180도 달라졌다. 밤 시간 동안 잠깐 바빴고 낮에도 반짝했지만 그게 다였다. 나머지 시간대에는 망조가 들었다는 느낌이 들 정도로 손님이 없었다. 사람들은 처음 쌈 바에서 음식을 먹은 뒤 "구린 식당에, 음식은 쓰레기 같고, 데이비드 장은 완전 원 히트 원더(곡 하나만 큰 흥행을 거둔 아티스트를 일컫는 말-옮긴이). 다른 셰프나 찾아보자"라는 반응을 보였다. 쌈 바는 별 특색도 없는, 누들 바의 성공에 딸려오는 깍두기로 전락했다. 우리의 부리토를 좋아하는 손님들이 있기는 했지만 정말 드물었다. 행복과는 거리가 멀어 보이는 표정으로 스테인리스 집기나 닦고 있는 주방 식구들을 보고 있노라면 음식을 내는 일이 신장 결석 치료를 받는 것처럼 고통스러웠다. 누구도 쌈 바에서 일하려고 하지 않았다. 손님도 없는, 곧 망할 게 뻔한 분위기의 거만한 패스트푸드 레스토랑에서 일하는 것은 그야말로 빌어먹을 재앙이었기 때문이다.

대부분은 내 책임이었다. 모모푸쿠의 메뉴를 통틀어 가장 인기 있는 포크 번에 손을 댔고(쌈 바에서는 삼겹살과 해선장 대신 찢은 목살과 코울슬로를 넣었다), 부리토 쌈도 누들 바에서 내던 방식이 아니었다(검은콩 대신 풋콩을 썼다). 친구나 손님이나 다들 왜 면 음식은 내지 않느냐고 물었는데 딱히 그럴싸한 대답도 할 수 없었다. 사람들이 쌈에 미칠 거라는 내 생각은 정말 그저 병신같이 순진했다. 누들 바에서 얻은 성공을 단순히 복제하는 수준에서 쌈 바를 낼 수는 없는 노릇이었는데 말이다. 사실 이 고민도 진작 했어야만 했다.

사실 누들 바의 성공은 지극히 예외적인 경우였다. 행운과도 같은 우연이 쌓여서 사람들에게 사랑받는 가게가 된 자연스러운 상황은 다시는 일어나기 어려운 일이었다.

다행스럽게도, 이번에는 나의 완고하고 뿌리 깊은 자기 회의의 덕을 보았다. 건축가인 히로와 시공업자인 스위에게 이야기해서, 만약 패스트푸드 식당으로 성공하지 못할 경우 더 통상적인 식당으로 바꿀 수 있도록 디자인이며 시공을 염두에 두고 진행해달라고 미리 말해두었다. 즐기는 한편 영업시간을 늘리기 위해 아무거나 내는 심야 메뉴를 고안하고 있었으니 그에 필요한 장비 또한 갖추고 있었다. 부리토 제국이 자리를 잡으면 심야 메뉴를 내놓을 계획이었는데, 돌아가는 꼴을 보니 난망한 노릇이라 당장 손을 써야만 했다.

사실 쌈 바가 별 볼일 없는 아이디어라는 건 나도 알고 있었다. 매일 밤마다 텅 빈 레스토랑에서 닐 영을 들으며 나 때문에 말아먹고 있지나 않은지 회의감에 빠졌다. 될 대로 되라지. 이 정도로 말아먹기 시작하면 자기 성찰 따위는 해봐야 소용이 없었다. 그래서 일정을 앞당겨, 바로 심야 영업을 시작했다. 메뉴고 뭐고, 진짜 아무것도 계획하지 않았다. 그저 손님들이 와서 먹고, 마시고, 돈을 썼으면 했다. 적어도 손해는 보고 싶지 않았다.

진짜 음식 잘하는 주방 식구들은 그래도 자리를 지키고 있었다. 카페 불뤼에서 함께 일했던 티엔 호는 주방의 진짜 깡패이자 테린이나 파테의 대가였다. 하지만 내 아집이 빚어낸 부리토의 실패 때문에 제대로 요리를 못 하고 있었다. 무차별 심야 메뉴를 준비하면서, 주방 식구들이 누들 바의 성공에 경도되어 무차별 심야 영업 메뉴라는 아이디어에 넘어왔다는 사실을 알 수 있었다. 신에게 감사할 일이었다.

9월 말을 기점으로 매니저인 코리 레인과 퀴노, 티엔을 중심으로 심야 영업을 시작했다. 밤 10시 30분부터 새벽 2시까지, 우리는 뭐든 먹고 싶은 걸 만들었다. 재미있는 시간을 보냈다. 코리는 일단 들른 손님이 즐길 수 있도록 신경을 썼고, 퀴노는 콘독(corn dog, 우리나라에서 핫도그라 불리는, 소세지를 꼬챙이에 끼워 반죽을 입혀 굽거나 튀긴 음식-옮긴이)이나 송아지 머리 테린, 내가 엄청 칭찬한 베트남 스프링롤 등을 만들었다.

심야 메뉴는 금방 잘나가기 시작했다. 손님들은 새벽 1시에 굴이나 컨트리 햄, 콘독을 먹으면서도 딱히 개의치 않았다. 왜 면 요리를 안 내는지, 심야 메뉴는 정말 밤에만 내는지 묻지도 않았다. 누들 바와 마찬가지로 쌈 바의 초기 개편은 새옹지마가 되었다. 개편 없이는 지금의 성공도, 실패가 가져다준 자유로움도 누릴 수 없었다. 뭐 정확히 말하자면 불붙은 집이 다 타버리지 않도록 안간힘을 쓰는 상황이었지만.

우리는 종이 냅킨, 구린 포크와 나이프, 매장 한가운데에 덩그러니 놓인 패스트푸드 레스토랑식의 양념대 등에 개의치 않고 좋은 음식을 낼 생각이었다. 경쟁 상대들보다 열심히 일해서, 냅킨에 한데 이름을 모아 써보면 딱히 말이 되진 않아도 그럴싸해 보이는 음식을 낼 생각이었다. 누들 바가 번들거리는 기름기 있는 음식을 기본으로 어느 정도 공격적인 음식을 냈다면 쌈 바에서는 식감이 중요했다. 단맛, 신맛, 쓴맛이 균형을 이루는 가운데, 온도에 신경을 써서 모든 요리에 어떤 방식으로든 아삭함이 깃든 요리를 내놓기로 했다.

그래서 추수감사절 즈음, 부리토를 뺀 심야 메뉴를 저녁 6시부터 앞당겨 팔아야 한다는 결론을 내렸다. 심야 메뉴는 잘 팔리지만 낮 시간의 부리토는 그렇지 않기 때문이었다. 서너 달 후인 봄의 첫날까지 인원을 불리고 몇몇 요리를 가다듬으며 사람들에게 변화를 알릴 계획을 세웠다.

하지만 그렇게 굴러가면 모모푸쿠가 아니었다. 크리스마스 즈음

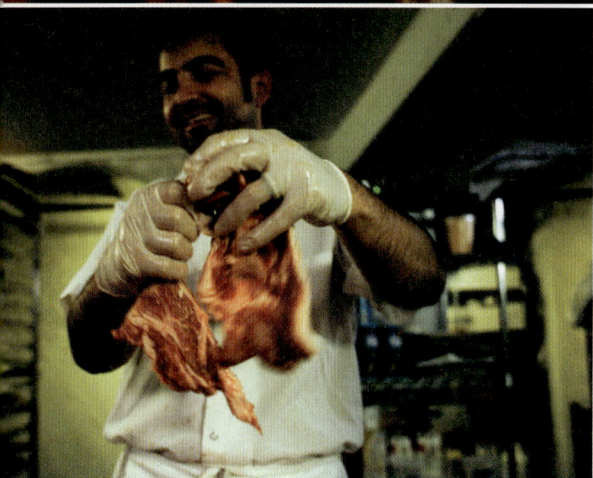

의 어느 날, 텅 빈 식당에 백만 번쯤 서 있는 기분을 느끼고서야 당장 심야 메뉴를 팔아야겠다는 결정을 내렸다. 그래서 지하 주방으로 뛰어 내려가 모두에게 소리를 지르고 블랙베리로 필요한 조리사들을 소집했다. 준비가 되어 있었느냐고? 물론 아니다. 하지만 망하는 걸 그냥 지켜보는 것보다는 낫겠다는 생각이었다.

그리고 거의 하룻밤 만에, 마치 기다려왔다는 듯 갑자기 손님이 가득 들어찼다. 마치 채무불이행을 선언해 모든 것을 잃는 곤경에서 벗어난 것처럼 느껴졌다. 잠깐이나마 재정 문제며 공개 망신 등의 일들이 코앞까지 다가왔다 물러갔다.

전통적이지는 않되 우리끼리, 그리고 손님에게 통하도록 메뉴를 범주별로 재구성했다. 날갑각류 바, 컨트리 햄, 가벼운 요리(반 미, 또는 포크 번), 지역 재료(시장에서 사온 제철 재료), 해산물, 내장, 고기 등 하나의 범주에 묶일 만큼 충분한 요리들이 있었다. 그렇지 않을 경우 '그 밖의 음식'으로 묶었다. 쌈은 메뉴의 한 범주로 오랜 시간 자리를 차지했지만 부리토는 1주년에 이르면서 폐기 처분됐다. 그리하여 쌈 바에서는 '심야 메뉴'를 하루 종일 내게 되었다.

쌈 바의 심야 영업이 잘되면서 솜씨 좋은 조리사들을 쓸 수 있었다. 조쉬 클라인만, 샘 겔만, 피터 서피코 등이 이때 모모푸쿠에 합류했다. 팀 마슬로는 누들 바의 조리사에서 쌈의 부주방장으로 승진했다. wd~50과 볼리에서 일한 경험이 있던 크리스티나 토시가 합류해 수비드의 HACCP 인증을 도와주었을 때(말하자면 시 당국을 치러내는데 공헌했을 때), 그녀가 패스트리 셰프가 되어 디저트—그때까지도 전혀 고려하지 않았던—를 맡을 거라는 생각은 하지 못했다.

그러던 어느 날 밤 〈뉴욕 타임스〉의 식당 비평 담당 프

프랭크 브루니를 쌈 바에서 보았고, 나는 다시 우리가 평가받고 있다는 사실에 신경이 쓰이기 시작했다. 그는 누들 바에 한 번도 들른 적이 없었다. 나는 음식 맛에는 자신이 있었지만 종이 냅킨이며 화장실 문을 열자마자 튀어나오는 손 건조기, 시끄럽게 울려퍼지는 AC/DC의 노래를 단점으로만 보지 않을까 싶어 자신이 없었다.

2월, 쌈 바는 〈뉴욕 타임스〉로부터 별 두 개를 받았다. 거의 전례가 없던 반전이었다. 10월 〈뉴욕 타임스〉의 25달러 이하 식당 평가에서는 그저 그런 평가를 받았다. 평가의 핵심 또한, "낮 메뉴는 형편없지만 그래도 영혼이라고는 없는 미드타운 식당으로는 괜찮은 편"이었다. 한편 〈뉴요커〉지는 '별로'라는 평가를 내렸다.

〈뉴욕 타임스〉의 평가가 나왔을 때, 우리는 원하는 만큼 훌륭한 조리사를 충분히 확보하려면 몇 달을 더 기다려야만 했고 새로운 메뉴도 시험하고 있었다. 그렇지만 우선 별 두 개를 받은 것은 엄청난 일이었으니 축하주를 퍼마셨다. 그러나 몇 달 뒤 봄에는 브루니가 평가를 조금 더 기다렸다가 내렸으면 좋았겠다고 생각하게 되었다. 쌈 바는 훨씬 더 나은 식당으로 탈바꿈했기 때문이다(사실을 말하자면, 브루니는 2008년 돌아와서 쌈 바에 별 세 개를 주었다. 티엔이 셰프로서 거듭났으며 코리 레인 이하 서비스 담당자들이 열심히 일했고 시작부터 함께한 젊은 친구들이 끝내주는 요리사로 성장했음을 증명하는 일이었다. 이는 쌈 바의 원안이었던 부리토 바의 마지막 잔해를 완전히 없애버린 주방 개보수와 같은 시기에 일어난 일이었다).

브루니의 첫 번째 평가 이후에도 상황은 갈수록 이상해졌다. 나는 비어드 재단의 '신인 셰프상' 후보에 다시 올랐는데 이는 전례가 없는 일이었다. 한편 쌈 바 또한 '뉴 레스토랑상' 후보 다섯 군데 가운데 하나에 올랐다. 다른 후보는 볼프강 퍽이나 조엘 로뷔숑의 식당이었으니, 그에 비하면 우리는 완전히 빌어먹을 광대 무리 같아 보였다. 우리는 그날 밤 비번인 조리사들 모두에게 시상식 연회 표를 사주고는 연기 제조기며 레이저 조명, 평면 텔레비전이 달린 파티 버스를 빌려 타고 시상식장으로 향했다. 어차피 우스꽝스러우니 차라리 그 우스꽝스러운 행운을 위해 건배하는 편이 낫다는 생각에서였다.

나는 그날 밤, 신인 셰프상을 진짜로 받았다. 완전히 말도 안 되는 일이었다. 이때쯤 스스로를 요리사로 인식하기 시작했던 것 같다. 누들 바를 열었을 시절의 아마추어스러운 음식은 시간을 거듭하면서 단순하면서도 견고한 것으로 진화했다. 다른 셰프처럼 충분히 일하고 배우기 전에 식당을 열기로 결정한 것이 성장에 걸림돌이 되었을 수도 있지만, 그걸 변명으로 삼지는 않겠노라고 마음먹었다. 어느 누구도 나에게 음식에 관한 지식을 숟가락으로 떠먹여 주지는 않을 터이니 스스로 깨닫고 누구에게라도 배워야만 했다. 마음 깊은 곳에 나의 능력을 모두에게 증명하고 싶은 열망이 자리 잡았다.

나의 우선순위는 물론 음식이었다. 매일매일 부엌에 발을 들일 때마다 좋은 요리의 적인 자잘한 실수가 없는지 둘러본다. 쌈 바에는 서로서로 기대며 성장하려는 조리사며 부주방장이라는 팀이 있었고, 조금씩 더 나아지기 위해 노력했다. 누군가 새로운 요리를 선보이면 모두 "어떻게 더 발전시킬 수 있을까?"라고 서로에게 물었다.

그래서 원탁회의라는 걸 시작했다. 블랙베리로 결정권자들이 함께 모이는 자리였다. 원탁 이메일도 있었다. 매일 밤 셰프나 부주방장, 저녁 서비스를 책임지는 주방장이 다른 모든 셰프나 매니저들에게 이메일로 정보(어떤 VIP가 왔는지, 팁 짠돌이는 누군지 등등)를 알리는 제도였다. 가장 중요한 건 역시 음식에 관한 부분이었다. 새로운 요리, 새로운 재료, 시장에서 좋고 나쁜 재료는 누가 가지고 있는지, 누가 바가지를 씌우는지, 그날 밤 특정 재료를 어떻게 손질해 요리를 만들었으며 손님들에게 나갔을 때 반응은 어떠했는지 등을 이야기했다. 이러한 이메일을 통해 우리는 두 군데 주방의 상황을 언제나 공유할 수 있었고, 굳이 모이지 않아도 서로의 음식에 대해 의견을 보낼 수 있었다. 한편 이때 거론된 성공과 실패를 정리해 문서로 만들었다. 성공과 실패를 통해 배우고 약점을 찾아 고치자는 취지였다.

쌈 바가 명성을 쌓아가는 가운데 나, 그리고 모모푸쿠의 식구들에게 결정의 순간이 다가왔다. 계속 끌고 나갈 것인가, 그만 문을 닫을 것인가.

운 좋게도—사실 진짜 그렇지도 않지만—누들 바가 무너져 내리고 있었다. 국수 가게 치고는 역사상 가장 훌륭하면서도 몸값 비싼 주방 식구들이 일하고 있었지만, 매번 사람들이 이상한 물건을 화장실 변기에 넣고 물을 내려(진짜 문제였다. 식당 화장실에 관련 경고문이 붙은 데는 다 이유가 있다) 아래층의 사무실이 흠뻑 젖곤 했다. 또한 날마다 손님들을 치러낼 음식들을 보관해둘 공간이 없었다. 절임류 관련 재료는 쌈 바로 내보낸 뒤인데도 그랬다. 27석짜리 공간에서 매일 3백 명을 치러내야만 했으니 부담도 너무 컸다.

그래서 누들 바를 한 구역 위로 옮기기로 했다. 어떻게든 손을 써볼 수 있는, 인기 없는 필리핀 식당 자리가 후보지였다. 그러자 우리의 자식이자 이제 막 세를 불려나가는 제국의 영혼이 머무는 누들 바 공간에 뭔가 다른 시도를 해보고 싶었다. 퀴노아 페드로가 끌고 나갈 타퀘리아를 필두로 몇 가지 콘셉트를 논의했지만 결국 공간 관리를 위해 훨씬 적은 인원으로 유지되는 식당이 필요하다는 결론을 내렸다.

그러고 나니 '코(子)'의 아이디어가 떠올랐다. 손님을 위해 등받이 없는 의자 몇 개를 놓고 주방은 협력 체계로 이뤄져 계속해서 메뉴를 바꿔 선보이는, 요리사 중심의 식당이었다. 그래서 일하는 요리사들에게 돈을 더 줄 수 있는 상황을 만드는 것이다(요리사들은 대게 팁에 손을 대지 못한다. 사실 뉴욕에서는 음식까지 직접 손님에게 내지 않는 이상 팁을 받는 것은 불법이다. 그래서 음식을 만드는 요리사보다 웨이터들이 말도 안 되는 금액을 더 챙기는 현실을 타개하고자 한 방편이었다). 바로 안티 레스토랑, 시작 단계에서 우리가 했던 생각이었다.

한편 이러한 계획은 성공하고자 하는 야망 때문이기도 했지만, 당시 모모푸쿠에게 쏠린 세간의 적대감 때문에 시작된 것이기도 했다. 당시, 내가 사람들의 생각보다 매우 큰 상을 받았으니 의심의 눈초리가 쏟아졌다. 나 역시도 과연 이 상을 받을 자격이 있는지에 대해 고민했으니 그들을 이해 못하진 않았다. 그래서 이 식당으로 지긋지긋한 모든 의심을 잠재울 생각이었다.

여름이 한창일 무렵, 지친다는 느낌을 받았다. 쌈 바에서 여러 근무조를 도와주고, 새 누들 바의 공사(코의 공사를 시작하기 전에 끝내야 했지만 논리에 맞지 않게도 둘을 함께 열고 싶었다)를 감독했으며, 사업적 측면이나 행사는 물론, 사람들이 계속해서 찾고 싶은 마음이 들도록 보도자료도 관리했다. 스스로도 같이 일하기 힘든 사람이라는 사실을 알고 있었다. 주방에서는 하찮은 일에도 언제나 소리를 질러댔다. 예전보다 더 피로를 느끼기 시작했고 성질도 최악으로 변했다.

그러던 가운데 나쁜 일들이 평소보다 더 많이 벌어졌다. 함께 일하던 셰프가 새 레스토랑을 준비하는 사이, 그 자리에 앉혀줬던 녀석이 모모푸쿠의 요리사를 빼가려다 잡힌 것이다. 훌륭한 경력을 지닌 오랜 친구와의 관계도 나빠졌다. 퀴노와 나는 모모푸쿠의 전반적인 방향에 대해 의견 일치를 보지 못했고, 이는 예전 같지 않은 우리 우정에 큰 부담을 안겼다. 게다가 새 누들 바 건물의 주인인 필리핀 갱은 우리에게 돈을 더 짜내려 들었다.

기분은 더러워질 대로 더러워졌고, 스트레스는 더욱 쌓여만 갔다. 그래서 셰프들만의 해결 방법을 동원했다. 그건 바로, 그저 더욱 열심히 일하는 것이었다. 그러던 어느 날, 사무실 직원 면접을 할 때였다. 지금 모모푸쿠의 멤버인 송은진과의 인터뷰를 시작한 지 몇 분이 지나자, 그녀의 목소리가 전혀 들리지 않는다는 걸 알았다. 왼쪽 귀가 완전히 먹은 것이다. 왼쪽 다리를 디디지 못해 아침부터 응급실에 간 날도 있었다. 병원에서는 아무 문제도 없다고 했다. 대신 충분히 휴식을 취하라고 했으나 나는 곧바로 일하러 나갔다. 결국에는 턱까지 나가 말을 하지 못했을뿐더러 제대로 씹지도 못했다.

2주 동안 응급실에만 일곱 번을 갔다. 모든 증상이 왼쪽에서만 일어나니 중풍이 아닌지 의심되었지만 의사들도 원인을 밝혀내진 못했다. 마침내 발진이 돋았을 때 피부과에 갔더니 대상포진이라는 진단을 받았다. 어릴 때 수두를 앓으면 균이 몸에서 박멸되지 않는데, 이는 대부분의 사람들에게는 큰 문제가 안 된다. 그러나 건강 상태—테이크아웃 중국음식, 프라이드치킨, 패피 반 윙클(Pappy Van Winkle's Family Reserve, 위스키의 일종인 버번의 상품명-옮긴이), 오비 맥주, 엄청난 양의 돼지고기 또한 영향을 미쳐—가 좋지 않은데 스트레스를 받으면 바이러스가 맹렬하게 다시 퍼진다. 나는 의사의 지시에 따라 비행기를 타고 몬트리올로 떠나 모든 일에 거리를 두고 쉬었다.

　코와 새 누들 바를 공사하는 동안에도 내내 아팠지만 그래도 쌈의 주방에 관여하면서 코를 위한 요리를 개발하기 시작했다. 그리고 이때부터 평범한 동네 장사에서 제대로 된 기업으로 변모하는, 성공적인 사업체가 걷는 길을 내딛기 시작했다. 드루 새먼이 합류했고, 막후에서 관리해줬다. 그는 더 이상 이런 식으로 회사를 운영하면 안 된다는 의견을 밝혔다. 예를 들자면 식당 예산으로 스트립클럽에 가는 일 등을 벌이는 것 말이다. 그와 은진, 알렉스 매그넌 월록이 팀 페이퍼컷을 만들고 사업체를 사업체답게 굴리기 시작했다.

　부리토를 그대로 뒀어도 괜찮지 않았을까. 부리토 바 콘셉트가 먹혔더라면 더 좋았을 것이다. 옛날 생각이 나서 부리토를 만들어 맛을 보니 여전히 훌륭했다. 콘셉트보다는 실행, 즉 조리가 결국 실패의 원인이라는 생각이 들었다. 미드타운에 열었더라면 부리토가 주메뉴인 원래의 쌈 바도 먹혔을 것이다. 🍊

굴
oysters

상한 굴 하나가 진심을 다한 조리의 의미와 제대로 일하려는 자세의 중요함을 일깨워준 적이 있다. 말하자면 상한 굴 하나와 마르코 카노라가 공동 주연으로 펼치는 이야기이다.

마르코와 크래프트에서 일했던 시절, 손님이 항의의 표시로 상한 굴을 주방에 돌려보낸 적이 있다. 그날 밤 굴 담당이 나였으니 당연히 내 책임이었다. 마르코는 나를 박살냈다. 손님의 저녁은 물론 모든 주방 식구들이 그날의 요리에 쏟아부은 노력까지 망쳤으니 나를 믿을 수 없다고 했다. 그는 이후 몇 주 동안 깨끗하고 결점 없는 굴만 손님에게 내야 한다고 강조했다. 나 때문에 불평을 들었으니 그는 내가 그만큼의 대가를 치르기 원했다.

그날 밤 잠을 이루지 못했을 뿐만 아니라 다음 날에도 출근하고 싶지 않았다. 내가 욕을 들어먹을 만큼 잘못했다는 사실을 인정하고 싶지 않아 마르코의 더러운 성질을 탓했다. 그러나 다음 날 아침, 집에 들어앉아 생각해보니 속은 상했지만 이해할 수 있었다. 그건 정말 내 잘못이었다. 나는 진심을 다해 요리하지 않았다. 충분히 주의를 기울이지 않은 것이다. 물론 음식을 제대로 내보내고 굴이 완벽한지 확인하려 노력은 했지만, 목숨까지 걸 만큼 결과에 신경 쓰지는 않았다. 그게 나처럼 포부만 원대할 뿐 허세를 부리는 인간과 마르코 사이의, 그랜드 캐니언만큼이나 넓디넓은 차이였다. 그래서 당연히 그는 물론 어떤 유명한 요리사, 또는 셰프라도 음식이 망가져서 나가면 완전히 꼭지가 돌아버리는 것이다. 지나칠 정도로 신경을 많이 쓰니까.

그래서 다음 날 아침 일어나 남자답게 크래프트로 출근해서는 내 손을 거치는 모든 일에 신경을 집중했다. 최대한 효율적으로 일하고 재료 쪼가리나 필요 없는 종이 행주라도 낭비하지 않으려 애썼다. 또, 그냥 기계적으로 음식을 만드는 것을 경계하며 접시에 담는 모든 것을 존중하려 했다. 언제나 모든 일에 신경을 쓸 수는 없지만 적어도 상한 굴을 두 번 다시 내보내고 싶지는 않았다.

강박적이거나 일에 미쳐야만 굴을 제대로 내보낼 수 있는 것은 아니다. 그저 굴이 완벽해야 한다는 사실을 인정하고 인식하기만 하면 된다. 굴은 어머니인 지구가 선사하는 완벽한 음식이다. 모래가 남아 있거나 배가 터졌거나 죽은 굴을 낸다는 건 레어로 주문한 립아이를 웰던으로 내는 것처럼 손님에 대한 푸대접이 될 수 있다.

굴에 대해서 모른다면 잠깐 시간을 들여 배워보자. 살이 위아래 껍데기 사이에 들어 있는데 한쪽은 완전히 평평하고, 다른 한쪽은 볼록하거나 컵처럼 생겼다. 굴을 깔 때는 언제나 평평한 면이 위로 오게 하므로 볼록한 면이 바닥 껍데기라고 생각하면 된다. 물론 예외도 있다. 두 껍데기가 대칭이거나, 뒤틀린 굴 같은 경우라면 구분하는 데 시간이 좀 걸리기도 하지만, 굴 껍데기는 언제나 볼록한 면과 평평한 면으로 나뉜다.

입에 대고 들이마시는 쪽 껍데기의 끝은 둥근데 이를 부리(bill)라고 부른다. 한편 뾰족한(뭉툭한 경우도 있지만) 쪽은 힌지(hinge)라 부르고 이쪽으로 굴을 깐다. 굴은 위아래 껍데기에 붙어 있는 폐각근을 움직여 껍데기를 닫는다.

눈물방울 모양의, 즙이 가득한 굴의 살을 배(belly)라고 부르는데 절대 터뜨려서는 안 된다. 물론 굴 껍데기 속에 남아 있는 바닷물도 살리면서 진흙이나 껍데기 조각 없이 깨끗한 굴을 낼 수 있으면 좋다. 하지만 손질 과정에서 바닷물이 전부 씻겨 나간다고 해도 다디단 굴의 진수는 배 속에 여전히 남아 있다. 그렇기에 절대 터뜨리면 안 된다. 그래서 나는 누가 배를 터뜨리는 걸 볼 때마다 움찔거린다. 더욱이 레스토랑에서 배가 터진 굴이 나오면 나는 저항할 길 없이 분노에 휩싸인다. 혹시 요리에 뜻이 있는 사람들은 배가 터진 굴은 절대 손님에게 내서는 안 된다는 걸 반드시 기억하라.

굴 까기 베테랑은 병따개, 드라이버 등 무엇으로도 굴을 깔 수 있다. 그렇지 않은 사람(여기까지 읽고 있다면 당신까지 포함해서)이라면 칼이 필요하다. 굴 까는 칼은 뭉툭하고 끝이 둥근 금속 자루에 손잡이가 달린 것처럼 생겼다. 부엌칼은 권하고 싶지 않다. 배를 터뜨려 망칠 뿐만 아니라 칼의 이가 나갈 수도 있고 칼에 찔리기 쉽기 때문이다.

칼에 찔리지 않으려면 보호를 잘 해야 한다. 수건을 여러 번 접어 칼을 쥐지 않는 손으로 굴을 쥔다. 그렇게 단단히 잡아야 껍데기 가장자리의 날카로운 부분이나 뾰죽뾰죽한 테두리에 베이는 사태를 막을 수 있다. 손에 힘을 너무 많이 주면 칼이 굴을 뚫고 손을 찌를 수 있는데, 이럴 때 수건이 조금이나마 도움이 된다.

굴을 까서 열기 전에 접시 바닥에 깔 재료나 고명도 준비해놓아야 한다.

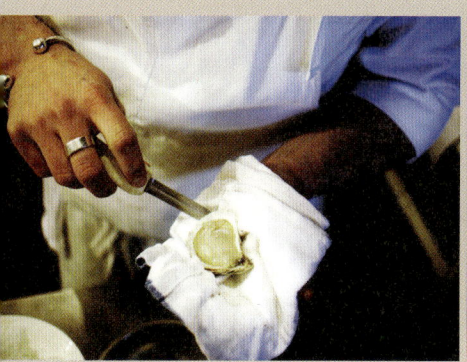  

흐르는 찬물에 부드러운 솔로 굴을 문질러 손질한다. 한꺼번에 많은 굴을 손질할 때나 손질 자체에 능숙하지 않을 경우, 냉장고에 넣어두고 조금씩 꺼내서 작업하는 게 좋다.

이제, 굴을 까보자

1. 행주를 접어 칼을 쥔 반대편 손에 올려 굴을 잡는다. 평평한 껍데기가 위로, 힌지가 몸 쪽으로 향하도록 굴을 쥔다. 손으로 쥐는 대신 도마 위에 행주를 놓고 깔 수도 있다.

2. 옷걸이로 자동차 문을 딴다고 생각한다. 계속해서 쑤셔대는 게 아니라, 한 번에 집어넣고 움직여서 문을 따는 거다. 힌지에 진흙이 남아 있을 경우 굴 까는 칼의 끝으로 긁어낸다(칼이 더러워질 경우, 반드시 깨끗하게 닦고 다음 단계로 넘어가야 한다). 천천히 그러나 힘을 줘서 힌지로 칼을 밀어 넣는다. 힘을 아주 살짝 줘서 칼을 밀어 넣고 인대를 끊어 굴이 포기할 때까지 칼을 앞뒤로 부드럽게 움직인다.

3. 위 껍데기의 평평한 면에 딱 붙여 칼을 안으로 밀어 넣는다. 굴을 터뜨리지 않도록 주의하면서 오른쪽 가장자리로 칼을 움직여 굴을 껍데기에서 떼어낸다. 다른 놈들보다 더 단단하게 붙어 있는 경우라면 칼을 왼쪽으로도 움직여야 한다. 어쨌거나 칼날을 눕힌 채로 위 껍데기에 착 붙여야만 한다. 또한 부리 근처에서 오른쪽으로 붙은 폐각근을 끊어야 한다는 사실도 명심하라. 위 껍데기를 비틀어 떼어내 버리는데 이 과정 내내 굴의 즙이 쏟아지지 않도록 평평하게 둔다.

4. 굴 까는 칼을 행주로 닦거나 물로 씻은 다음 가능한 한 평평하게, 아래 껍데기의 굴 아래로 밀어

넣어 껍데기와 살을 연결하고 있는 폐각근을 잘라낸다.

이제 굴은 다 깠지만 아직 할 일이 남아 있다. 먼저 냄새를 맡아본다. 깨끗하고 신선하며 달아야 한다. 비린내 등 이상한 냄새를 풍긴다면 버린다. 비싸거나 싱싱하더라도 한 무더기에 한두 개쯤은 상태가 나쁜 것들이 섞여 있다. 때론 그런 놈들이 두드러지게 많은 경우도 있다. 소탐대실이라고 했으니 이상하면 과감히 버린다. 상한 굴은 전혀 도움이 안 된다. 냄새로도 쉽게 찾을 수 있다.

냄새 테스트를 통과한 굴을 씻는다. 아주 말끔하게 껍데기에서 떨어지는 것은 가장자리만 엄지손가락으로 문질러 닦으면 된다. 때로는 까는 과정에서 껍데기 조각이 남아 즙 위에 떠 있기도 한다. 그럴 경우 손가락이나 굴 까는 칼의 끝으로 건져 낸다. 최선을 다했음에도 껍데기 조각이 너무 많이 떠 있거나 진흙이 남아 있는 경우도 있다. 이때도 깨끗한 엄지로 문질러 닦아낸다. 차가운 수돗물을 틀어놓고 작업하면 편하다. 이렇게 굴을 까고 손질해서 접시에 차린 다음, 손님에게 낸다.

굴을 받치기 위해 필요한 것들

볼록한 껍데기에 굴이 담겨 있기에 이것을 평평한 접시에 올려놓기란 쉽지 않은 일이다. 그래서 굴즙이 흐르지 않도록 준비를 해야 한다. 세 가지 방법이 있다.

얼음 | 굴을 많이 내는 음식점은 대부분 얼음을 자갈 크기로 잘게 부숴주는 기계를 가지고 있다. 물론 가정집에는 그런 기계가 있을 리 없으므로, 얼음을 깨끗하고 튼튼한 주머니에 담은 채로 고기 망치, 또는 진짜 망치를 써서 부수면 된다. 원하는 크기가 나올 때까지 되풀이한다.

해초 | 역시 고전적인 방법 가운데 하나다. 누들 바에서 굴을 낼 때, 라멘 육수를 내고 남은 다시마를 가늘게 채 쳐서 활용했다. 쭈그리고 앉아서 얼음을 부수는 것보다야 덜 짜증스럽다.

소금 | 접시에 천일염, 또는 꽃소금을 두껍게 깔고 굴 올려놓을 자리를 오목하게 파서 올려놓는다. 가장 쉬운 방법일 것이다.

굴에 얹는 고명
OYSTER GARNISHES

굴은 누들 바의 걸음마 시절, 잘게 깍둑썰기 한 깍두기를 올려 처음 냈다. 한국에서는 김치와 굴이 우유와 쿠키처럼 찰떡궁합이기 때문이다. 당시 모모푸쿠가 뉴욕의 제임스 비어드 재단 저녁 행사를 맡았는데, 신생 레스토랑으로서 이런 종류의 일은 사람들의 이목을 끌게 마련이다.

모든 준비를 퀴노와 함께 하다 보니 150인분의 굴 위에 올리기 위해 깍두기를 잘게 썬다는 게 완전 미친 짓이라는 사실을 알아차렸다. 그래서 대신 김치 퓌레를 만들었다. 블렌더에 김치를 넣고 부드럽게 갈리도록 식초를 조금 더한 뒤, 매운맛과 냄새를 덜어내려고 설탕도 조금 넣었다. 그러고는 짜서 쓰는 병에 담아 굴 위에 올렸다.

그 시도는 일종의 돌파구였다. 퓌레는 일단 식초와 설탕 때문에 보통 김치보다 갈아놓은 홀스래디시나 미뇨넷 소스(mignonette sauce, 주로 생굴에 올려 먹는, 샬롯과 굵게 부순 통후추, 식초로 만든 소스-옮긴이) 같은 맛이 났지만 그래도 뿌리를 한국 음식에 두고 있으니(굴은 김치의 발효에 많이 쓰인다) 여전히 모모푸쿠의 맛이라고 할 만했다. 준비는 금방 끝났고 손님에게도 힘들이지 않고 낼 수 있었다. 그날 냈던 피셔 섬의 굴에 잘 어울리기도 했다.

굴 자체가 완벽한 음식이라 레몬 조각, 병에 담긴 핫소스, 갓 갈아낸 후추처럼 흔히 쓰는 재료를 곁들여 내도 상관은 없다. 그러나 모모푸쿠는 조리 자체보다 창조적으로 맛을 다듬는 데 더 초점을 맞춘다. 따라서 김치 퓌레는 굴을 위한 고명으로는 첫 시도라 할 수 있었다. 아래에 소개할 고명은 수십 가지 시도 가운데 일부다. 굴에는 ¼ 작은술 정도로 조금씩만 올린다.

❖ **김치 퓌레**

배추김치(87쪽)를 믹서에 간다.

❖ **회향 절임과 유자 코쇼**

푸른 유자 코쇼(green yuzu kosho, 유자 껍질과 고추, 소금을 다져 발효시킨 양념-옮긴이) ⅛ 작은술과 다진 회향 절임(82쪽) 1컵을 섞는다.

❖ **배 절임과 흑후추**

곱게 다진 배 절임(79쪽)에 절임 국물을 미뇨넷 소스 정도의 비율(배에 국물이 조금 있되 완전히 잠겨 떠 있지는 않은 정도)로 더한다. 알싸한 맛이 날 때까지 흑후추를 갈아 넣는다.

멜론 젤리
MELON GELÉE

약 ⅔컵

어느 여름, 굴에 올리려고 수박 콩소메(consommé, 무색의 투명한 국물을 뜻하는 프랑스어. 전통적으로는 달걀흰자를 국물에 넣는 여과 과정을 거치나 요즘은 젤라틴이나 한천 등을 써서 여과한다–옮긴이)를 만들 때였다. 여과를 위해 젤라틴을 넣은 뒤 실수로 냉동실 대신 냉장실에 넣었고, 그 결과로 수박 젤리가 탄생했다. 다행스럽게도 맛이 좋았고 굴에 올리니 보기에도 좋았다. 그때부터 수박 젤리는 쌈 바에서 내는 굴의 붙박이 고명이 되었다. 수박즙을 내려면 푸드 프로세서나 블렌더에 과육을 갈아 고운 체에 내리면 된다.

만드는 법

1. 판 젤라틴을 뜨거운 수돗물에 5분간 담근 뒤 꺼내 물기를 털어낸다. 작은 그릇에 멜론즙, 식초와 함께 섞는다.

2. 그대로 냉장실에서 굳을 때까지 6~8시간 차게 둔다. 챙이 긴 포크로 한 시간에 한 번씩 저어 부숨으로써 유리조각처럼 보이게 만든다. 밀폐 용기에 담으면 냉장실에서 일주일 동안 보관 가능하다.

재료
판 젤라틴 1장
거른 수박즙 ⅔컵
양조 식초 1큰술

굴을 위한 김치 콩소메
KIMCHI CONSOMMÉ FOR OYSTERS

약 1컵 분량

그래서 굴에 각둑썰기 해서 올리려던 각두기는 결국 퓌레가 되어버렸다. 쌈 바를 열었을 때 이 아이디어를 한 단계 발전시켜, 김치 콩소메를 만들어 굴에 올렸다. 공교롭게도 깨끗한 굴을 내기 위해 껍데기에 고인 바닷물을 전부 헹궈내고 대신 넣은 차갑고 짭짤한 김치 국물이 완벽하게 어울렸다.

콩소메를 위해 와일리 듀프렌에게 배운 '젤라틴 여과법'을 시도했다. 콩소메의 첫째 조건은 맛에 상관없이 완벽하게 맑아야 한다는 것이다. 젤라틴 여과법은 전통적인 방법(엄청나게 많은 양의 달걀흰자와 고기를 넣고 국자로 계속 퍼 올려야 한다. 271쪽에 한 가지 방법을 소개했다)보다도 차원이 다르게 쉬우면서도 손이 훨씬 덜 간다. 한편 어떤 국물로도 맑은 콩소메를 만들 수 있다는 점에서 전통 여과법과 다르다.

과정은 단순하다. 거르려는 국물에 간을 하고 젤라틴을 넣은 뒤 얼린다(김치 같은 건더기로 간을 할 경우 액체에 맛이 들 수 있을 정도의 비율로 건더기를 더해야 한다). 전통적인 고기 육수의 경우 고기와 뼈가 수분을 충분히 보태므로 젤라틴 없이 얼려서만 거를 수 있다. 완전히 언 국물은 눈이 고운 체(아주 곱지 않다면 면포를 한 겹 대어준다)에 올려 냉장고에서 녹인다.

김치는 출발점에 지나지 않는다. 반대쪽의 XO 콩소메처럼 다양한 시도를 할 수 있다. 굴 껍데기에 찰랑찰랑하게 고일 때까지, 작은술 단위로 콩소메를 더한다.

만드는 법

1. 냉동실에 넣을 수 있는 뚜껑이 딸린 용기에 물과 젤라틴을 넣어 담는다. 1분 뒤 저어 젤라틴을 완전히 녹인다.

2. 김치, 식초, 설탕 그리고 후추갈이를 다섯 번 돌린 만큼의 후추를 1의 젤라틴 혼합물에 섞어 맛을 본다. 김치 맛이 나기는 하지만 지나치지는 않아야 한다. 김치 맛이 너무 옅다 싶으면 김치를 더해 맛을 본다. 만족스러울 때까지 되풀이한다. 용기의 뚜껑을 덮어 냉동고에 넣는다. 냉동된 채로 몇 달은 둘 수 있다.

3. 체에 면포를 대어 깨끗한 용기(그릇, 팬, 접시, 뭐든 상관없다)에 올린다. 김치 콩소메를 넣어 얼린 용기 위로 뜨거운 수돗물을 흘려 얼음덩어리가 용기에서 빠져나오게 한 뒤 체에 올린다. 그대로 냉장고에 넣어 면포로 만든 그물침대 위에서 녹인다.

4. 12~24시간 뒤면 투명하거나 연한 붉은색이 도는 김치 콩소메가 용기에, 두툼한 찌꺼기 덩어리가 면포에 모일 것이다. 용기 뚜껑을 덮어 냉장실에 넣으면, 적어도 일주일은 두고 쓸 수 있다.

재료
판 젤라틴 2장
뜨거운 물 1½컵
배추김치 ½컵(87쪽)
양조 식초 1큰술
설탕 1작은술
후추

❖ **XO 콩소메**

컨트리 햄(165쪽)을 내기 시작하면서 나오는 햄 자투리와 껍질을 써버리기 위해 XO 소스(176쪽)를 만들기 시작했다. 맛이 두드러져 많이 쓰지 않는지라, 냉장고에 쓰지 않은 XO 소스가 많이 남게 되었다. 예로부터 '냉장고에 XO 소스가 가득 차면 콩소메를 만들어라'라는 말이 있다. 옆의 콩소메 레시피를 참조해 김치를 XO 소스로 대체하고 물을 ¼컵 더하면 XO 콩소메를 만들 수 있다.

다시, 골파 기름, 파인애플을 얹은 해만 가리비 관자
BAY SCALLOPS DASHI, CHIVE OIL & PINEAPPLE

카나페 4쪽 분량

근사한 레스토랑에서 손님에게 처음 내는 음식인 아뮤즈 부시로 밝고 깔끔하며 입맛을 돋우는 요리가 필요했다. 근사한 레스토랑에서 손님을 맞는 음식이므로 오트 퀴진의 정확함과 신속함을 동시에 갖춰야만 했다. 따라서 주문 이후 손이 적게 가도록 최대한 준비를 해놓는 게 중요했다. 아뮤즈 부시는 카페 불뤼에서 셰프 앤드류 카멜리니와 일할 때 카나페 작업대에서 처음 맡은 일 가운데 하나였다.

카페 불뤼 시절, 아뮤즈는 대개 중국식 국숟가락에 담긴 한입거리였다. 카나페(역시 내 책임이었던)의 가능성은 무궁무진했다. 날생선이나 아란치니(arancini, 밥을 뭉쳐 빵가루를 입혀 튀긴 이탈리아식 크로켓-옮긴이), 특제 파테, 푸아그라 토숑 등 비싸고 멋있고 맛있는 음식을 한입 크기로 냈다.

좋은 생각도 없고 일도 제대로 못하고 있던 어느 오후, 셰프가 4시쯤 맛을 보기 위해 작업대에 들렀다. '매일 저녁의 첫 한 입'을 그대로 낼지, 맛을 손볼지 결정하는 순간이었다. 나는 그날따라 아무런 준비가 되어 있지 않았다. 셰프는 잠깐 사라지더니 150마리들이 테일러 만(灣) 가리비 한 봉지를 들고 와 도마 위에 떨궜다. 껍데기를 까고 관자를 발라내라는 지시였다. 1시간 반 뒤에 시작할 저녁의 '첫 한 입'을 준비해야 하는 것은 물론, 내 작업대에서 나갈 다른 요리의 준비 또한 마쳐야 할 시점이었다.

카페의 책임 푸주한이었으며 셀 수 없이 많은 도움을 주었던 그랑데의 도움을 받아 관자를 발라내기 시작했다. 껍데기에 담은 채로 몰든 천일염 약간, (직접 만들어야 할) 다시와 (그릴에서 훔쳐올) 골파 기름 몇 방울을 더해 내면 좋겠다는 생각이 들었다.

밑준비를 마치고 저녁을 내기 직전 생각대로 하나를 만들어보았다. 맛있었지만 뭔가 빠져 있었다. 머릿속에서 톱니바퀴가 열심히 돌아갔지만 아무것도 떠오르지 않은 채 시간만 흘렀다. 어쩌지? 점점이 뿌린 골파 기름에 뭔가 더하면 좋겠다고 생각했다. 날 관자의 단맛에 맞장구를 쳐주고 모두를 한데 어우러지게 만들어줄 무엇인가가 필요했다. 미림이면 그런 역할을 해줄 거라는 생각이 들었지만 주방에 없는 데다가 무색투명하니 색깔에 보탬이 될 수는 없었다.

그때 셰프가 진전이 잘되는지 확인 차 작업대에 들러서는 다시와 관자를 맛봤다. 그의 머릿속의 롤로텍스(Rolodex, 제퍼 아메리칸의 회전 인출식 인덱스 파일의 상품명. 링에 철한 카드가 회전해서 해당 부분을 자동적으로 검색할 수 있도록 되어 있다-옮긴이)가 잠깐 돌아가나 싶더니, 파인애플을 잘게 깍둑썰기 해서 더하면 완벽할 거라는 답을 주었다. 그래! 그가 제시한 대로 파인애플을 아주 잘게 정육면체로 썰어 관자 위에 드문드문 올렸다.

사실 그가 미쳤다고 생각했다. 나는 로이 야마구치(Roy Yamaguchi, 하와이에서 활동하는 일본계 셰프-옮긴이) 환상특급 같은 과한 맛이 날 거라 생각했기 때문이다. 하지만 그가 해법에 만족한 듯 보이는 데다가 내 짐을 덜어주었으므로 일단 파인애플을 깍둑썰기 했다. 그리고 맛을 보았는데, 놀라 자빠질 지경이었다. 파인애플이 부족한 단맛을 충분히 보충해주었기 때문이다. 시고 단 파인애플의 맛이 미림과도 크게 동떨어지지 않는다는 점에서 한 수 배운 것은 물론, 의욕 또한 북돋아주었다. 그래서 이후 많은 경우에 파인애플과 미림을 번갈아가며 쓴다. 정말 천재적인 생각이었다. 게다가 파인애플이 주연인 테일러 만 관자를 방해하지 않으면서도 질감의 방점을 적절히 찍어주었다.
이후 나는 이 관자 요리와 앤드류 카멜리니에게 얻은 배움의 기회를 항상 기준점으로 삼는다. 단 몇 초 만에 지식, 임기응변, 창의성 등 요리사로서 필요한 많은 걸 배웠다. 이를 다른 조리사를 평가하는 데 참고로 삼는 것은 물론 나 자신에게 동기를 불어넣을 때도 떠올린다. 나는 언젠가 어떻게든 이 요리를 다시 써먹게 되리라는 걸 알고 있었다. 무척 단순하지만 야물고, 맛 또한 깔끔하면서 개운했다. 정말 훌륭한 요리다.

만드는 법

1. 포도씨유와 골파를 블렌더에 함께 간다. 고운 체에 내려 밝은 녹색을 띤 골파 기름을 준비한다(건더기를 다 걸러낼 수 없을 경우 두 번 내린다).

2. 관자를 껍데기 4쪽이나 국숟가락에 나눠 담는다. 다시 1큰술, 부족하게 담은 파인애플 1큰술, 골파 기름 몇 방울과 소금 약간을 올린다. 바로 낸다.

재료

포도씨유나 식용유 ½컵
골파 1단
해만 가리비 8쪽(노트 참조)
전통 다시 ¼컵(53쪽, 상온에 두거나 차게 식힌 것)
깍둑썰기 한 파인애플 ¼컵(0.15cm 길이)
몰든 천일염

note

믿을 만한 어물전에서 언제라도 물건을 받을 수 있는 레스토랑조차도 껍데기를 까지 않은 해만 가리비 관자는 구하기 어렵다. 그렇기에 이미 깐 관자만 구할 수 있는 확률이 높아도 이 요리를 포기하지 않았으면 좋겠다. 대신 때깔이 빛날 정도로 싱싱한지 확인한 뒤 국숟가락에 담아낸다. 아니면 물 좋은 키조개 관자로 대체해 얇고 깔끔하게 저며 내면 된다.
한편 많은 사람에게 내는 경우라도 연회 규모가 아니라면 골파 기름은 이 레시피보다 더 많이 준비할 필요가 없다. 하지만 다른 재료는 사람 수에 맞춰, 모두에게 하나 이상 골고루 돌아갈 수 있도록 준비한다.

유자 마요네즈를 곁들인 메인 조나 게 집게발
MAINE JONAH CRAB CLAWS WITH YUZU MAYONNAISE

4인분

이 요리는 산드라 리(Sandra Lee, 미국 음식 채널 푸드 네트워크 TV프로그램의 요리사. 슈퍼마켓의 가공식품을 이용한 간편 조리 프로그램 'Semi-Homemade with Sandra Lee' 등으로 셰프들에게 조롱을 받기도 한다. 여기에서도 그러한 맥락에서 언급했다-옮긴이)의 솜씨만큼이나 단순해 민망할 지경이다.

그러나 반드시 조나 게 집게발을 써야만 한다. 플로리다의 돌게와 비슷하지만 메인 주의 차가운 바닷물에서 자라는 조나 게는, 동네 생선 가게에서는 찾기 어려울 것이다. 하지만 문제는 없다. 모모푸쿠나 조나 게를 내는 다른 식당처럼 메인 주에서 (반조리해서 깐 다음) 냉동해서 오는 상품을 받으면 된다. 해동해서 먹기만 하면 끝이다.

한편, 찬장의 붙박이 재료 몇 가지도 필요하다. 큐피 마요네즈와 황홀한 향을 지닌 레몬의 아시아계 사촌인 유자로 만든 양념 유자 코쇼가 그것이다. 유자는 일본 식품점이나 온라인에서 살 수 있는데, 마요네즈에 유자를 섞는 것은 수많은 시도에 비하면 빙산의 일각일 뿐이다. wd~50과 테일러에서 일했던 프랜 더비는 쌈의 주방에 합류해 튜브에 담아 파는 매운 모로코 양념 하리사를 마요네즈에 더했다. 유자를 더했을 때와는 요리의 맛이 완전히 다르지만 완벽한 조합이었다. 결국 이 이야기의 요점은 '게+맛을 더한 마요네즈=다양한 가능성'이다.

그리고 그게 전부다. 간단한 해동과 재료 섞기만으로 언제나 먹을 수 있는 해물 스낵을 만들 수 있다. 민망할 정도로 간단하다.

만드는 법

1. 납품 업체가 제시하는 요령에 따라 집게발을 해동한다.
2. 마요네즈, 유자 코쇼, 유자즙을 그릇에 담아 잘 섞는다. 집게발과 함께 낸다.

재료
얼린 조나 게 집게발 1.8kg
큐피 마요네즈 1컵
녹색 유자 코쇼 ¼작은술
병에 든 유자즙 1½작은술

홀스래디시-풋콩 퓌레와 후리카케를 얹은 방어 절임
CURED HAMACHI HORSERADISH-EDAMAME PURÉE & FURIKAKE

4인분

날생선에 홀스래디시와 풋콩을 섞어 갈아 와사비처럼 얹은 요리로, 미국에서 흔한 스시에서 영감을 얻었다. 누들 바를 할 때 손대기 시작했지만 쌈 바에서 완성했다. 홀스래디시는 톡 쏘는 얼얼함을, 풋콩은 녹색을 책임지며 함께 와사비 역할을 한다. 우리는 둘 다 좋은 재료로 제대로 만들어 요리의 주연으로 내세우고 싶었다. 고명으로는 후리카케를 얹었다. 후리카케는 바삭하고 짭짤하며 맛있는, 김이나 쌀 뻥튀기 알갱이가 든 밥 양념으로 일본 식품점에 살 수 있다.

만드는 법

1. 사천 통후추와 코리앤더 씨를 양념갈이에 담아 굵직하게 간다. 작은 그릇에 담아 설탕과 소금을 섞는다.

2. 방어 살에 1의 양념을 고루 묻힌 뒤 랩으로 잘 싸서 살짝 단단해질 때까지 2~3시간 동안 재운다(훨씬 전에 방어를 준비하는 경우라도 2~3시간이 지난 다음에는 양념을 아주 깨끗하게 씻어내고 다시 랩으로 싸서 보관한다. 씻어내지 않으면 방어 그라블락스(gravlax, 북유럽에서 주로 연어를 설탕, 소금, 허브의 일종인 딜에 며칠 동안 재웠다 먹는 요리-옮긴이)가 된다).

3. 풋콩 퓌레를 만든다. 끓는 소금물에 풋콩을 담가 30초 동안 데친 뒤 얼음물에 담근다. 장식으로 쓸 몇몇 알갱이를 빼고 나머지를 믹서에 넣는다.

4. 소금, 설탕, 간장, 홀스래디시에 물 ¼컵을 넣고 간다. 필요할 경우 물을 더 넣는다. 자리를 잡는 데 1~2분은 걸리므로, 잘 갈리지 않는다고 처음부터 물을 넣으면 안된다. 블렌더 용기를 꽉 잡고 돌려, 퓌레가 된 다음 최대한 부드러워지도록 고속으로 1분 정도 더 간다. 고운 체나 여과포 등에 거른다. 밀폐 용기에 담아 하루 정도 냉장 보관 할 수 있다. 더 두면 홀스래디시의 매운맛이 가실 것이다.

5. 요리의 마무리를 위해 칼을 간다. 그런 뒤 생선살에서 절임 양념을 닦아내고 0.5cm 두께로, 칼을 직각 또는 살짝 눕혀(15도 이하) 16등분해 썬다(너무 얇게 썰면 재우는 과정을 통해 얻은 식감의 이점을 잃고, 너무 두꺼우면 짠맛이 두드러질 것이다).

6. 접시 가운데를 살짝 빗겨 풋콩 퓌레를 1덩이 올린다(접시를 미리 차게 두면 좋다). 숟가락의 등으로 퓌레를 눌러 접시를 가로질러 길을 낸다. 재운 방어 4쪽을 퓌레의 길을 따라 올린다. 입맛에 따라 방어 살 위에 후리카케 1작은술을 더하고 그 주변에 남겨둔 풋콩, 콩싹을 흩뿌린다.

방어 재료
사천 통후추 수북하게 1작은술
코리앤더 씨 수북하게 1작은술
꽃소금 3큰술
설탕 2½큰술
껍질 벗긴 방어(255g) 1덩이

홀스래디시-풋콩 퓌레 재료
껍질 벗긴 풋콩 ½컵+2큰술
꽃소금 ⅛작은술
설탕 ½작은술
우수구치 1큰술
껍질을 벗겨 다진 홀스래디시 ½컵
물 ½컵
와카메 차즈케 후리카케 4작은술
콩싹 약간

컨트리 햄
country ham

쌈 바가 밤늦게까지 영업하던 시절에는 별걸 다 만들어 팔았다. 콘 독부터 진흙 냄비에 끓인 미소 닭찜 같은 음식도 만들었고, 디저트로는 냉동 모찌를 팔았으며 에푸아스 치즈도 덩어리째 들여다 저며 내기도 했다. 포장만 뜯으면 먹을 수 있는 것들도 식탁에 올렸는데, 가장 오래 버틴 음식이 미국식 컨트리 햄이었다.

컨트리 햄은 프렌치 컬리너리 인스티튜트의 기술 디렉터 데이브 아놀드 덕분에 낼 수 있었다.(아놀드는 내가 여태껏 만났던 이들 가운데 가장 똑똑하다. 언제나 동굴 탐험가의 헤드라이트와, 끊기지 않는 재료로 만든 밧줄을 가지고 다닌다. 음식을 만들고 먹는 것에 대해 세상 누구보다 많이 알고 있다. 또한 기차에서 같이 술 마시기에는 과분할 정도로 훌륭한 사람이기도 하다).

아놀드가 〈푸드 아트〉지에 썼던 관련 글을 읽었지만 그와 함께 어울리며 컨트리 햄을 맛보고 여러 가지 정보를 들은 뒤에야 손님에게 내겠노라고 결정했다. 전통을 보전하려는 사람에게 돈을 벌게 해주겠다고, 또 뉴욕에서 다른 누구보다 먼저 시도해야겠다고 마음먹은 것이다. 모모푸쿠에서는 유럽의 고급 햄처럼 미국 컨트리 햄을 날것으로 아주 얇게 저며 따뜻한 빵과 양념(처음에는 사과 버터였다가 이후 레드 아이 마요네즈로 바뀌었다)을 곁들여 낸다. 데이브의 글 약간과 앨런 벤튼의 햄 공장 방문기, 그리고 단계별 햄 가공 과정을 덧붙인다.

혹시 잘 와닿지 않는다면 컨트리 햄을 많이 먹어보길. 맛있고 편안한 음식이고 무엇보다 비싸지도 않다. 충분히 미국적이지 않은가?

컨트리 햄에 대한 데이브 아놀드의 글

사람들은 "미국 요리란 무엇인가?"라고 묻는다. 실마리는 "새로운 미국 요리"를 발견하는가에 있다. 오늘날 미국 요리는 국내에서 나는 재료를 가지고 유럽, 또는 종종 지중해식으로 요리한 것을 의미한다. 그러나 미국 요리에서도 기준 역할을 하는 것들이 몇 있는데, 컨트리 햄도 그 중 하나다. 컨트리 햄은 독특한 누군가를 따라 만든 음식이 아닌 순수한 미국제이며, 그러면서도 세계적인 수준에 올라 있다. 버번이 맛있다는 사실 말고도 중요한 이유는 무엇인가? 바로 이곳 미국에서, 전통적인 방식으로 빚어낸 독창적인 결과이기 때문이다. 미국 사람으로서 그렇게 귀히 여길 수 있는 것이 별로 많지 않다.

컨트리 햄은 그 맛이 우직하다. 독특한 여운을 지니고 있는데 아마도 높은 온도에서 숙성되기 때문일 것이다. 미국 햄을 먹고 난 다음 유럽 햄을 먹기는 쉽지 않다. 그것은 미국 햄의 높은 염도 때문인데 나는 이래서 미국 햄을 좋아한다. 더구나 프로슈토(prociutto, 이탈리아의 전통 햄. 돼지 다리를 소금에만 절여서 만든다—옮긴이)보다 훨씬 싸기까지 하다. 품질을 감안한다면 어처구니없는 일이다.

내 말을 못 믿겠다면, 백 년도 전에 쓴 에스코피에의 《요리 가이드 Guide Culinaire》를 읽어보라. 책에 세계적인 수준의 햄 리스트가 실려 있는데 버지니아의 컨트리 햄도 올라 있다. 바로 돼지에 땅콩을 먹여 키우던 시절의 스미스필드 햄이다(이제 땅콩을 먹여 기르는 돼지가 거의 없으므로 매력을 좀 잃은 것 같기도 하다). 미국 햄은 여전히 세계적으로 인정받고 있다. 미국인 스스로가 문화의 일부로 여기지 않는다 해도 말이다.

우리는 이러한 현상에 힘을 실어줄 필요가 있다. 꾸준히 미국 햄을 먹어야만 한다는 말이다. 하지만 조건이 있다. 제대로 먹어야 한다. 방법은 쉽다. 얇게 저며 그냥 먹거나 짜지 않은 양념을 약간 곁들이면 된다. 사람들은 컨트리 햄이 너무 짜다고 생각한다. 맞는 말이지만 그렇다고 지나치게 짜지는 않다. 대신 짠맛이 더 두드러지므로 두껍게 저미거나 조리하진 말아야 한다.(포장에 그렇게 조리하라고 쓰여 있다고 해도). 프로슈토를 쓸 상황에서 더 맛있고 우직한 대타를 찾는다면 컨트리 햄이 있다. 그리고 신이 햄에 곁들이도록 달걀을 내려주셨음도 잊지 말자.

모모푸쿠의 컨트리 햄
HOW WE SERVE COUNTRY HAM

컨트리 햄은 어떻게 먹어도 맛있지만 전통적으로는 얇게 저며 스킬렛에 노릇하게 지져 먹는다. 126쪽의 새우와 그리츠 레시피처럼 베이컨 대신 쓸 수도 있다.

그러나 쌈에서는 데이브를 따라, 프로슈토를 위한 미국의 대답이라고 여긴다. 그래서 얇게 저며 날로 먹으면 다른 어떤 것도 곁들일 필요 없이 훌륭하다. 모모푸쿠에서는 따뜻한 바게트 덩어리와 찍어 먹을 레드 아이 마요네즈를 곁들인다. 지방에 지방만큼 더 좋은 짝이 없기 때문이다.

레드 아이 마요네즈
약 1컵 분량

북부 사람이라면 아주 잘 알고 있을 레드 아이 그레이비는 컨트리 햄을 지지고 난 팬에 커피를 부어, 바닥에 눌어붙은 걸 긁어내 만든다. 주로 즉석커피를 써서 만들고, 전통적으로 그리츠 위에 부어 먹는다. 이 마요네즈는 레드 아이 그레이비의 모모푸쿠식 변주로 '커피맛 마요네즈'라고 부르지 않기 위해 붙인 이름이기도 하다. 모모푸쿠에서는 컨트리 햄에 곁들여 내지만 어떤 햄을 끼운 샌드위치에도 잘 어울린다.

만드는 법

달걀, 즉석커피, 물, 식초, 소금, 스리라차를 푸드 프로세서나 블렌더에 담는다(손으로 만들 경우 대접에 담는다). 기계를 돌리면서(혹은 거품기로 저어주면서) 식용유를 천천히, 끊임없이 가늘게 흘려 넣는다. 걸쭉하고 부드러워 보일 때까지 계속한다. 간을 본다(그럴 리 없지만 소금이 더 필요할 수도 있다). 냉장실에 일주일까지 두고 먹을 수 있다.

재료

달걀 1개(가능하다면 64쪽의 반숙 달걀을 쓴다)
즉석커피 1큰술
찬물 2큰술
셰리 식초 1½작은술
꽃소금 ½작은술
스리라차 소스 ½작은술
포도씨유나 식용유 1컵

앨런 벤튼의 이야기
on how allan benton became allan benton

　　모모푸쿠에서 쓸 베이컨을 주문하려고 처음 앨런 벤튼에게 전화를 걸었을 때, 나는 제품 정보를 달라고 요청했다. 보도자료 같은 걸 기대했는데, 그것 대신 고기를 싸는 종이 두루마리를 받았다. 앨런 자신이 손으로 직접 쓴 이야기로, 육가공 일을 시작한 계기며 베이컨 가공 방법 등이 담겨 있었다. 누들 바를 개업하고 미친 듯 정신없던 시기에 두루마리를 잃어버린 것이 두고두고 뼈 아픈 일일 테지만, 그래도 그 정신에 입각한 앨런의 이야기를 소개해보겠다. 그를 서서히 알아가는 과정—딱히 어렵지 않은 게 전화 주문을 받는 사람이 주로 앨런이었다—에서 훈제육을 향한 우리의 깊은 사랑과 세속적인 경배가 깊어졌다.

　　내가 이 일을 처음 시작한 사람은 아니에요. 여기 테네시 주 매디슨빌에서 앨버트 힉스라고, 소를 치던 사람이 있었어요. 1946년인가, 그에게 뉴욕에서 한 신사가 찾아왔습니다. 믿거나 말거나 앨버트 씨 처의 친척이었다더군요. 몇 주 머물다가 떠날 채비를 하면서, 햄이랑 베이컨이라도 사갈 수 있을까 물어봤대요. 앨버트는 그래 봐야 훈제실에 고기가 좀 있을 뿐이라고 대답했어요. 이 동네에서 자랐다면 흔한 일이니까요.

　　남자가 계속해서 물어보더니 결국에는 고기를 좀 사겠다고 했고 앨버트는 훈제실에 있는 햄 몇 짝이나 가져가라고 했죠. 그랬더니 남자 왈, 햄 백 짝을 뉴욕으로 가져가겠다고 했답니다.

　　앨버트가 감이나 잡았겠어요? 50마리나 되는 돼지를 잡을 생각을 해봤어야죠. 한참을 이야기한 끝에, 내년에 다시 오면 그동안 근처 목장에서 햄을 사다가 절여 준비해놓겠노라고 말했답니다. 그렇게 얘기가 되었던 거죠.

　　약속을 지키려고 힉스 씨는 뒷마당 오른쪽의 작은 창고에 햄을 절여 보관했고 이듬해 남자가 와서 정말로 가져갔다고 해요. 그때쯤엔 이미 힉스 씨가 뭘 하는지 소문이 쫙 퍼져서 여기저기서 사람들이 찾아왔지요. 그중에는 힉스 씨에게 고기를 납품하던 목축업자들도 있었지요. 몇몇은 햄을 살 수 있는지 물어봤고 또 어떤 사람들은 자기네 돼지 다리를 절여달라고 부탁했지요(그래서 아직도 잡은 돼지를 가져오면 우리 제품과 똑같이 절이고 훈제해줍니다). 앨버트는 햄 가공 사업

쌈 바 167

이 돈이 좀 되겠다고 생각하게 되었죠. 그래서 도살장에 가서는 이삼백 짝의 돼지 뒷다리를 사다가 그 조그만 창고에서 절이기 시작했어요. 1940년대 말에서 1973년까지 계속했지요.

1973년 이야기를 꺼내기 전에, 내가 버지니아에서 나고 자랐는데 대학 때문에 테네시로 넘어왔다는 이야기를 해야 되겠네요. 부모님이나 조부모님 모두 1950~60년대에 아주 외딴 곳에서 사셨어요. 친가, 외가 모두 스콧 카운티에서 2km 떨어진 동네 언저리에 정착했어요. 게이츠시티에서 40km 떨어져 가장 가까운 마을이지만 그냥 길 한가운데 넓은 들판에 지나지 않을 때였지요.

어릴 때는 몰랐지만 조부모님은 애팔래치아 산맥의 지독한 가난 속에서 사셨다고 합니다. 가난해서 가진 것도 없고 이웃들도 마찬가지였죠. 가난을 의식할 여지도 없었지요. 생가는 지은 지 175년이나 되었는데 이날 이때까지 페인트 한 번 칠한 적 없어요.

친가, 외가 모두 차나 트랙터 한 대 없이 말이나 노새로 농사를 지었죠. 먹을거리도 다 자급자족하고요. 소 키워서 젖을 짜 먹고 닭을 키워 달걀을 먹었죠. 버지니아 중에서도 진짜 산악지대에 살아서 고양이 이마빡만 한 땅에 옥수수며 다른 곡식을 키워야 했죠. 돼지는 비육을 한다고 산에 놓아서 먹였고요. 어릴 때라 얼마나 끝내주는 돼지고기였는지 감도 못 잡았습니다. 그저 맛있다는 거나 알았죠.

매년 추수감사절에는 돼지를 잡았어요. 그 주 목, 금, 대개 토요일까지 정형을 하고요. 친가, 외가 양쪽에서 각각 2~4마리를 잡았는데 한 마리당 250~300킬로는 족히 나가는 놈들이었어요. 어느 한 부위 버리는 데가 없었어요. 햄을 절여서 훈제하면 필요한 건 라드였지만 다른 부위도 허투루 버리지 않았어요. 가능한 한 오래 두고 먹을 수 있었죠.

내가 자란 환경이 이렇습니다. 자라서 테네시로 넘어오기 전까지 추수감사절에 칠면조를 먹어본 적이 없어요. 언제나 갓 잡은 돼지를 먹었으니까.

테네시 주립대를 1969년에 졸업했는데, 다니는 내내 캠퍼스에서 한 발짝도 떠나지 않았습니다. 졸업하고는 플로리다 주 케이프 커내버럴에 고등학교

지도 상담사로 취직했어요. 그 당시 진보적인 교육 체계를 갖춘 학교였죠. 다들 그 동네로 놀러오는 봄방학에 테네시 집에 왔다가 동네 학교 교장을 마주치게 되었어요. 근황을 얘기했더니 내가 맡았으면 하는 일이 있으니 당장 테네시 주로 돌아오라는 겁니다. 그래서 플로리다에서 돈도 곧잘 벌고 살 만하다고 그랬죠.

그랬더니 아니 아니 아니라고, 교육 관련 일을 하려면 적어도 대학원은 나오는 게 좋고 테네시 주립대학이 가까우니 돌아와서 일을 하면서 공부도 더 하라는 거예요. 내 나이 스물둘인데 이 양반이 나를 쓰려고 하는구나 싶어 기분이 좋아서는 돌아오기로 했죠. 그렇게 와서는 중부 테네시 대학에서 자격증을 따고 이 동네 학교에서 지도 상담사로 일했어요. 그러던 어느 날, 문득 내 학위나 하고 있는 일에 걸맞은 연봉을 엄밀히 따져보니 내가 완전히 어처구니없는 실수를 저질렀다는 걸 알았어요. 이렇게는 살 수 없다는 생각이 들었죠.

1973년에 일을 바로 그만뒀습니다. 선택의 여지가 없었죠. 주유소에서 기름을 넣든지, 먹고 살기 위해 뭐라도 할 생각이었어요. 뭘 해도 그보단 나았을 겁니다.

그해 힉스 씨가 햄 사업을 그만두었어요. 68세인데 햄 2만 5천 달러어치가 썩어서 이유도 파악 못한 채 내버려야만 했죠. 고등학교를 졸업할 때 조부모님이 연세가 많으셔서 더 이상 집에서 햄을 가공할 수 없었고, 그래서 햄을 사 먹었던 덕분에 힉스 씨와 그의 상황에 대해 잘 알고 있었어요.

내가 순진하고 필사적인 데다가 뭐라도 시도해보고 싶어서, 지도가 없으면 찾지도 못하는 언덕 꼭대기에 있는 힉스 씨네 집으로 차를 몰고 갔습니다. 건물을 임대해달라고 설득했어요. 햄을 만들어 먹는 집안에서 자랐으니 직접 만들 수 있지 않을까 싶어서였죠.

버지니아, 테네시, 켄터기, 앨러배마, 노스캐롤라이나까지, 남부 모든 대학에 편지를 보내 힉스 씨 햄에 왜 문제가 생겼는지, 또 나는 어떻게 하면 햄을 만들 수 있을지 물어봤어요. 그리고 연륜 있는 힉스 씨의 의견도 들었죠. 하지만 그는 내가 대학에 물어보는 걸 싫어했어요. "이봐, 그 먹물들 하는 얘기 들어봐야 장사 말아먹을 뿐이여." 그래도 동문인 테네시 주립대학 식품공학과 사람들 도움을 받게 되었죠(물론 힉스 씨는 내가 추진하는 일을 절대 안 믿어주고 그저 운이 끝내주게 좋았다고만 얘기하고 다니고요).

그렇게 애를 쓴 결과, 부패 문제를 해결했습니다. 그러고 나니 당시 사람들이 팔던 햄이나 베이컨보다 더 좋은 제품을 만들고 싶었습니다. 힉스 씨는 가능한 한 빨리 햄을 절여 내다 팔았어요. 서너 달 안에 만들어 팔 수 있겠다 싶으면 정말로 서너 달 만에 후딱 만들어 파는 식이었죠.

그게 그렇게 이상한 일도 아니었어요. 이 나라에서 만들어 파는 대부분의 컨트리 햄은 길어 봐야 백 일 안에 만드는 거니까요. 아버지께 대체 어떻게 그런 제품과 경쟁해야 할지 감이 안 잡힌다고 했어요. 특히 큰 업체에서는 너무 싸게 파니까요. 아버지가 그러셨죠. "야, 다른 사람 게임에 말리면 지기밖에 더하겠어? 질에 신경 써야지. 질 좋은 물건은 언제나 찾는 사람들이 있잖니. 진짜 훌륭한 제품을 만들면 살 사람은 있겠지."

그래서 질에 집중하기로 결정했어요. 일단 재우는 기간을 늘리고 해가 거듭하면서 차츰 더 늘려나갔죠. 햄 절이는 데 특별할 게 있는 것은 아닙니다. 설탕이랑 소금, 향신료를 햄 겉에 문지를 뿐이죠. 그러나 그거라도 제대로 이해해서 할 수 있는 사람을 구하는 데 거의 1년이 걸렸어요. 감을 잘 잡고 질의 향상에 초점을 맞출 수 있는 사람 말이에요. 아무래도 우리가 햄에 까다롭기는 한 모양입니다.

여태까지 쉽게 흘러오지 않았어요. 기껏해야 5, 6년 전부터 손익분기점을 넘었죠. 뒤척이며 잠 못 이루는 나날을 보내기 일쑤였어요. 뭘 해야 될지 생각했죠. 운이 좋아서 존 플리어나 데이먼 와이즈 같은 셰프들이 벤튼 햄에 관심을 가져주고 데이비드 장 같은 사람들에게 소개를 시켜줬어요. 감사할 일이에요. 그런 셰프들이 식당에서 써준 덕분에 우리도 햄을 계속해서 만들 수 있는 거니까요. 뉴욕처럼 먼 동네에 있는 사람들이 우리가 하는 일에 관심을 가져주는 건 언제나 신나는 일이죠.

우리가 항상 유념하는 건 사람들이 원하는 햄을 만들겠다는 거예요. 동네 슈퍼마켓에서 파는 것보다 나은 물건 말이에요. 그러면 언제나 수요가 있기 마련이죠. 지금 그렇게 한다고 자신할 수 있는 건 아니에요. 다만 그렇게 하기 위해 정직하게 노력한다고는 말할 수 있습니다.

| 재우기 |

돼지 뒷다리를 들여다가 절여서 쌓아둡니다. 일주일이나 아니면 여드레, 아흐레쯤 지나 꺼내 다시 절여서 쌓고요. 그렇게 해서 서늘한 창고에 약 두 달간 둡니다.

| 추가로 재우기 |

두 번째 재우기 단계로, 다리가 아래를 향하도록 그물에 담아 매답니다. 조직을 재구성해서 모양을 좋게 만들어주죠. 언제나 우선 맛을 추구하지만 모양을 좋게 만들 방법이 있다면 신경을 써야죠. 남들보다 좋은 햄을 내놓고 싶기 때문이에요. 30~60일을 그렇게 매달아둬요. 그러고는 그물에서 꺼내

이번에는 다리를 위로 가게 매달아 30~45일간 매달아둡니다. 그물이 없어야 더 잘 마르기 때문이에요. 그리고 그때쯤이면 그물이 없어도 될 정도로 형태가 잘 잡혀 있어요.

| 숙성 |

그다음에는 햄을 냉장실에서 꺼내 24℃에서 적어도 35일, 하지만 그보다 훨씬, 훨씬 더 오래 숙성시킵니다.

| 훈제 |

햄을 훈제실로 옮깁니다. 히코리와 사과나무의 뿌연 연기 속에서 사흘간 두죠. 30년 전 사촌으로부터 50달러를 주고 산 조그만 나무 난로로 연기를 지핍니다. 친척들이나 그들 형편을 알아서 하는 얘긴데, 비싼 물건일 리가 없어요. 아마 중고로 사서 쓰다가 나에게 팔았겠죠.

XO 소스
XO SAUCE

2컵 분량

손님에게 컨트리 햄 모둠을 내고 남은 자투리를 처리하려고 소스를 직접 만들기 시작했다. 초심자들을 위해 설명하자면, XO는 중국 소스다. 물기도 없고 부슬부슬해서 소스라고 하기에 좀 뭐한 감도 있다. 1980년대에 개발되었는데 고급스러운 느낌을 불어넣으려고 코냑에 붙이는 접두어 XO를 따왔다(모모푸쿠의 소스 전문가인 피터 서피코는 조리 막바지에 계피를 살짝 더하는 게 '전략'이라고 이야기했다).

XO 소스는 채소, 달걀, 밥, 힘겨운 저녁 서비스 후 여기저기 나뒹구는 절임 등 거의 모두에 잘 어울리는 데다가 상하지도 않는다. 한편 코를 찌르는 괴이한 냄새는 관자, 갑각류, 오징어 등 당 함유량이 높은 해물과 잘 어울린다. 어느 요리에나 몇 숟가락만 더하면 되므로 조리에 시간을 투자할 가치가 있다. 냉장고에 한 통만 만들어 모셔두면 바닥을 볼 일이 없을 것이다.

만드는 법

1. 말린 관자와 새우를 그릇에 한데 담아 약 1.2cm 정도 잠기도록 물을 붓는다. 뚜껑을 덮어 관자와 새우가 수분을 흡수하도록 밤새 상온에 둔다.

2. 마늘과 생강을 푸드 프로세서에 담고 '펄스'로 돌려 잘게 다져둔다. 관자와 새우를 건져 역시 푸드 프로세서로 잘게 다져 마늘, 생강과 섞는다. 햄이나 소시지 또한 푸드 프로세서로 간 뒤 따로 놓아둔다.

3. 지름 25~30cm짜리 팬에 기름을 둘러 중간-센 불에 올린다. 1분 뒤 햄을 넣고 종종 저어가며 3~4분 동안 익힌다. 고추를 넣고 역시 저어가며 2~3분 더 익힌다.

4. 불을 아주 약하게 줄이고 관자와 새우를 넣는다. 마늘, 생강 섞은 것을 넣는다. 아주 약한 불에 끓이면서 생강과 마늘이 팬에 달라붙지 않고 진한 갈색을 띨 때까지 종종 뒤적거려준다. 45분 정도 걸린다. 만들자마자 쓸 수도 있고 식혀서 밀폐 용기에 담으면 몇 달, 혹은 몇 년도 두고 쓸 수 있다. 다 쓰기 전에는 상할 일이 없을 것이다.

재료

말린 관자 ½컵(60g)
말린 새우 ¾컵(60g)
마늘 ½컵
생강 ½컵
다진 컨트리 햄 또는 그 자투리 1컵
포도씨유나 식용유
말린 홍고추 부스러뜨려 1큰술

❖ **XO 소스 청경채** 4인분

꼬마 청경채 4~5포기가 필요하다. '꼬마' 딱지를 붙이기 곤란할 정도로 큰 것은 반으로 가른다. 포도씨유나 기타 식용유 1~2큰술을 넓은 볶음팬에 둘러, 중간-센 불에 달군다. 1분 정도 뒤 팬이 충분히 달궈졌다면 청경채를 넣고, 물이나 육수 2~3큰술을 넣는다. 팬을 흔들면서 청경채를 저어가며 1분 동안 익힌 뒤 XO 소스 2~3큰술을 넣는다. 1분 뒤 간장 약간과 버터 작은 덩어리를 넣는다. 버터가 녹으면 청경채를 뒤적거려 소스와 잘 섞은 뒤 접시에 담는다. 이파리를 맛보고 필요에 따라 소스를 더한다. 바로 낸다.

❖ **XO 소스 완두콩** 4인분

펄펄 끓는 물에 소금을 넣고, 완두콩 450g을 1분간 데친다. 얼음물에 담근 뒤 건져, 깍지 한가운데의 끈을 당겨 반으로 가른다(이렇게 하면 소스를 잘 머금는다). 포도씨유나 기타 식용유 1~2큰술을 넓은 팬에 둘러 중간-센 불에 올린다. 팬이 달궈지면 완두콩을 넣는다. 바로 소스를 넣고 1분 동안 잘 저어가며 소스에 잘 버무린다. 접시에 담는다. 맛을 보고 필요하면 XO 소스를 더한다. 바로 낸다.

❖ **XO 소스와 갓끈 동부콩**(또는 깍지콩이나 까치콩 등) 4인분

펄펄 끓는 물에 소금을 넣고, 콩을 1분간 데친다. 얼음물에 담근 뒤 건진다. 길이가 긴 경우 먹기 좋게, 7.5~10cm 길이로 썬다. 깍지콩류는 이음매를 따라 반으로 가른다. 갓끈 동부콩의 경우 다른 콩보다 억세므로 위의 청경채 레시피를 참고해 볶는다. 나머지는 위의 완두콩 레시피를 참고해서 조리한다. 좀 더 공을 들이고 싶다면 고명으로 삶은 달걀을 갈아 올린다.

조린 피스타치오, 선초크 절임, 래디시를 넣은 구운 버섯 샐러드
ROASTED MUSHROOM SALAD BRAISED PISTACHIOS, PICKLED SUNCHOKES & RADISHES

8인분

퀴노는 그런 현상을 '사탕 가게의 뚱땡이 증후군'이라고 일컫곤 했다. 나도 인정한다. 사탕 가게에 간 뚱땡이처럼, 우리는 식재료를 사러 가면 주체할 수 없이 카트에 담는다(배가 고프지 않은데도 고속도로 휴게소에서 살이 찔 정도로 많은 육포와 아이스크림을 사듯이). 언젠가는 누군가가 말릴 때까지 웨스트 빌리지의 머레이 치즈(Murray's Cheese)에서 진짜 비싼 수제 버터를 사들인 적도 있다. 결국 그걸 처리하느라 버터가 마치 치즈인 양 비싸게 내놓거나, 아예 실수를 인정하고 공짜로 줘버리곤 했다(쌈 바의 8달러짜리 '버터와 빵'의 기원이기도 하다).

이 레시피는 이스트 빌리지의 식품 전문점인 SOS 셰프스에서 겪었던 뚱땡이 증후군의 산물이다. SOS는 주로 업체를 상대로 버섯을 파는데, 냉장이 되는 방 한가득 노란 살구버섯, 희끄무레한 자기색의 포르치니, 시뻘건 가재버섯 등 모든 버섯을 갖춰놓고 있다.

원래는 검은 송로버섯을 살까 하고 들른 길이었다. 돈을 쓰는 데 개의치 않는 나에게도 송로버섯은 너무 비싸서 쌈 바에서 쓸 수 없었다. 대신 나의 검소함을 스스로 치하하고자 송로버섯 한 바구니를 살 수 있는 돈으로 다른 여러 재료를 샀다. 아름다운 터키 피스타치오며 완벽한 너도밤나무 버섯, 목이버섯, 천일염, 피스타치오유 등이다. 정말 사탕 가게의 뚱땡이 같았다. 이제, 어떻게든 이 재료로 요리를 만들어내야 했다.

그 결과, 오랫동안 먹었던 음식들이 한데 섞여 잡탕 같은 요리가 탄생했다. 바로 미셸 브라의 '가르구유(gargouillou)'를 적절히 참고해, 몇몇 제철 재료의 특성을 살려 따로 조리한 후 한데 낸 것이다. 내 다섯 손가락 안에 드는 요리이기도 하다. 조린 피스타치오는 그랜트 아케츠의 알리니아(Alinea)에서 먹은 요리에서 착안했다. 조리한 견과류와 액젓을 더한 것은 티엔 호의 아이디어로, 사과와 베이컨 샐러드(184쪽)를 만든 초기에 구운 땅콩과 액젓, 고춧가루를 넣었던 데서 착안했다.

만드는 법

1. 반달썰기 한 래디시와 설탕, 소금 1작은술을 작은 그릇에 한데 담아 버무려 둔다.

2. 다시와 미림을 중간 크기 소스팬에 담아 끓이고 껍데기를 벗겨 구운 피스타치오를 넣는다. 1분 동안 끓이고 불을 아주 약하게 줄인다. 피스타치오가 아주 부드러워질 때까지 약 1시간 동안 뭉근히 끓인다.

3. 조린 피스타치오를 건지고, 남은 다시는 버린다. 나중에 요리를 완성하기 위해 피스타치오를 ⅓컵 덜어두고, 나머지는 믹서로 옮긴다. 물을 넣어 부드러우면서도 걸쭉하게, 땅콩버터처럼 간다.

재료

빨간 래디시 8개
설탕 1큰술
꽃소금
전통 다시(53쪽) 또는 즉석 다시 4컵
미림 ¼컵
피스타치오 1컵
물 ½컵
포도씨유나 식용유 약 ¼컵
목이버섯 230g
후추

4. 포도씨유 1큰술을 넓은 스킬렛(지름 30~35cm짜리)에 둘러 중간 불에 올린다. 기름이 달궈지면 팬이 가득 차지 않도록 0.5cm 두께로 썬 목이버섯을 나눠 익힌다. 소금과 후추 약간으로 간한 뒤 뒤적이지 않고 2분 동안 버섯을 지진다. 뒤집어서 반대쪽도 2~3분 더 지진다. 팬에서 내리고 다른 버섯도 마찬가지 방법으로 지진다. 필요하면 기름을 더 넣는다.

5. 버섯이 다 익으면 다시 팬에 한데 담아 으깬 마늘과 버터를 넣는다. 버터가 녹기 시작하면 식초를 넣고 센 불로 올려, 국물이 거의 남지 않을 때까지 종종 저어가며 익힌다. 불에서 내리고 마늘은 버린다.

6. 3의 피스타치오 퓌레를 1큰술 수북하게 담아 접시 가운데에 올려 숟가락으로 문질러 바르고 그 위에 익힌 버섯을 올린다. 래디시와 0.5cm 두께로 썬 선초크 절임, 덜어둔 피스타치오, 뿌리를 다듬은 팽이버섯을 군데군데 놓고 미즈나(水菜, 겨자과의 잎채소-옮긴이) 약간, 몰든 천일염을 넉넉하게 올린다. 바로 낸다.

마늘 2쪽
무염 버터 2큰술
셰리 식초 3큰술
선초크 절임 1컵(82쪽)
팽이버섯 1봉지(100g)
미즈나 같은 새싹 채소 몇 줌
몰든, 또는 고급 천일염

액젓 비네그레트로 드레싱한 튀긴 콜리플라워
FRIED (OR ROASTED) CAULIFLOWER WITH FISH SAUCE VINAIGRETTE

4인분

쌈 바에서 가장 인기 있는 요리 가운데 하나다. 심야 영업을 하던 시절부터 제철인 콜리플라워나 브뤼셀 스프라우트를 써먹기 위한 방편으로 줄곧 내놓았다.

딱히 요리에 얽힌 이야기 같은 건 없다. 튀김기와 제철 채소가 있었고 티엔의 액젓 비네그레트가 있었으며, 그가 그레이 쿤츠와 일하던 시절 알게 된 분디(boondi, 튀긴 병아리콩 과자)를 써먹을 방법을 찾고 있었다. 그렇게 재료를 조합해 만든 요리인데, 결과는 기가 막혔다. 때로 이렇게 쉽게 갈 때도 있다. 이후 분디를 쌀 뻥튀기(라이스 크리스피)로 대체하고 시치미 토가라시로 양념했다.

만드는 법

1. 비네그레트와 고수 줄기, 박하 잎을 대접에 담아둔다.

2. 콜리플라워를 튀긴다. 넓은 스킬렛에 기름을 4cm 높이로 담아 중간 불에 올려, 튀김용 또는 조리용 온도계가 190℃를 가리킬 때까지 데운다. 팬을 가득 채우지 않도록 콜리플라워를 나눠 전체가 고르게 노릇하고 군데군데 반점이 생길 때까지 약 4~5분 동안 튀긴다. 종이 행주에 올려 기름을 뺀다.
콜리플라워를 구울 경우, 오븐을 205℃로 예열한다. 커다란 대접에 콜리플라워를 담아, 기름을 2~3큰술부터 시작해 골고루 입힐 만큼 뿌려 잘 버무린다. 테두리가 있는 제빵팬 하나에 콜리플라워를 나눠 담아 오븐에 넣는다(잘 구워지기를 원한다면 두 장의 팬에 나눠 담는 것도 좋다. 콜리플라워 사이사이의 공간이 좁으면 찌는 것이나 다름없기 때문이다). 20~25분 뒤, 점점이 갈색을 띠고 부드러워질 것이다.

3. 고수 잎을 튀긴다. 콜리플라워를 튀겼다면 그 기름에 그대로 튀긴다. 물기가 없는 잎을 한 줌씩 190℃ 기름에 넣고, 구멍 뚫린 납작한 국자나 뜰채로 휘저어준다. 바삭해지도록 5~10초쯤 튀기고 종이 행주에 올려 기름을 뺀다. 콜리플라워를 구울 경우 작은 소테 팬이나 스킬렛에 기름 1컵(팬의 1.2cm 정도 깊이)을 담아 튀김용 또는 조리용 온도계가 190℃를 가리킬 때까지 데운다.

4. 포도씨유 ½작은술과 시치미 토가라시 ½작은술을 버무린 쌀 뻥튀기를 굽는다. 작은 스킬렛을 중간 불에 1분 정도 뜨거워질 때까지 달군 뒤 쌀 뻥튀기를 넣는다. 좋은 냄새가 나고 올리기 전보다 살짝 더 진한 색이 돌때까지 가끔 저어주면서 2~3분 동안 튀긴다.

재료

액젓 비네그레트(197쪽)
아주 가늘게 썬 고수 줄기 2큰술
고수 잎 ½컵
가늘게 썬 박하 잎 3큰술
포도씨유나 식용유(튀기려면 많이, 구우려면 그보다 훨씬 조금 필요하다)
콜리플라워 꽃 부분 4컵
쌀 뻥튀기 ½컵에 포도씨유 ½작은술
시치미 토가라시 ½작은술

5. 콜리플라워를 그릇 4개에 나누어 담고(큰 그릇에 한꺼번에 담아 내도 된다) 드레싱을 끼얹어 한두 번 버무린다. 튀긴 고수 잎과 쌀 뻥튀기를 흩뿌려 낸다.

❖ **액젓 비네그레트로 드레싱한 튀긴(또는 구운) 브뤼셀 스프라우트**
이 레시피는 브뤼셀 스프라우트에도 잘 어울린다. 조리법도 거의 똑같다. 4인이라면 약 900g의 브뤼셀 스프라우트가 필요하다. 이 레시피에는 작은 놈들이 큰 놈들보다 좋으니, 골라 살 수 있는 시장에 가면 작은 놈들만 집어온다. 덜렁거리거나 색이 변한 바깥 잎들을 떼어내고 반으로 가른다. 튀기는 경우 콜리플라워 레시피를 참조하면 된다. 바깥쪽 잎의 가장자리가 까맣게 색이 들락말락할 정도까지 브뤼셀 스프라우트가 지글지글 소리를 내며 익고, 부피가 줄고, 터지고, 노릇해져서 타기 직전, 약 5분 동안 튀기면 된다. 한편 구울 경우, 포도씨유나 식용유 2큰술을 오븐에서 사용 가능한 넓은 스킬렛(지름 30~35cm)이나 3ℓ들이 볶음팬에 둘러 중간 불에 올린다. 온도가 올라 기름이 물결치는 것처럼 보이면 썬 면을 아래로 하여 브뤼셀 스프라우트를 넣는다. 팬의 바닥에 닿은 면이 갈색빛으로 돌면 팬을 오븐으로 옮겨 약 15분 더 익힌다. 연하지만 너무 부드럽지 않다면 다 익은 것이다. 기름을 빼고 콜리플라워 레시피처럼 준비한다.

김치, 훈제 볼살, 단풍 라브네를 넣은 후지 사과 샐러드
FUJI APPLE SALAD KIMCHI, SMOKED JOWL & MAPLE LABNE

4인분

겨울이면 뉴욕 시장에는 사과, 양배추, 감자, 그리고 또 사과 말고는 정말 아무것도 없다. 그래서 재료 선택의 여지도 없이 요리를 해야만 한다. 또한 디저트는 최대한 단순하게 내고 싶어 일반 메뉴와 합치려는 시도를 해봤다.

새콤달콤하면서도 아삭한 후지 사과를 좋아해서 사과 김치를 담가보았다. 짠 김치 양념 때문에 담근 지 하루이틀 만에 너무 물러졌다. 그래서 완벽하게 어울리는 맛은 지키되 아삭함은 잃지 않기 위해 김치 퓌레에 버무렸다. 얼핏 듣기에는 상상이 안 가는 맛의 조합 같지만 김치의 매콤함과 특유의 냄새가 사과의 단맛을 도드라지게 해준다.

한편 돼지고기를 곁들여야만 했는데, 이미 미주리 주 캘리포니아의 버거스 스모크하우스(Burger's Smokehouse)에서 만드는 훈제 시골 볼살이 잘 어울릴 거라는 사실을 알고 있었다. 온라인 베이컨 쇼핑몰 그레이트풀 팔레트(Grateful Palate)의 운영자 댄 필립스가 지구상에 존재하는 모든 베이컨(마지막으로 세어보았을 때 43가지였을 것이다)을 시식용으로 보내주었다. 앨런 벤튼의 베이컨도 훌륭했지만 버거스의 훈제 볼살은 단맛과 훈연향, 거기에 탱탱함이 뱃살로 만든 베이컨과는 조금 달라 신인왕 급이었다(물론 볼살로 만들었다는 사실도 무시할 수 없을 것이다).

모든 재료를 한데 엮어줄 요소가 필요하던 참에 단풍시럽 라브네가 제격이라는 걸 발견했다. 라브네(중동 요거트)는 김치의 매운맛을 중화시켜주고(인도 음식에서 요거트의 역할과 비슷하다) 요리 전체의 균형을 잡아줌과 동시에 훈제 볼살의 맛을 돋워준다. 베이컨과 단풍시럽이 원래 찰떡궁합이기 때문이다.

만드는 법

1. 껍질 벗긴 사과를 쐐기 모양으로 자르거나 아주 크게 깍둑썰기 한다. 사과의 크기에 따라 자르는 방법을 달리한다. 크게 한 입, 작게 두 입 거리로 자르면 된다. 너무 얇거나 작게 썰면 양념에 절어 아삭함을 잃고, 반면 너무 크게 썰면 김치의 맛이 잘 배지 않아 제맛이 나지 않는다. 배추김치를 퓌레로 만들어 자른 사과와 버무린다. 손님에게 내기 직전, 또는 6시간 전부터 버무려놓아도 좋다. 이보다 일찍 버무릴 경우 사과가 김치에 절어버린다.

2. 라브네와 단풍시럽을 작은 그릇에 담아 매끈하고 균일해질 때까지 거품기로 섞어준다. 단풍시럽의 단맛이 두드러지는 한편 라브네의 신맛 또한 분명히 느낄 수 있어야 한다. 입맛에 따라 단풍시럽을 가감하는데, 단맛을 너무 줄이지 않는다. 미리 만들어서 냉장실에 넣어두면 그래놀라에 섞어 먹거나 토스트에 두껍게 발라 먹을 수 있다.

3. 오븐을 165℃로 예열한다.

재료

후지 사과 4개
배추김치 ½컵(87쪽)
라브네 ½컵
단풍시럽 ¼컵
버거스 스모크하우스의 훈제 볼살 또는 두껍게 저민 훈제 베이컨 450g
아루굴라 성글게 담아 1컵(사진에는 이파리 3장 정도밖에 안 보이는데, 그건 그냥 보기 좋게 연출한 거다)
올리브유 2큰술
꽃소금
후추

4. 저민 볼살 베이컨을 테두리가 있는 제빵팬에 올려 오븐에 넣는다. 갈색이 돌고 바삭해질 때까지 약 18분 동안 굽는다. 종이 행주를 깐 접시에 베이컨을 올려 기름기를 걷어낸다. 미지근한 정도면 되지만, 그렇다고 차갑거나 기름기가 굳으면 안 된다. 모든 재료를 먼저 준비할 경우, 베이컨은 몇 시간 전에 살짝 익힌 뒤 90~150℃ 오븐에 넣어 바삭하게 마저 굽는다.

5. 내기 직전에 아루굴라와 올리브유, 소금 넉넉히, 후추 약간을 더해 버무린다.

6. 단풍 라브네를 접시 가운데에 1~2큰술 정도 담은 다음 그 위에 김치에 버무린 사과를 ¼개 분량 올린다. 베이컨 3~4쪽과 5의 버무린 아루굴라 한 줌을 그 위에 얹는다. 후추로 마무리하고 바로 낸다.

쌈 바 185

보 쌈
BO SSÄM

6~8인분

보쌈이 메뉴에 오르기까지 오랜 시간이 걸렸다. 하지만 내놓으면 잘 팔릴 것이라는 생각은 진작부터 해왔다. 한국 식당에서 보쌈은 흔하디흔한 요리지만 재료나 조리법에는 그다지 신경을 쓰지 않는다. 굴은 양동이 단위로 파는 멕시코 만산으로 튀김에나 적합한 수준인 데다가 삼겹살은 죽어라 삶아댄 것이었다. 그래서 식당에서 보쌈을 사 먹을 때마다 이보다 좋은 재료로 만들면 맛이 얼마나 더 좋아질까 생각하곤 했다.

처음 보쌈을 만든 것은 누들 바에서 막 김치 퓌레를 굴에 올려 내던 시절이었다. 새로 뽑은 요리사가 굴을 완전히 망쳐놓은 덕에 수십 개를 제대로 까게 시켜 그걸 쌈에 싸 먹었다. 밥과 김치 그리고 돼지 목살을 상추에 싸먹는 방식이었다(보쌈에 나가는 목살은 기본적으로 누들 바에서 라멘에 넣는 목살과 같지만 바삭한 껍질에 맛을 더하기 위해 마지막에 설탕을 조금 더 넣는다. 돼지 사탕을 입힌 목살인 셈이다). 그 좁아터지고 어두운 누들 바의 지하 주방에서, 나는 생애 최고의 보쌈을 먹었다.

한 발은 전통에 디디고 다른 발로는 앞으로 나아간다는 측면에서 그날의 보쌈은 우리가 전통 요리에 접근하는 일반론을 따른 것이었다. 이런 모모푸쿠의 접근 방식을 완벽하게 대변해주는 에머슨의 구절을 인용하고자 한다. "유순한 젊은 이들은 도서관에서 키케로, 로크, 베이컨의 시각을 수용하는 것이 의무라고 여기며 성장한다. 정작 키케로, 로크, 베이컨 그들 자신이 책을 쓰는 동안에는 그들이 도서관에 있던 유일한 젊은이들이었다는 걸 잊고서."

만드는 법

1. 넉넉한 구이팬에 돼지 목살을 담는다. 설탕과 소금 1컵을 잘 섞어 목살에 문질러 바른다. 남은 건 버린다. 팬을 랩으로 씌워 냉장실에서 6시간에서 하룻밤 동안 둔다.

2. 오븐을 150℃로 예열한다. 목살을 꺼내 바닥에 고인 육즙을 버린다. 오븐에 넣어 6시간 동안 조리하는데, 1시간마다 녹아 나온 지방과 육즙을 고기에 발라 준다. 고기는 만지는 데 어려움이 없을 정도로 부드럽게 익힌다. 칼을 대면 저항이 없으며 포크로 살을 발라낼 수 있을 정도여야 한다. 상황에 따라 바로 낼 수도 있고 상온에서 1시간 두었다가 다음 단계로 넘어갈 수도 있다.

3. 소스를 만들고, 굴을 깔 준비가 되고, 양상추를 씻는 등 나머지 재료의 준비가 끝나면 오븐을 250℃로 예열한다.

4. 남은 소금 1큰술과 흑설탕을 섞어 고기에 골고루 문지른다. 설탕이 녹아 바삭하고 달콤한 껍데기가 될 때까지 오븐에 넣어 10~15분 더 익힌다.

5. 고기가 뜨거울 때 다른 재료와 함께 낸다.

보쌈 재료
뼈가 붙은 돼지 목살(3.6~4.5kg) 1덩어리
설탕 1컵
꽃소금 1컵+1큰술
흑설탕 7큰술

곁들이 재료
깐 굴 12마리(까는 법은 149쪽 참조)
배추김치(87쪽) 1컵+퓌레 1컵
생강 쪽파 소스 1컵(69쪽)
쌈 소스(다음 쪽)
밥 2컵(301쪽)
비브 양상추 3~4포기
몰든 또는 기타 고급 천일염

쌈 바

쌈 소스
1컵 분량

한국 슈퍼마켓에서 파는 쌈장은 전통적으로 구운 고기에 곁들여 먹는데, 마치 된장과 고추장이라는 두 가지 장의 사생아 같다.
어쨌든 남들 다 하는 것처럼 쌈장에 기름이나 물을 섞어 희석하는 대신, 고추장과 식초를 더 넣어 소스의 산도를 높였다.

재료
쌈장 1큰술
고추장 ½큰술
셰리 식초 ¼컵
포도씨유나 식용유 ¼컵

만드는 법
모든 재료를 한데 담아 잘 섞는다. 냉장실에 두고 몇 주 동안 쓸 수 있다.

빨간 김치 퓌레와 생강 쪽파 소스를 곁들인 갈비 양념 행어 스테이크 쌈
MARINATED HANGER STEAK SSÄM RED KIMCHI PURÉE & GINGER SCALLION

4~6인분

싸구려 스테이크(슈퍼마켓에서 안 팔려 할인에 들어간 쓰레기를 말하는 게 아니라, 비싸고 인기 많은 소의 갈비나 안심이 아닌 부위를 말한다) 가운데서는 행어 스테이크(Hanger Steak, 소의 횡경막에 매달려 있는 부위-옮긴이)가 최고다. 쇠고기 쌈을 메뉴에 올려볼까 생각했을 때 행어가 최고의 부위라는 걸 알고 있었다.

하지만 행어 스테이크는 소 한 마리에 고작 한 덩어리 나오고 정육점이나 일반 슈퍼마켓에서는 쉽게 구할 수 없다는 점이 걸림돌이었다. 하지만 니만 랜치에서는 아주 쉽게 살 수 있다는 걸 알게 되었다(316쪽 식재료 구입처 참조). 인터넷 쇼핑이 내키지 않거나 돈을 더 쓰고 싶거나 경제 사정을 별로 생각하고 싶지 않다면 뉴욕 스트립(채끝살-옮긴이)으로 대체할 수도 있다. 양념은 어머니가 갈비를 만드실 때 쓰는 것처럼 모츠(Mott's)의 사과주스를 넣는다.

만드는 법

1. 재움 양념을 만든다. 사과주스, 우수구치, 얇게 썬 양파와 마늘, 참기름, 후추를 커다란 냉동실용 비닐 주머니(또는 스테이크와 양념을 넉넉하게 담을 수 있는 크기의 밀폐 용기)에 담아 한데 섞는다. 스테이크를 넣고 새지 않게 봉지나 용기를 밀봉한 다음 냉장고에 24시간 동안 재운다.

2. 그릴에 불을 뜨겁게 지핀다.

3. 스테이크를 양념에서 건진다. 미디엄-레어를 위해 6~10분 동안 익히는데, 평평한 두 면부터 그을린다. 한 면당 약 2분이 걸린다. 이후에는 주의를 기울여 익은 정도를 파악한다. 불의 세기에 따라 6~8분 안에 익을 것이다. 다 익으면 스테이크를 접시에 담아 5분 동안 둔다. 더 뒀다 먹어도 큰 문제는 없다.

4. 소스가 준비되고 상추를 씻어두는 등 나머지 재료의 준비가 끝나면 스테이크를 0.5cm 두께로 썬다. 이때 칼을 도마에서 15~30도 각도로 눕혀 어슷썰기 한다. 다른 재료와 함께 낸다.

행어 스테이크 재료
사과주스 2컵
우수구치 ½컵
양파 ½개
마늘 5~6쪽
참기름 1작은술
후추 1작은술
행어 스테이크(230g) 4덩이

곁들이 재료
배추김치 퓌레 1컵(87쪽)
생강 쪽파 소스 1컵(69쪽)
밥 2컵(301쪽)
양상추 또는 상추 2~3포기
몰든, 또는 고급 천일염

❖ '싸구려 수비드(ghetto sous vide)'로 조리한 갈비 양념 행어 스테이크 쌈

이 요리를 계기로 삼아 수비드를 엉성하게나마 시작했다. 이제는 대놓고 열심히 하고 있으며, 인증도 받았다(불에 조리하는 것보다 훨씬 더 낮은 온도에서 조리하므로 수비드의 식품 위생 및 안전이 문제가 되는 경우가 있다. 뉴욕시 당국에서는 몇 해 전 표준 사용 규제를 도입했다 – 옮긴이). 부리토를 내던 시절의 쌈 바에서 행어 스테이크는 몇 안 되는 인기 요리 가운데 하나였다. 하지만 부리토 바에서 기다리는 손님에게 10분 남짓은 너무 긴 시간이었다.

그때는 수비드에 필요한 모든 장비를 가지고 있지 않았지만(자세한 정보는 295쪽 참조), 수비드가 속하는 범주인 저온 조리가 시간을 많이 줄여줄 거라고 생각했다.

어떻게? 저온 조리의 핵심은 스테이크를 비롯한 다른 어떤 재료든 정확한 온도로 익히는 것이다. 재료에 맞는 적정 온도가 있다면 그 온도에서 아주 긴 시간 동안 재료를 조리해 내부 온도를 올린다. 그럼 짠 하고 마법처럼 조리할 수 있다. 계속 불 앞에 서서 재료를 찌르고 만져보면서 덜 익거나 아예 익지 않거나 더 익을까 봐 걱정할 필요가 없다. 아주 이성적이고 논리적인 조리 방법이지만 그렇기 때문에 많은 요리사들이 엉터리라고 생각한다.

낮은 조리 온도에 대해 다시 알아보자. 행어 스테이크는 레어로 익혔을 때 가장 맛있다. 내부 온도가 48~51℃에 이르면 날것처럼 무르지 않으면서도 너무 익어 질기거나 씹기 힘들지도 않다. 저온 조리를 하면 스테이크 전체를 속속들이, 원하는 온도로 익힐 수 있다. 짐작을 할 필요가 없는 것이다. 48℃로 맞추면 스테이크 전체가 완벽하게 레어로 익는다. 그렇게 고기의 질감을 잡는 것이다. 한편 겉을 그을려야 스테이크의 맛을 불어넣을 수 있으므로 잠깐 그릴에 올려 마무리한다. 겉을 얇게 그을리면(양념의 당이 스테이크를 더 빨리 그을리도록 돕는다) 선홍색으로 속이 완벽하게 익은 스테이크를 픽업(주방에 소리 질러 주문을 알리고 나서부터 음식이 손님에게 나가는 시간)하는 시간을 최소한으로 줄여 내보낼 수 있다.

저온 조리는 준비에 시간이 더 많이 걸리지만 큰 실수로 망치지 않는 한 음식을 언제나 완벽하게 익힐 수 있다. 식당 주방에서 쌍수를 들고 반길 일이며, 스테이크의 익은 정도 때문에 혹은 친구를 불러놓고 너무 오래 기다리게 할까 봐 스트레스를 받는 경우라면 가정에서도 써먹을 수 있다.

다만 우리가 '싸구려 수비드'라고 부르는 조리 방법을 집에서 시도하는 데는 염려가 좀 따른다. 거의 그럴 일 없지만 비닐봉지의 화학물질이 스며 나오는 등의 문제가 생길 수 있기 때문이다. 하지만 모모푸쿠에서 조리할 때는 문제가 된 적이 없고 이 책을 위해 실험할 때도 거부반응을 보인 사람은 없었다. 게으르고 허술하며 비위생적이고 부주의한 사람이라면 시도해볼 가치가 없다. 한편 도시에 나가 버스를 탈 때마다 미식축구 헬멧을 쓰고, 그저 재미로 고소를 밥 먹듯 하거나 아이가 있는 사람에게는 싸구려 수비드는 또한 적절치 않다.

관심 있을 나머지 사람들을 위해 레시피를 공개한다.

스테이크를 한 쪽씩 따로 양념에 재운다. 고급 집록(또는 다른 흡사한 상표 제품) 냉동용 비닐봉지에 비율대로 양념을 담아(싸구려 비닐봉지는 싸구려 비닐로 만들었으니 쓰지 마라) 봉지 위를 눌러가며 봉해 공기를 최대한 빼낸다(티엔은 빨대로 공기를 빼내는데, 봉지를 물에 넣고 누르면서 봉하면 효과가 가장 좋다는 걸 알아냈다). 냉장실에 넣어 24시간 동안 재운다.

다음 날, 1시간 동안 다른 데 쓸 일이 없는 큰 냄비를 개수대에 넣는다. 뜨거운 수돗물을 넘치도록 채우면서 디지털 조리용 온도계로 온도를 잰다. 나오는 물과 냄비에 담기는 물 모두를 여러 지점 또는 깊이에서 잰다. 냄비에 담긴 물의 온도

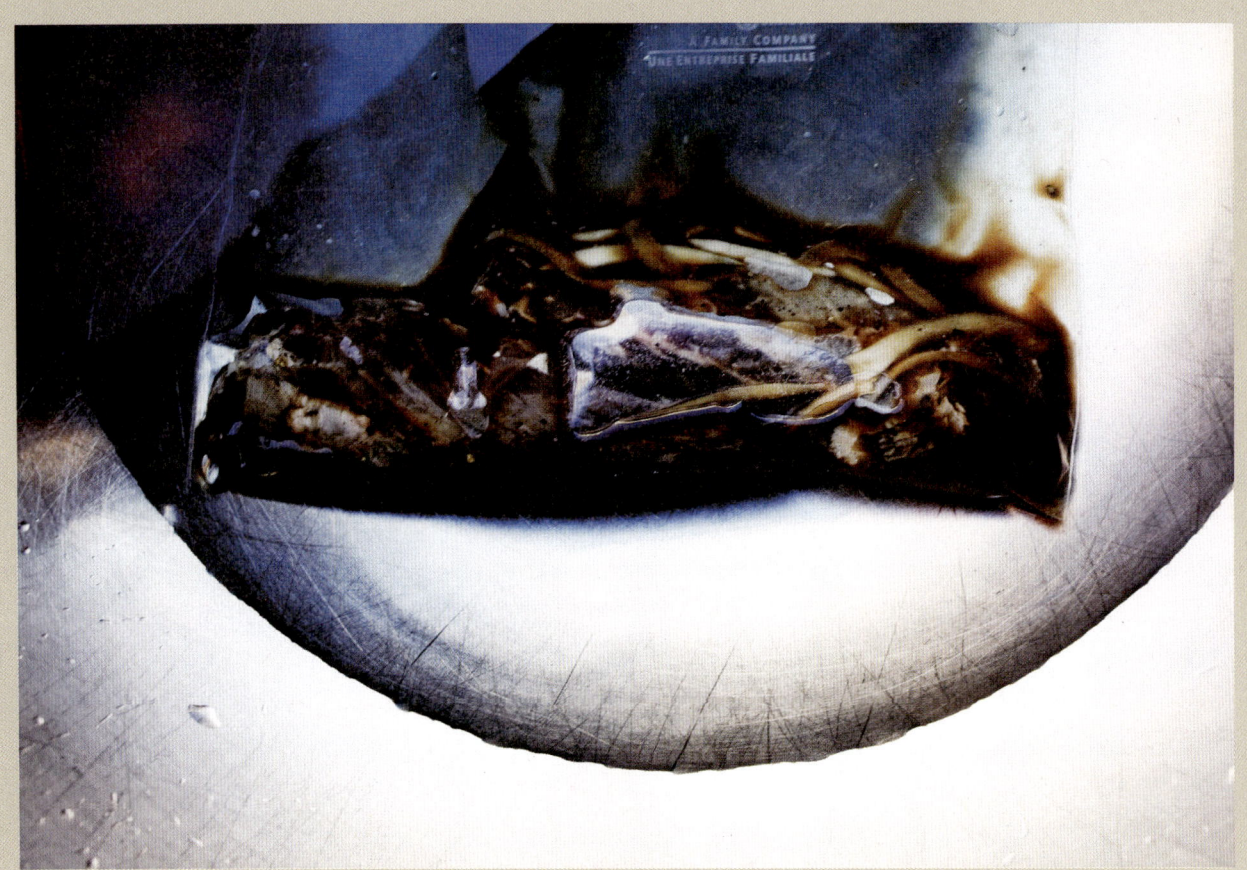

가 48~51℃가 될 때까지 꾸준히 수돗물의 온도를 조정한다.

스테이크를 냉장실에서 꺼내 봉지에 담긴 채로 물에 넣는다. 물의 온도를 조절해가면서 45분 동안 담가둔다. 온도 유지를 위해 뜨거운 수돗물을 조금씩 흘러나오게 하거나, 5~10분마다 아예 버리고 새로 채울 수도 있다.

45분 뒤, 큰 냄비나 넓은 대접에 얼음물을 준비한다. 더운물에 담근 스테이크를 꺼내 담근다. 20분 정도 식힌 뒤 냉장실로 옮긴다. 저녁 식사를 내갈 때까지 3~4시간 보관할 수 있다(양념은 계속 재몫을 한다).

조리를 위해 스테이크를 봉지에서 꺼내고 양념은 버린다. 종이 행주로 두들겨 물기를 닦아낸 다음 활활 타오르는 그릴이나 불에 달궈 엄청나게 뜨거운 무쇠 팬에 한쪽 면당 1분 30초~2분 동안 완전히 고르게 그을린다. 두었다가 저며서 레시피에 맞춰 낸다.

겨자씨 소스를 곁들인 삼겹살 보쌈
PORK BELLY SSÄM (AKA SAM GYUP SAL SSÄM) WITH MUSTARD SEED SAUCE

4~6인분

삼겹살을 쌈 목록에 더하는 데는 고민이 전혀 필요 없었다. 돼지 뱃살을 사랑하기 때문이다. 아주 전통적인 쌈 재료지만 한국 식당에서는 삶거나 조려서 내는 게 문제다. 그러면 오븐에 굽는 것보다 훨씬 맛이 덜하다.

처음 삼겹살을 낼 때는 생굴을 곁들이는 원리에 입각해서 맛조개 세비체(ceviche, 날 생선을 레몬즙이나 라임즙에 절인 음식-옮긴이)를 곁들여 냈는데, 조개가 안 나오는 철도 있는 데다가 단가 부담(손님과 우리 모두에게)도 커서 겨자씨 소스를 개발하게 되었다. 코를 찌르는 날카로운 냄새의 겨자씨 절임이 삼겹살의 무거움을 덜어준다.

만드는 법

1. 삼겹살을 크기가 넉넉한 구이팬이나 오븐에서 사용 가능한 그릇에 담는다. 설탕과 소금을 작은 그릇에 담아 잘 섞고, 삼겹살에 문질러 바른다. 남은 건 버린다. 팬을 랩으로 씌워 냉장실에서 6시간에서 하룻밤 동안 둔다.

2. 오븐을 230℃로 예열한다.

3. 고기를 꺼내 바닥에 고인 육즙을 버린다. 오븐에 넣어 입맛 돋도록 노릇해질 때까지, 약 1시간 조리한다. 30분 뒤 녹아 나온 기름을 발라준다.

4. 오븐 온도를 120℃로 줄이고 약 30분 더 익힌다. 손가락으로 눌렀을 때 살짝 저항이 있고 단단하며, 흔들릴 정도로 부드럽기 직전이어야 한다. 팬을 꺼내 기름과 육즙을 따라내 모아둔다(62쪽 참고). 적당히 식도록 둔다.

5. 고기가 만지기 어렵지 않을 정도로 식으면 은박지나 랩으로 싸서, 완전히 식고 단단해질 때까지 냉장실에 둔다(시간이 촉박하면 이 과정을 줄여도 되지만, 완전히 식혀야 깔끔하게 썰어낼 수 있다).

6. 그릴에 뜨겁게 불을 지핀다.

7. 삼겹살을 두께 1.2cm, 길이 5cm로 썬다. 면당 약 2분씩, 색이 날 때까지 그릴에 굽는다(모모푸쿠에서는 중간에 45도 돌려 격자로 구이 자국을 넣는다. 그릴 석쇠가 뜨겁다면 시도해봐도 좋다. 대부분의 가정용 그릴 석쇠—그릴을 살 때 딸려 오는 것—는 뜨겁게 달구기가 쉽지 않으므로 그냥 전체를 고르게, 잘 그을린다).

8. 고기가 따뜻할 때 다른 재료와 함께 낸다.

보쌈 재료
껍질 없는 삼겹살(1.4kg) 1덩이
꽃소금 ⅓컵
설탕 ⅓컵

곁들이 재료
겨자씨 소스(다음 쪽)
밥 2컵(301쪽)
양상추 또는 상추 2~3포기
몰든, 또는 고급 천일염

겨자씨 소스
약 1컵 분량

만드는 법

겨자씨, 디종 겨자와 중국 겨자, 마요네즈, 오이를 작은 그릇에 담아 휘저어 잘 섞는다. 소금과 후추로 간한다. 냉장실에 두고 하루이틀 안에 다 쓴다.

재료

겨자씨 절임 6큰술(83쪽)
디종 겨자 3큰술
중국 매운 겨자 1큰술
큐피 마요네즈 3큰술
얇게 썬 쪽파 3큰술
즉석 오이 절임 3큰술(78쪽)
꽃소금
후추

무, 당근, 허브와 액젓 비네그레트를 곁들인 레몬그라스 소시지구이 쌈
GRILLED LEMONGRASS PORK SAUSAGE SSÄM DAIKON, CARROT, HERBS & FISH SAUCE VINAIGRETTE

4~6인분

쌈 바에서 심야 메뉴를 내기 시작했을 때, 이 소시지는 여름 롤빵에 채워 허브, 쌀국수와 함께 즉석 샌드위치로 냈다. 심야 서비스 일이 갈수록 바빠지자 우리는 왜 다른 식당에서 즉석 샌드위치를 안 만드는지 깨달았다. 이게 보통 성가신 일이 아니었다.

그래서 간단하게 소시지를 점점 덩치를 불려가던 쌈에 포함했다. 티엔 호가 얘기하겠지만 베트남식 쌈인 쿵(고기나 생선을 상추에 싸 먹는)도 있으므로 이 레시피가 터무니없는 것은 아니다.

몇 가지만 이야기하자. 밀가루는 소시지가 단단함을 잃고 부스러지는 사태를 막아준다. 베트남에서는 볶은 쌀가루를 넣는데, 요리에 놀랄 만큼의 깊이를 불어넣어주니 내킨다면 얼마든지 대체해도 좋다.

한편 사람들은 레몬그라스를 언제나 잘못 쓰는 경향이 있다. 올바른 방법은 다음과 같다. 먼저 바깥쪽의 나뭇잎 같은 파란 이파리를 벗겨내고, 줄기의 밑에서 2.5~4cm 정도 딱딱하고 질긴 부분 그리고 가늘어지는 끝부분을 다듬는다. 그 사이 10~12.5cm 길이의 연한 속이 필요하다. 그 속을 길게 반 갈라 얇게 썰고는 곱게 다진다. 다듬은 것은 수프를 위해 남겨둔다. 당장 쓸 일이 없다면 냉동보관하면 된다.

만드는 법

1. 오븐을 150℃로 예열한다.

2. 레몬그라스와 샬롯, 소금, 설탕, 젓갈과 스리라차를 푸드 프로세서에 넣어 곱게 다진다(손으로 해도 된다). 큰 그릇으로 옮겨 담은 뒤 돼지고기 간 것과 밀가루를 넣고 손으로 잘 버무리면서 양념을 섞는다.

3. 고기를 가로 20cm, 세로 28cm 크기의 제빵팬이나 비슷한 크기의 용기에 2.5cm 두께로 고르게 깔아놓는다. 오븐에 넣어 20분간 굽는다(이 과정을 통해 고기를 거의 다 익히고 기름을 녹여내, 구울 때 불길이 피어오르는 걸 막는다). 녹아 나온 기름을 팬에서 덜어내고 소시지를 상온에서 식힌다. 그대로 랩을 씌워 냉장고에 하루 동안 둘 수 있다.

4. 그릴에 불을 뜨겁게 지핀다.

5. 팬에서 브라우니를 잘라내듯 '소시지'를 가로 2.5cm, 세로 7.5cm로 잘라낸다. 그릴에 올려 면당 1~2분 이상을 넘기지 않게 굽는다. 곁들이와 함께 낸다.

쌈 재료
다진 레몬그라스 잎 성글게 담아 ½컵
다진 샬롯 ½컵
꽃소금 1큰술
설탕 2작은술
액젓 2큰술+2작은술
스리라차 2큰술
돼지고기 간 것 1.35kg

곁들이 재료
채 썬 무 절임 1컵(다음 쪽)
채 썬 당근 절임 1컵(다음 쪽)
액젓 비네그레트 1컵(다음 쪽)
박하나 고수 성글게 담아 1컵(둘 가운데 어느 것을 써도 좋지만 두 가지의 조합이 제일 낫다)
밥 2컵(301쪽)
양상치 또는 상추 2~3포기
몰든 또는 기타 고급 천일염

채 썬 당근 절임과 채 썬 무 절임

당근과 무 껍질을 벗겨서 7.5cm 길이로 썬 다음 채 친다. 쌈에 맞는 두께는 0.5cm 이다. 대부분의 아시아 채칼(mandoline)에는 격자로 자르기 위해 세 장의 날이 붙어 있다. 가장 넓은 것은 두꺼워 쓸모없고, 가장 얇은 것은 재료를 아예 갈가리 채 쳐버린다. 따라서 가운데 날이 이 레시피의 절임에 안성맞춤이다.

채소를 채 친 다음 각각 다른 용기에 담아 절이는데, 식초 절임(79쪽)을 위한 식초물을 1회분 만들어 반씩 나눠 당근과 무를 절인다. 하루 뒤면 먹을 만하고, 이틀이면 딱 좋다. 이후에도 몇 주는 두고 먹을 수 있다.

미리 절임을 담가놓지 못했다면 소금-설탕법을 쓴다. 채 친 채소를 각각 그릇에 담고, 채소 1컵당 설탕 1큰술, 소금 1작은술을 솔솔 뿌린다. 잘 버무린 다음 쓰기 전까지 가능한 한 오래 절인다.

액젓 비네그레트
약 1컵 분량

이 비네그레트는 백 퍼센트 티엔 호의 레시피다. 그의 말을 옮겨보자. "베트남에서 액젓 비네그레트는 케첩과 양겨자, 마요네즈를 한데 합친 역할을 한다. 베트남 가정집에 갔는데 냉장고나 식탁에 액젓 비네그레트 단지가 없다면 뭔가 잘못된 거다. 이 비네그레트는 어디에나 잘 어울리고, 많이 써도 음식이나 재료를 압도하지 않으며 많이 먹더라도 질리지도 않는다. 어린 시절 찢어지게 가난해서 저녁이라고 해봐야 고작 밥 한 공기에 작은 고기 한 쪼가리를 얹어 먹었는데, 액젓 비네그레이트가 있어 마지막 밥 한 톨까지 맛있게 비벼서 먹곤 했다."

모모푸쿠의 액젓 비네그레트는 티엔의 어머니께서 만드셨던 것보다 더 가볍고 조금 더 달기 때문에(모모푸쿠의 김치가 우리 어머니가 담그시는 것보다 더 달고 덜 발효된 것과 같다), 입맛에 따라 조정하기를 권한다.

만드는 법

베트남 액젓, 물, 식초, 라임즙, 설탕, 다진 마늘, 채썬 고추를 단지에 담아 잘 섞는다. 냉장실에서 일주일까지 두고 쓸 수 있다.

재료
베트남 액젓 ½컵
물 ¼컵
양조 식초 2큰술
라임 1개
설탕 ¼컵
마늘 1쪽
태국 고추 1~3개

중국 브로콜리와 튀긴 샬롯을 얹은 매운 돼지고기 소시지와 떡
SPICY PORK SAUSAGE & RICE CAKE CHINESE BROCCOLI & CRISPY SHALLOTS

4~6인분

모모푸쿠에서 몇 구역 떨어진 이스트 빌리지의 세인트 마크스 플레이스에 그랜드 시추안의 분점이 있어 자주 들렀다. 해물과 국수 휘궈, 쇠고기 고추 조림, 특제 돼지고기, 탄탄멘 등 정말 좋은 요리가 많았다.

쌈 바의 식구들하고도 꽤 많이 같이 먹었는데 하루는 내가 거기에서 엄청 많이 먹는, 느끼하면서도 매콤한 요리를 만들어 보자고 제안했다. 머릿속에는 "사천 통후추도 좀 넣고, 빨간 고추는 엄청 많이 넣고, 아주 느끼하게, 죽여주게" 정도의 생각뿐이었다. 티엔과 팀 마슬로우가 요리를 책임졌다. 마파두부를 출발점으로 삼고 사이비 아시아식 돼지고기 볼로네제 소스를 곁들인 떡을 우리의 첫 번째 심야 메뉴에 추가했다. 결과는 사천식도, 한국식도, 볼로네제식도 아니었지만 아주 모모푸쿠스러웠다. 물론, 죽여줬다.

만드는 법

1. 넓은 스킬렛을 중간-센 불에 올리고 기름 2큰술을 둘러 달군다. 1~2분 뒤 기름이 달궈지면 반으로 갈라 얇게 썬 양파와 소금 ½작은술을 넣는다. 간간이 휘저어가면서, 양파에 색이 돌고 쪼그라들기 시작할 때까지 익힌다. 10분쯤 걸린다. 중간 불로 줄여 계속 익히면서, 5분마다 양파를 뒤적거리며 부드럽고 달고 노릇해질 때까지 약 20분 동안 더 익힌다.

2. 한편 다른 팬에 기름을 1큰술 두르고 중간-센 불에 올려 달군다. 1~2분 뒤 기름이 뜨거워지면 갈아놓은 돼지고기를 넣고, 숟가락 끝으로 눌러 잘게 부숴가며 10분 정도 익힌다. 날고기의 색이 가시되 노릇해지거나 육즙이 빠질 때까지 익히지 않는다. 익은 고기를 그릇으로 옮기고 팬을 다시 불에 올린다.

3. 팬에 남은 기름 5큰술을 두르고 중간 불로 줄인 뒤 1분 정도 달군다. 말린 고추를 넣어 기름 속에서 1분 정도, 향이 날 때까지 온도를 올린다. 썰어놓은 마늘을 넣고 저어가면서 기름에 맛이 배도록 1분 정도 익힌다. 마늘에 색이 돌 필요는 없지만, 팬에서 향이 올라오면 준비가 된 것이다. 팬을 불에서 내려 두반장, 사천 통후추, 고춧가루를 넣는다. 양파가 익는 동안 그대로 둔다.

4. 물, 익은 양파, 돼지고기를 3의 소스와 함께 팬에 넣고 잘 저어 섞는다. 간장, 설탕, 남은 소금 2작은술을 넣는다. 이 시점에서 남은 소스를 식혀, 필요하다면 냉장(며칠) 혹은 냉동(몇 주) 보관한다.

재료

포도씨유나 식용유 ½컵
양파 3개
꽃소금 2½작은술
돼지고기 간 것 450g
말린 고추 아주 성글게 담아 2컵
두반장 또는 쌈장 2큰술
사천 통후추 1큰술
고춧가루 1큰술
물 6큰술
우스구치 1큰술
설탕 1큰술
썬 중국 브로콜리나 청경채 2컵
가래떡 8개
비단두부 230g
썬 쪽파 1컵
중국산 튀긴 샬롯(시판 제품) ½컵

5. 큰 냄비에 물을 담아 끓인 뒤 소금을 넉넉하게 친다.

6. 소스를 중간 불에 은근히 끓여 썰어놓은 채소를 더한다. 잎맥이 부드러워질 때까지, 종종 저어가며 3~5분 익힌다.

7. 끓는 물에 2.5cm 길이로 썬 떡을 넣어 속까지 온기가 돌도록 2~3분 익힌다. 떡을 건져 6의 소스에 넣는다. 거품기로 물기를 뺀 비단두부를 부드러워질 때까지 저어 더한다.

8. 떡과 고기 소스를 그릇에 나눠 담고 쪽파와 시판 튀긴 샬롯을 고명으로 얹은 뒤 뜨거울 때 낸다.

베브 이글스턴의 돼지 목살 스테이크
BEV EGGLESTON'S PORK SHOULDER STEAK

6인분

어느 날 밤 베브 이글스턴이 찾아와 셰프와 면담을 요청했다(때로 좋은 재료를 대는 사람들이 불쑥 찾아온다는 점에서, 식당이 가정에 비해 유리하다). 우리는 베브나 그의 고기에 대해 아는 바 없었지만, 이야기를 나눈 웨이터 라산 매닝이 마이클 폴란의 책 《잡식 동물의 딜레마》에 나온 베브의 이름을 기억하고 있었다. 그래서 티엔에게 베브가 찾아왔음을 알리며 책에 대해 간략히 이야기를 해주었다. 돼지가 행복할 수 있는 환경에서 기르면서, 버지니아의 셰난도어 골짜기에서 에코프렌들리 푸드라는 이름으로 이웃 농장의 고기를 한데 모아 판다는 내용이었다. 이야기를 잠시 나눠본 티엔에 의하면 베브는 가장 멋지면서도 친절한 사람이었다. 그는 다음 주간 배달 때 고기를 좀 가져온다고 했다.

그의 돼지고기를 받아 요리를 해보니 믿을 수 없을 정도로 맛있었다. 모두가 믿기 힘들 정도로 살은 맛있고 부드러웠고, 비계는 촉촉했다. 의심의 여지없이 최고의 돼지고기였다. 수퍼마켓에서 파는, 잔인하게 기른 분홍색 골판지 돼지고기를 한층 더 우습게 만드는 맛이었다. 베브의 말에 의하면, 그가 키우는 돼지는 '크로스보(crossbaws)'이다. 오사보(Ossabaw)와 그보다는 흔한 토종인 탬워스(Tamworth)의 교배종(cross)이라 붙은 이름이란다.

베브의 고기는 고급인 니만 랜치(매년 우리가 말 그대로 몇 톤의 고기를 사는)의 고기보다도 훨씬 더 비쌌다. 그래서 우리는 감당할 수 있는 범위 내에서 베브의 고기를 선보이기로 했다. 티엔과 가능성을 의논한 다음 베브는 가장 싼 부위인 목살로 만든 스테이크를 추천했다. 티엔은 단 한 번도 목살 스테이크를 먹거나 요리해본 적이 없었지만 내 멘토인 마르코 카노라의 와인 바(테루아, 모모푸쿠가 모여 있는 동네에서 한 구역 지나서 있다)에서 베브의 고기를 먹어보고는 결정을 내렸다. 개성 있는 포크찹 같다는 것이었다. 이후 모모푸쿠의 목살 스테이크 메뉴를 통해 쌈 바에 오는 모든 손님들을 위해 합리적인 가격으로 베브의 고기를 소개해왔다.

워싱턴 D.C. 지역에 산다면 동네 장터에서 에코프렌들리의 고기를 살 수 있다. 배송도 해주지만 배송비가 만만치 않다. 어쨌든, 줄톱을 갖추고 좋은 고기를 들여오는 푸주한이 동네에 있다면 어깨에서 1.5cm 두께로 스테이크를 잘라오면 된다. 소금과 후추, 아주 뜨거운 그릴만 준비하면 된다.

스테이크 소스는 언제나 티엔의 램프 랜치 드레싱이지만 채소는 철 따라 바뀐다. 여름에는 생애호박 리본과 저민 양파, 겨울에는 가늘게 채 친 샐러리 뿌리와 스파게티 호박을 곁들인다. 고기와 소스에 비하면 중요도가 떨어지니 채소는 어울린다 싶은 걸 곁들이면 된다.

만드는 법

1. 그릴에 뜨겁게 불을 지핀다(가스레인지에 그릴 팬을 올려 구울 수도 있지만, 대신 지옥불처럼 뜨겁게 달궈야 한다).

2. 스테이크 양면을 소금과 후추로 아주 넉넉하게 양념한다. 어차피 그릴에 올

릴 때 떨어져 나가니 충분히 쓴다. 고기 사이를 조금씩 띄워 그릴에 올린다. 그릴 옆에 붙어서 계속 지켜봐야 한다. 고기가 뒤틀릴 테니 그릴 스패출러로 스테이크를 계속 눌러준다. 어깨에 모여 있는 몇몇 근육은 빨리 익어 뒤틀릴 수 있다. 스패출러와 억센 손힘만 있으면 굽는 동안 평평함을 유지할 수 있다. 잘 그을도록 앞면을 4분 정도 구운 뒤 뒤집어 반대면 또한 잘 그을었지만 손가락으로 눌렀을 때 연하고 반동이 없는 상태까지, 3~4분 정도 더 굽는다. 불에서 내려 적어도 5분 동안 둔다.

3. 램프 랜치 드레싱을 보슬보슬하게 끼얹고 날카로운 스테이크 칼을 곁들여 통째로 낸다. 아니면 0.5cm 두께로 썰어 접시에 가지런히 옮겨 담고 드레싱을 뿌린다. 뜨거울 때 낸다.

재료
1cm 두께의 목살 스테이크
(약 450g) 6덩이
꽃소금
후추
램프 랜치 드레싱(아래 참조)

램프 랜치 드레싱
약 1½컵 분량

만드는 법

마요네즈, 버터밀크, 램프 절임을 그릇에 담는다. 소금과 후추 약간, 레몬즙을 넣고 잘 저어 섞는다. 레몬과 후추에 특히 신경을 써가며 간을 조절한다. 냉장실에서 일주일 정도 두고 쓸 수 있는데, 남은 건 여느 랜치 드레싱처럼 쓰면 된다.

재료
큐피 마요네즈 1컵
버터밀크 ¼컵
램프 절임 ½컵(82쪽, 없을 경우 시판 진주 양파 절임과 쪽파의 파란 윗동을 절반씩 잘 다져 쓴다)
레몬 ½개
꽃소금
후추

고기 익은 정도 가늠하기
gauging doneness

여기 소개하는 고기를 위한 시간, 온도, 조리 방법은 모두 충분한 실험을 거쳤다. 하지만 레시피로 줄 수 있는 정보는 한정되어 있다. 고기를 제대로 조리할 수 있으려면 느낌으로 익은 정도를 파악할 수 있어야 한다. 고기가 부드러울수록 덜 익은 것이며, 단단하고 손으로 눌렀을 때 튕겨 나오는 느낌이 들면 너무 익은 것이다. 자신의 손을 만져봐서 고기가 익는 단계별로 어떤 느낌이 나는지 가늠해볼 수 있지만, 아무래도 실제 고기로 연습해보는 것이 가장 정확히 알 수 있다. 불에 올릴 때, 즉 날것일 때 만져보고 이후 계속 눌러가면서 어떻게 반응하는지 주의 깊게 본다.

완전히 날것에서 레어까지 | 손을 축 늘어뜨린 뒤 엄지와 검지 사이의 살을 찔러본다. 느슨하고 부드러워 누르는 대로 쉽게 들어가면 완전히 날것이거나 레어인 고기의 느낌이다.

미디엄 레어에서 미디엄까지 | 근육에 힘을 줘서 손을 쫙 펼친다. 엄지와 검지 사이의 살이 더 팽팽하고, 손가락으로 눌러도 튕겨 나올 것이다. 이 느낌이 미디엄 레어에서 미디엄 사이의 스테이크에 가깝다. 너무 익힌 걸 좋아하는 게 아니라면 스테이크를 이쯤, 아니면 이보다 살짝 이르게 불에서 내린다. 불에서 내린 뒤에도 고기가 계속해서 익으므로 가장 알맞게 익은 미디엄 레어를 위해서는 이 정도가 좋다.

웰던, 지나치게 익은 정도 | 주먹을 꽉 쥔다. 엄지와 검지 사이를 찔러본다. 단단하고 밀도가 높으며, 손가락이 들어가지 않을 것이다. 웰던으로 익힌 고기의 느낌이다. 주먹을 먹는 느낌이랄까. 식당에서 웰던을 주문하면 단지 먹는 게 문제가 아니다. 주방에 있는 모든 사람이 주

문을 놓고 비웃을 테니까.

물론 손으로 고기를 찔러보는 것은 익은 정도를 점검하는 여러 방법 가운데 하나일 뿐이다. 모모푸쿠에서는 케이크 꼬챙이를 쓴다. 케이크 꼬챙이는 바늘처럼 가늘고 긴 금속 막대기로 이름처럼 케이크가 속까지 다 익었는지 확인하는 데 쓰는 도구다. 하지만 디저트 아닌 음식을 만드는 주방에서도 붙박이처럼 두고 쓴다.

케이크 꼬챙이(또는 길고 아주 가는 금속 막대)로 고기의 익은 정도를 가늠하려면, 다음의 방법을 참고하라.

고기를 불에서 내린다. 위가 아닌 옆면으로 케이크 꼬챙이를 집어넣는다. 끝이 고기의 가운데까지 들어가도록 밀어 넣고 5초 정도 둔다.
꼬챙이를 꺼내서 아랫입술 바로 아래쪽에 지그시 댄다. 꼬챙이의 온도에 따라 고기가 익은 정도를 가늠할 수 있다. 차갑다면 덜 익은 것이고 체온보다 아주, 아주 조금 따뜻하다면 딱 맞게 익은 것이다. 뜨겁다면 너무 익어버린 것이다.

건식 숙성 립아이 팬 구이
PAN-ROASTED DRY-AGED RIB EYE

2~4인분

쌈 바를 연 첫 겨울, 크리스마스와 새해 언저리에 80달러 립아이 스페셜을 내 폭발적인 반응을 얻었다. 여전히 부리토를 내던, 아무도 쌈 바가 좋은 식당이라고 생각하지 않던 시기였다.

티엔과 나는 사람들이 쌈 바에서 비싼 스테이크를 먹으려 한다는 데 놀라 얼이 빠졌다. 레스토랑을 유지하는 데도 도움이 되었지만 배움의 기회이기도 했다. 우리 모두 늘 숭상하는 전통 조리법에 도전하기를 좋아하기 때문이었다. 요리사라면 누구나 이런 부위의 고기를 조리하고 썰어 내는 일은 물론, 그러한 상황이 벌어지는 주방에 몸담고 있는 것 자체를 좋아한다. 좋은 납품업자로부터 질 좋은 립을 가져와 쓰다가 더 좋은 고기를 대는 납품업자로부터 건식 숙성 고기를 쓰기 시작했고, 결국 펜실베니아 웨인 카운티에서 농장 조합을 운영하는 실비아와 스티브 프라이전트로부터 물건을 받게 되었다. 그때마다 스테이크의 가격을 올려야만 했지만 그 당시 우리는 제정신이 아니었다. 최고급 고기를 조리하는 데 미쳤기 때문이다. 몇 주 동안 건식 숙성한 최고급 쇠고기를 다루면서 날고기 냄새를 맡다 보면, 숙성한 살라미와 비슷한 광물의 향이 난다는 것을 알게 된다. 정말 놀랍도록 입맛을 돋우는 향이다. 겉을 지지는 것 또한 즐거웠다. 피어오르는 김과 연기의 냄새가 어떤 고기를 조리할 때보다 더 훌륭했기 때문이다. 그리고 굽는 과정 전체에서 가장 즐거운 기름 끼얹기(basting)가 있다. 조리 과정이라고 해봤자 아주 어려운 것도 아니라 문자로 찍어줄 수도 있다.

간을 해서

겉을 지지고

구워서

기름을 끼얹고

두었다가

썰어서

먹는다

하지만 말만큼 쉽지만은 않다. 40~50달러짜리 고기를 굽는 데는 용기가 필요하기 때문이다. 망쳐버린다면 진짜 비싼 고기를 제대로 말아먹는 셈이기 때문이다. 고기뿐만 아니라, 심혈을 기울여 소를 키우고, 직접 잡아서 건식 숙성을 한 푸주한까지 말이다. 그렇게 되면 모모푸쿠에서는 개새끼 취급을 받는다. 물론, 비트나 채소, 달걀 아니면 뭘 조리하더라도 신에 대한 경외심을 품고 성의껏 조리하겠지만 건식 숙성을 한 립아이를 미디엄 웰로 제대로 굽는 데 비할 바는 아니다.

그리고 립아이는 제대로 조리하면 그 자체가 하나의 마법이다. 조리하는 것도 맛을 보는 것도 마법과 같다는 의미다. 분명 비싼 건 맞지만, 특별한 요리다.

만드는 법

1. 오븐을 200℃로 예열한다.

2. 지름 25~30cm짜리 무쇠 팬을 센 불에 올린다. 달구는 동안 겨울 뉴욕 길거리에 쌓이는 눈처럼 고기에 소금을 넉넉하게 뿌리고 후추로도 간한다.

3. 팬이 아주 뜨거울 때 스테이크 겉면을 지진다. 스테이크를 올렸을 때 맹렬하게 지글거려야 한다. 막 팬에 올리고 나서는 건드리거나 누르는 등의 멍청한 짓거리를 하지 않는다. 2분이 지나면 들여다본다. 스테이크가 팬에 붙지 않아야 하며, 불에 닿은 면에는 금갈색이 돌아야 한다. 뒤집어서 같은 방식으로 2분간 지진다. 스테이크를 세워 뼈 반대쪽의, 지방이 있는 넓은 면을 30초간 지진다. 먼저 지진 면이 팬의 바닥에 닿도록 스테이크를 다시 내려놓는다.

4. 스테이크를 오븐에 넣고 8분간 그대로 둔다.

5. 팬을 다시 약한 불에 올린다. 버터, 타임, 마늘, 샬롯을 팬에 넣는다. 버터가 녹기 시작하면 스테이크에 끼얹기 시작한다. 한 손으로 팬을 45도로 기울이고 다른 손에 아주 큰 숟가락을 쥐고 팬에 고인 버터를 스테이크 위에 떠 올린다. 되풀이해서 스테이크를 버터향에 잠기도록 한다. 2분 정도 끼얹고 난 뒤 팬을 똑바로 놓고 스테이크를 찔러본다. 눌릴 정도로 부드럽거나 그에 가까운 상태여야 한다. 스테이크를 아주 안 익은, 프랑스에서 '블뢰(bleu)'라고 말하는 상태로 먹으려면 그 시점에 팬에서 내린다. 내가 좋아하는 미디엄 레어로 구우려면 1~2분 동안 더 기름을 끼얹고 꺼낸다. 이런 종류의 스테이크는 미디엄 레어 이상으로 구워선 안 된다. 제발 명심하길(팬에 고인 기름을 버릴 생각도 하지 마라. 스테이크를 쉬게 한 뒤 팬에서 내린 뒤에는 팬을 다시 달구어서 그 안의 소스를 작은 그릇 하나, 또는 여럿에 담아낸다. 뜨겁다고 느낄 정도의 온도가 적당하다. 어떤 음식에나 잘 어울린다).

6. 스테이크를 둔다. 그냥 냅두면 된다. 적어도 10분간 만지지 않는다. 나머지 음식을 준비한다. 도마와 잘 드는 칼도 준비한다.

7. 스테이크를 썬다. 뼈에서 살을 발라낸 뒤 결 반대로, 1.25cm 두께로 썬다(뼈와 직각 방향으로 자르면 된다). 접시에 담고, 도마와 스테이크를 두었던 접시의 육즙을 팬에 모은다. 몰든 천일염을 스테이크 위에 흩뿌리고 손가락 감자 콩피와 팬 소스를 곁들여 낸다.

재료

립아이 스테이크(900g~1.3kg) 1덩이
꽃소금과 후추
무염 버터 4큰술
타임 2~3줄기
마늘 3쪽
중간 크기 샬롯(중) 1개
몰든 천일염
손가락 감자 콩피(다음 쪽)

손가락 감자 콩피
4인분

쌈 바에서는 손가락 감자를 돼지기름에 삶은 다음 튀겨서 립아이에 곁들여 낸다. 여름에는 거기에 크고 잘 익은 토종 토마토를 두껍게 썰어 묵은 천일염을 솔솔 뿌려 곁들이기도 한다. 스테이크에 곁들이는 팬 소스를 머금을 수만 있다면 뭐라도 상관없다.

만드는 법

1. 중간 크기의 냄비를 약한 불에 올려 돼지기름을 녹인다. 따뜻해지면 길게 4등분한 감자를 섞는다. 부드러워질 때까지(으깨질 정도로는 말고 단단하지 않을 정도로까지), 약 10분 동안 약한 불에 뭉근하게 끓인다. 구멍 뚫린 납작한 국자로 감자를 건져내고 중간 불로 올린다. 튀긴 감자의 기름을 걷어내기 위해 접시에 종이 행주를 깔아 준비한다.

2. 조리 또는 튀김용 온도계가 190℃를 가리키면 냄비를 가득 메우지 않도록 감자를 나눠, 가장자리가 바삭하고 노릇해지도록 2~3분 동안 튀긴다. 튀긴 감자를 종이 행주를 깐 접시에 올린 뒤 뜨거울 때 소금을 넉넉히 뿌려 간한다. 감자를 나눠서 튀길 때 매번 기름의 온도를 다시 올려 맞춘다.

3. 온기가 가시지 않은 감자에 구워서 부스러뜨린 베이컨과 굵게 썬 겨자 잎을 섞어 버무려 낸다.

재료

녹여낸 돼지나 오리 기름, 또는 포도씨유나 기타 식용유 4컵
손가락 감자 225g
꽃소금
훈연향 강한 베이컨 1줄(벤튼 제품 추천)
꼬마 겨자 잎이나 쌉쌀한 양상추 1컵

❖ **손가락 감자구이**

감자를 천천히 익혔다가 튀기기가 귀찮다면 구울 수도 있다. 감자를 썰어 녹인 돼지기름이나 오리기름, 포도씨유나 기타 식용유 몇 큰술에 버무린 다음 소금으로 넉넉히 간해서 제빵팬에 자른 면이 바닥에 닿도록 늘어놓는다. 205℃ 오븐에 넣어 가장자리는 바삭하고 속은 부드러울 때까지 20분 동안 굽는다. 베이컨이나 채소와 버무리거나, 아니면 스테이크에서 나온 팬 소스에 버무린 뒤 마무리한다.

고기 접착제 가지고 놀기
fun with meat glue

쌈 바의 영업이 정상 궤도에 올라 부리토 바는 과거지사가 되었음은 물론, 주방도 손발이 척척 잘 맞아 돌아가니 음식의 수준을 올리고 싶어졌다. 단지 스테이크나 굽는 수준—물론 그것도 못하면 뭘 제대로 하겠느냐만—에서 벗어나 창조적이고 진보적인 요리사들이 새로운 기술을 써서 뜨거운 불과 잘 드는 칼 영역을 넘어 요리 세계를 확장시키는 걸, 나뿐 아니라 주방 식구들이 배워야 한다고 생각했다.

주방 식구들에게 이야기를 꺼내면서 흉부외과 전문의의 예를 들었다. 30년 동안 수술을 하면서 책에 나오는 모든 기술을 알고 있지만 그래도 언제나 최고 수준을 유지해야 하는 경우랄까? 심장을 구하기 위한 최신 기술이나 최소한의 절개로 수술할 수 있는 방법에는 무엇이 있을까? 특정 환자에게 더 효율적인 기술이 있을 수 있으니, 수준 높은 의사는 아주 오래된 것부터 최신 기술까지 알고 있다가 상황에 따라 바로 실행에 옮길 수 있어야 한다고 주장했다.

대부분의 경우 옛날 기술을 선호해서 최신 기술을 쓰지 않을 수도 있지만, 과학이 발달하면서 등장하는 새로운 기술을 모른다는 걸 의미하지는 않는다. 의사만 이런 상황에 처하는 것이 아니다. 배관공도 구리만 쓰기를 고집하고 PVC를 쓰지 않는다면, 아니면 테이프나 보온에 대한 지식이 없다면 일을 잘한다고 할 수 없다.

로어 이스트 사이드에 있는 와일리 듀프렌의 레스토랑 wd~50에서 매주 일요일 저녁을 먹던 시기가 있었다. 와일리와 그의 음식을 좋아하기도 했지만, 내가 배워야 한다고 생각하는 음식을 조리하기 때문이었다. 주방에서 벌어지는 거의 모든 일에서 그는 선구자였다. 몰레(mole, 초콜릿과 각종 향신료를 조합해서 만드는, 멕시코를 비롯한 라틴아메리카의 소스-옮긴이) 페이퍼와 달걀 카르파치오(carpaccio, 얇게 저민 날생선이 주를 이루는 이탈리아식 전채 요리-옮긴이)를 곁들인 치킨볼은 역대 최고의 요리였고, 그 뒤를 이어

사케 수비스(soubise, 프랑스의 모체 소스 가운데 하나인 베샤멜에 양파 퓌레를 더한 소스-옮긴이)를 곁들인 치킨볼과 바나나 타르타르와 한련(nasturtium, 물냉이의 일종-옮긴이) 이파리를 곁들인 메추리 완자 또한 끝내줬다. 치킨볼은 뼈를 바른 닭고기로 만드는데, 허벅지 같은 진한 맛의 다크 미트(dark meat)가 가슴같이 깔끔한 맛의 화이트 미트(white meat)를 감싸고 또 그 모두를 껍질이 감싼 상태로 바삭하게 튀긴 요리였다. 그야말로 닭 요리의 플라톤적 이데아를 실현한 것이라 반하지 않을 수 없었지만 나는 그저 '고기 접착제'로 만드는 요리라고만 알고 있었다. 와일리는 처음으로 고기 접착제를 내게 건넸을 뿐만 아니라 쓰는 법도 가르쳐주었다. 고기 접착제의 대가인 와일리에게 그 정체와 사용법에 대해 직접 들어보자.

와일리에게 듣는 고기 접착제 이야기

영국 브레이의 레스토랑 '팻 덕'의 셰프 헤스톤 블루멘탈(Heston Blumenthal)을 통해 고기 접착제에 대해 알게 되었다. '고기 접착제(Meat Glue)'라는 용어를 고안해낸 것도 사실 그였다. 막 wd~50을 열었을 때, 헤스톤 밑에서 연구를 하던 크리스 영이 쓸 만한 물건이라며 고기 접착제를 소개했다. 과연 쓸 만한 물건이었다. 이제 우리만큼 고기 접착제를 많이 쓰는 곳도 없다.

기본을 간단히 설명하자면, 고기 접착제는 트랜스글루타미나아제라는 효소다. 이 효소는 라이신이나 글루타민 같은 특정 아미노산과 접촉하면 접착제처럼 작용하는 연결고리를 형성한다. 그래서 라이신이나 글루타민을 충분히 함유한 모든 생선, 육류, 가금류 살에 반응을 일으킨다.

트랜스글루타미나아제를 써서 맨 처음 만든 요리는 토끼 고기 소시지였다. 한때 내가 그 밑에서 일한 적 있는 장 조지의 책 《단순한 요리 세계Simple Cuisine》에도 레시피가 실린, 유서 깊은 요리다. 토끼 고기에 닭 가슴살 약간, 피스타치오, 허브, 닭 간 약간, 달걀노른자를 섞어 은박지로 싸서 따뜻한 물에 삶아 만들었다. 껍질에 넣지 않고 만드는 소시지라니 멋져 보였다. 처음 고기 접착제를 손에 넣었을 때 '토끼 고기 소시지를 만들어보자. 이거라면 껍질은 물론, 재료를 뭉치기 위해 쓰는 달걀노른자 없이 만들 수 있겠군'이라고 생각했고 결국 현실화할 수 있었다. 이를 바탕으로 wd~50의 문을 연 첫 해, 우리 식으로 해석한 소시지를 메뉴에 올릴 수 있었다.

토끼 고기로 시도를 해보고 나니 불가능이란 없다는 사실을 깨달았다. 예를 들어 생선포를 뜨고 나면 꼬리 쪽은 얇아 요리에 쓰기가 어려운데, 두 조각을 합쳐 그럴싸한 크기의 생선살로 만들 수 있었다. 그렇게 자투리를 버리지 않아 돈을 아끼는 한편 창조적인 시도를 계속할 수 있었다. 그러다 보니 이런 생각이 들었다. A와 B를 붙일 수 있다면 A와 A도 붙일 수 있다. 그렇다면 새우끼리 붙이는 것은 물론, 새우를 갈아서 면을 뽑을 수도 있지 않을까? 실제로 시도해보니 정말 가능했다.

성공은 거뒀지만 빠르게 진전을 보지는 못했다. 무엇보다 새우 무스를 만들어 패스트리에 쓰는 짤주머니에 담은 뒤 냉장고에 넣어 굳히는 과정에서 시간이 걸렸다. 그러던 가운데 '아지노모도(트랜스글루타미나아제의 제조 회사-옮긴이)' 직원에게서 52~60℃ 사이에서 효소가 가장 활발하게 활동한다는 정보를 얻었다. 그래서 크루 레스토랑의 셰이 갈란틴에게 일본식 추출기를 빌리고 온탕기를 적합한 온도로 맞춰 3m에 이르는 엄청난 국수를 뽑아낼 수 있었다. 15분 동안 알맞은 온도의 물에 담가둔 뒤 적당한 길이로 가위질해 나눈 다음 주문과 동시에 다시 데울 수 있도록 준비해놓았다. 모든 게 완벽하게 맞아들었다.

　　이런 과정을 통해 빛을 본 요리가 바로 '따뜻한 새우 국수에 훈연향이 깃든 파프리카 요거트와 새우 크래커'였다. 여러 측면에서 이 요리는 wd~50이 자리를 잡고 갈 길을 정하는 데 도움을 주었다. 그 시점에서 우리는 고기 접착제의 활용 가능성을 인식하기 시작했다.

　　데이비드가 진짜 좋아하던 요리는 '치킨볼'이다. 당시 부주방장이었던 마이크 쉬어린(지금은 시카고 '블랙 버드'의 총괄 부주방장)은 고기 손질에 일가견이 있었다. 그는 잘만 하면 닭의 절반만 뼈를 발라내 다리 등의 다크 미트로 가슴 같은 화이트 미트를 완전히 감쌀 수 있다는 걸 깨달았다. 그래서 반만 뼈를 바른 닭고기 안에 고기 접착제를 뿌리고 랩으로 싸서 공 모양으로 만든 다음 냉장고에 밤새 두었다. 순환 온탕기의 최적 온도에서 조리한 다음, 주문이 들어오면 버터를 살짝 바르고 껍질이 아주 바삭해지도록 튀겼다. 마지막으로 끝을 잘라 화이트 미트와 다크 미트가 겹친 단면을 드러내 보이고는, 아메리칸 치즈처럼 생긴 달걀노른자, 당근 콩피, 몰레 페이퍼 등과 접시에 담았다. 이렇게 진짜 단순한 요리에 손을 좀 더하는 식으로 wd~50의 정체성을 확립했다.

　　우리는 고기 접착제로 새로이 무엇을 시도해볼지 계속 고심한다. 이것은 사람들이 어떤 특허를 받는지 살펴보면 답이 나온다. 2004년, 아지노모토에서 트랜스글루타미나아제 관련 특허를 50건 출원했다. 전장 응급치료부터, 온도 변화로 인한 블루밍(blooming, 온도 변화로 인해 초콜릿의 당분이 하얗게 올라와 표면에 가루처럼 끼는 현상—옮긴이)을 방지하기 위해서 비산화 처리를 거친 겔에 포장해 배송하는 방법까지 다양한 특허를 받았다(비산화 처리를 거쳤다는 말은 온도에 변화하지 않는다는, 즉 녹지 않는다는 의미다).

　　관심이 가장 많이 가던 마지막 특허가 우리를 고기 접착제 2.0 또는 3.0으로 이끌었다. 두 가지 재료를 붙이는 단계 이상으로 나아가는 것이다. 요즘 wd~50에서는 유부를 응용하여 말린 콩으로 납작한 면을 만들고 있다. 유부와 비슷하면서도 날콩으로 만든 것처럼 생생한 콩 냄새가 난다. 채소를 갈아 만든 면은 입과 혀에 닿는 느낌이 파스타와 비슷하다. 생채소에는 없는 라이신과 글루타민 같은 아미노산을 활성화시키려면 고기 접착제와는 거의 찰떡궁합인 젤라틴을 더하면 된다. 콩을 갈아 젤라틴을 약간 더하면 채소가 온도 변화에 반응하지 않아 넓게 편 면처럼 만들 수 있다. 열을 가해도 녹지 않는 겔 상태의 물질이지만, 파스타로 이름 붙여 메뉴에 올린다.

　　사실 나는 트랜스글루타미나아제를 쓰면 '터덕켄(turducken, 닭을 오리에 넣고, 또 그 오리를 칠면조에 넣어 구운 미국 남부의 요리. turkey+duck+chicken에서 따온 명칭—옮긴이)'도 한 덩어리의 고기처럼 만드는데 당신이 마치 조물주와 같은 신공을 발휘해 나를 앞지르지 못할 이유가 무엇이겠는가? 당근과 감자의 껍질을 벗겨 삶아 으깨는 데 아무런 문제가 없다고 공감한다면, 닭을 좀 주무른다고 해서 문제될 게 있을까? 어디까지가 문제일까? 아직까지도 고기 접착제에 대해 설득력 있는 반박을 접하지 못했다. 식품 위생과 건강의 측면에서 아무런 문제가 없다면 정말 문제될 게 없다. 식품의약청에서 허가도 내렸으며, 심지어 우리 몸에서 만들어지기도 한다(찢어진 근육을 아물게 하는 역할을 한다). 이런 상황인데 뭐가 문제겠는가? 없어도 살 수 있을까? 물론이다. 하지만 그렇게 따지면 지금도 나무 막대기 두 개를 문질러 불을 지펴서 살 수도 있다.

결국 고기 접착제도 다른 친수(親水) 콜로이드(hydrocolloid, 물과 결합해 콜로이드가 되는 물질. 현대 요리, 또는 분자 요리의 첨가제를 통칭한다—옮긴이)처럼 멋진 재료다. 여러 재미있는 시도가 가능해 조리의 폭을 넓힐 수 있다. 사람들이 왜 닭을 붙이거나 마요네즈를 튀기는 것처럼 여태 아무도 하지 않은 새로운 시도를 하는지 물으면 전공인 철학을 들먹일 수밖에 없다. 왜? 정말 그걸 실존주의적으로 따질 이유가 있을까? 카뮈가 말했다. 우리는 모두 죽는다고. 그래서? 의미가 없다. 답이 없는 물음이다. 음식으로 장난치는 게 요리의 재미인 동시에 내재적인 특성인데, 왜 음식을 가지고 장난을 치느냐고 묻는지 이해할 수 없다. 왜 그러느냐고 물으면 아무런 의미가 없다. 물어보거나 고민하기를 멈추고 과정을 즐기며 음식에 창의력을 더하면, 그게 바로 목표이자 종착역이며 답이 된다.

와일리에게서 고기 접착제를 처음 받고 치킨볼을 만들어봄으로써 그 방면에 첫발을 내디뎠다. 손님에게 내려 했다기보다 내 손으로 직접 만들어 가능한지 확인하고 싶었다. 그러고는 완전히 재미를 붙여 창조주가 의도하지 않았을 방식으로 이런저런 부위의 돼지고기를 붙여보고 나서, 고기 접착제가 발로틴(ballottine) 만들기에 최적의 도구임을 깨달았다. 발로틴은 뼈를 발라낸 닭고기, 또는 다른 동물의 고기에 속을 채우고 말아서 만드는데, 전통적인 방식대로라면 조심스레 다뤄 깔끔하게 말아야만 한다(223쪽의 돼지머리 토숑을 만드는 것처럼). 하지만 고기 접착제를 솔솔 뿌려 랩으로 꼭 싸서 비틀어 말아두면, 다음 날 바로 발로틴이 완성된다.

시도하는 과정에서 실패도 겪었지만, 고기 접착제에 푹 빠져버린 티엔이 '프랑켄 스테이크'와 '벽돌 치킨'처럼 멋진 요리를 만들어냈다. 프랑켄 스테이크는 자투리 고기를 쓰기 위해 고안한 요리다. 숙성된 립아이를 들여오면 위에 붙은 2.5cm 두께의 비계를 떼어내야 하는데, 너무 맛있어 버리지는 않았지만 딱히 쓸 데는 없었다. 그래서 티엔이 프랑켄 스테이크의 아이디어를 제안했다. 비계를 얇게 두들겨 편 다음 그 위에 고기 접착제로 행어, 또는 숙성이 안 된 싸구려 부위를 한 겹 깔아서 고기 접착제로 붙였다. 실로 천재적인 발상이었던 게, 스테이크가 익으면서 기름이 배어 숙성이 잘된 고기 맛이 고루 들었다.

　벽돌 치킨은 와일리의 치킨볼과 벽돌로 눌러 굽는 치킨을 어설프게 베낀 것이다. 돌 또는 벽돌로 눌러 굽는 치킨은 수천 년의 역사를 자랑한다. 하지만 이 요리가 '벽돌 치킨'인 이유는, 그저 닭고기를 벽돌 모양처럼 잡았기 때문이다.

벽돌 치킨
'BRICK' CHICKEN

4인분

목표는 닭의 뼈를 완전히 발라, 가슴살과 다리살이 껍질로만 연결된 반쪽짜리 닭 2조각을 만드는 것이다. 혹시 트랜스글루타미나아제(316쪽 식재료 구입처 참조)를 찾는 데 어려움을 겪는다면, 닭 뼈를 발라내는 것만으로도 충분히 재미있을 것이다.

만드는 법

1. 닭날개 관절 사이로 칼을 넣어 날개 끝을 잘라낸다. 두었다가 타레(50쪽)를 만들거나 육수를 끓이는 데 쓴다.

2. 닭의 어깨에서 가슴뼈의 높은 부분까지 걸쳐 있는 위시본을 찾아 손가락을 넣는다. 뼈를 칼의 길잡이로 삼아, 목이 달려 있었을 부위인 가슴뼈 안쪽까지 잘라낸다. 다시 한 번 뼈를 칼의 길잡이로 삼아, 위시본 바깥쪽의 가슴살에서 가슴뼈를 잘라낸다. 위시본이 둘로 쪼개질 수도 있지만 끄집어낼 수 있는 한 별문제 없다.

3. 가슴뼈를 따라, 목부터 맨 아래까지 내려가면서 껍데기를 칼로 자른다. 갈비뼈를 칼의 길잡이로 삼아 가슴살을 발라낸다.

4. 날개뼈를 잘라낼 차례다. 날개 부위 껍질을 당겨 어깨 관절을 드러낸 다음 칼로 자른다. 경우에 따라 자를 때 힘을 줘야 할 수도 있다.

5. 다리를 눌러 꺾어 등뼈에서 뽑아낸 다음, 등뼈를 칼의 길잡이로 삼아 뼈를 발라낸 가슴살과 뼈가 남아 있는 다리를 등뼈에서 분리한다. 최대한 닭고기의 형태를 따라 발라내면서 '굴(닭 뒷다리의 절굿공이 관절 위, 등뼈 양 옆에 붙어 있는 살점)'을 잘라내지 않도록 주의한다. 등쪽의 살을 다 발라내고 나면 등뼈가 있던 자리의 껍질과 살을 잘라 뼈를 발라낸 절반을 분리해낸다. 반대쪽에서도 되풀이한다. 등과 갈비뼈는 육수를 내는 등 다른 데 쓴다.

6. 닭다리가 굽어 있는 형태에 맞춰 L자로 잘라 다리뼈를 발라낸다. 허벅지뼈를 따라 칼끝으로 잘라 뼈 전체를 드러낸다. 칼이 무릎에 이르면 다리 끝까지 잘라 뼈를 드러낸 다음 그 끝에 있는 힘줄을 잘라낸다. 살에서 허벅지뼈를 떼어낸 다음 칼끝으로 뼈를 지탱하는 살을 긁거나 잘라내고 다리도 같은 과정을 거쳐 뼈를 발라낸다. 반대쪽 다리도 되풀이한다.

재료

닭(1.35~1.8kg) 1마리
꽃소금
후추
트랜스글루타미나아제(속칭 고기 접착제, 액티바 제품 추천) 1작은술
무염 버터 8큰술
마늘 6쪽
타임 2~3줄기
포도씨유나 식용유 8컵(튀김용)
포도씨유나 식용유 2큰술(구이용)

7. 가슴살에서 안심을 떼어낸 다음 끝에 있는 힘줄을 잘라낸다. 손으로 훑어 근막이나 핏줄, 뼛조각을 찾아 다듬거나 발라낸다.

8. 작업대에 랩을 몇 겹으로 깔아 대략 75㎠의 공간을 마련한다. 껍질이 바닥에 닿도록, 뼈를 발라낸 닭의 절반을 랩 위에 올린다. 안심을 허벅지살 위에 올린다. 소금과 후추로 넉넉히 간하고 고기 접착제 ½작은술을 솔솔 뿌린다. 커피 케이크 위에 정말 아껴가며 뿌린 가루설탕처럼, 고운 입자가 골고루 자리 잡아야 한다. 손으로 매만져 마무리한다.

9. 가슴살을 다리 위로 포갠 다음 늘어진 닭껍질을 추슬러 모아 벽돌 모양을 잡는다. 랩을 잘 활용해서 모양을 잡고 전체를 감싼다. 나머지 절반도 같은 과정을 되풀이한다.

10. 닭의 모양을 잡아 랩으로 싼 다음, 부드럽고 고르게 눌러줄 수 있는 것을 위

에 올려 냉장고에 넣는다. 고기 접착제가 마법을 발휘할 수 있도록 최소 12시간에서 하룻밤 동안 둔다.

11. 다음 날 랩을 벗겨내면 짠! 풀리거나 펼쳐지지 않는 단단한 고깃덩어리가 되어 있을 것이다.

12. 벽돌 치킨을 튀길 경우, 기름을 뺄 수 있는 식힘 망(케이크나 쿠키를 올려 식히는)을 준비한다. 깊은 냄비에 기름을 7.5cm 깊이로 담아 중간-센 불에 올려 튀김 또는 조리용 온도계가 190℃를 가리킬 때까지 데운다. 벽돌 치킨을 1덩어리씩 넣어, 닭껍질에 짙고 맛있어 보이는 갈색이 돌고 속살까지 익을 때까지 8~10분 동안 튀긴다. 기름에서 건진 뒤 식힘 망에 올려 기름을 뺀다(종이 행주에 올리면 닿은 부분의 껍질이 눅눅해지므로 좋지 않다).

팬에 구울 경우, 오븐을 205℃로 예열한 뒤 지름 25~30cm짜리 무쇠 팬을 센 불에 올린다. 종이 행주로 닭의 물기를 닦아낸다. 팬이 뜨겁게 달궈지면 기름을 둘러 30초간 둔 다음 벽돌 치킨을 올린다. 4~5분 뒤 스패출러로 팬에 닿은 부분의 껍질을 확인해 짙은 갈색이 도는지 확인한다. 닭 밑으로 스패출러를 슬쩍 밀어 넣어, 닭이 팬에 붙어 있을 경우 슬슬 떼어내 뒤집는다.

팬을 오븐에 넣어, 조리용 온도계를 닭고기 가운데에 찔러 넣었을 때 70℃를 가리킬 때까지 30분 동안 굽는다(공을 들여 색을 낸 아름다운 닭껍질에 자국이 남지 않도록, 온도를 잴 때 온도계를 벽돌 옆면으로 찔러 넣는다).

13. 이제 팬을 약한 불에 올린다. 버터와 마늘, 타임을 더한다. 버터가 녹자마자 팬을 45도로 기울이고 큰 숟가락으로 녹은 버터를 닭고기 위에 끼얹는다. 되풀이해 닭고기에 버터향의 회오리를 입힌다. 2분 정도 버터를 끼얹은 다음 닭고기를 도마로 옮긴다.

14. 낼 때는 벽돌을 4쪽 정도로 두툼하게 썰어 접시에 펼쳐 담는다. 닭을 구웠다면 팬의 버터 소스를 끼얹는다.

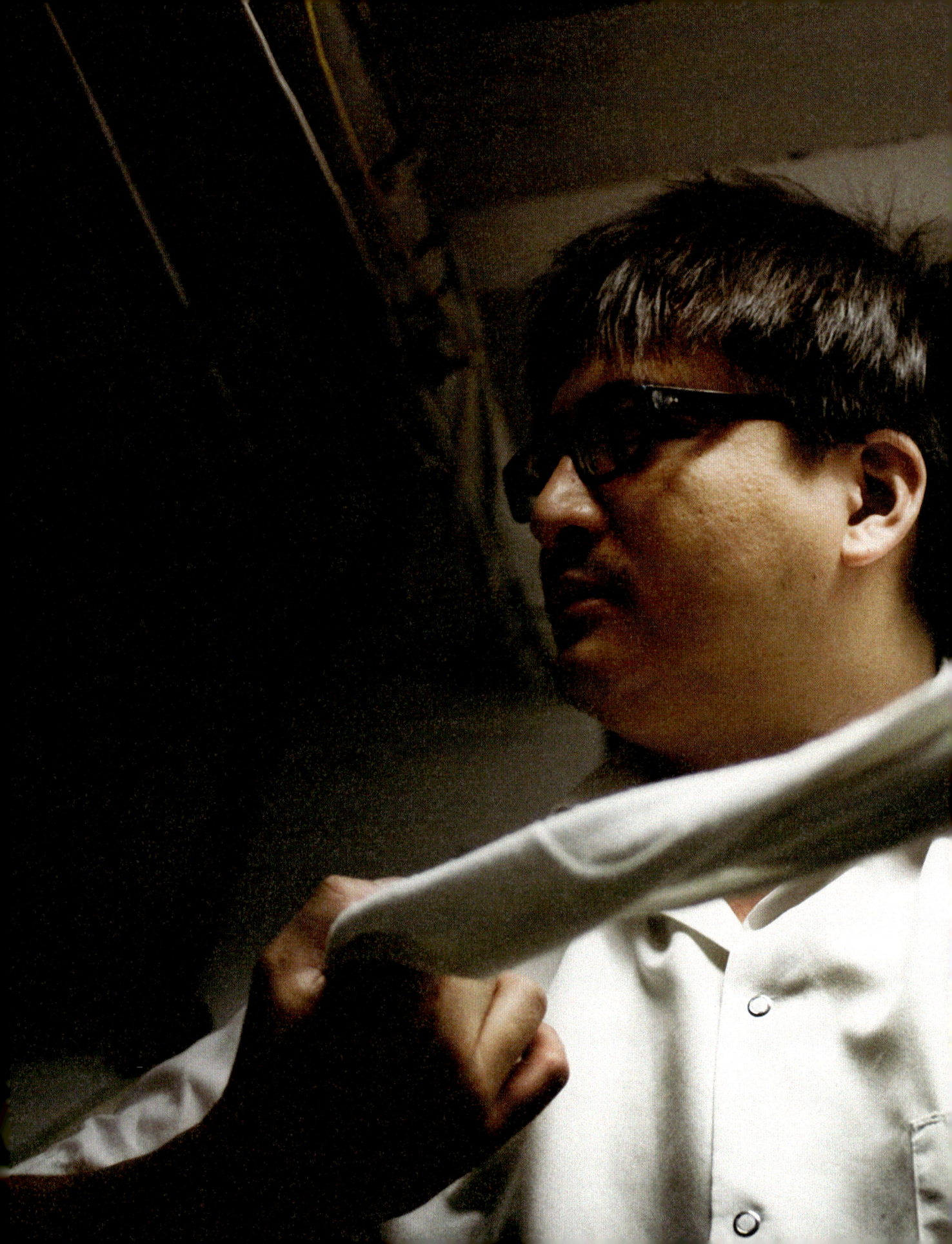

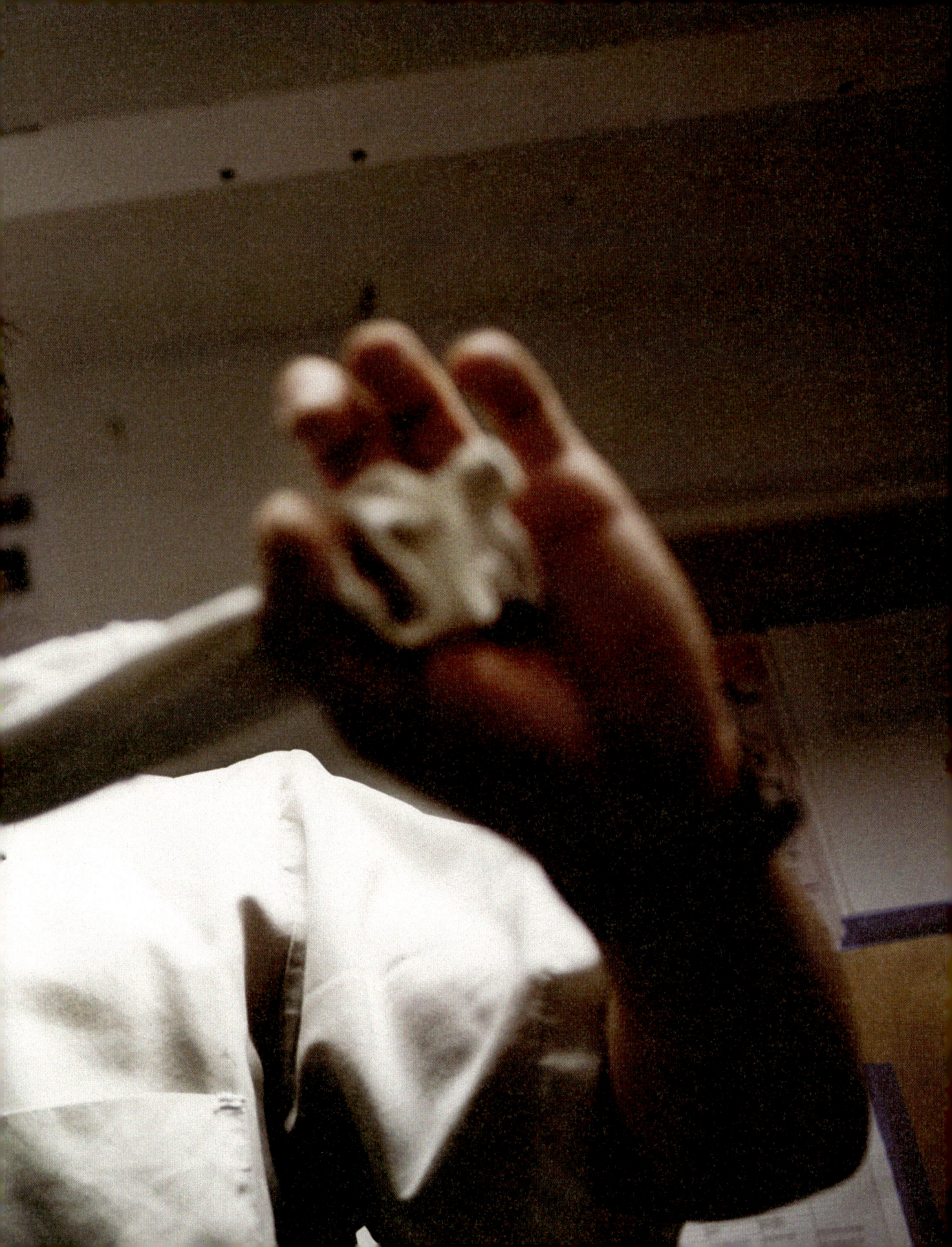

돼지머리 토숑
PIG'S HEAD TORCHON

6인분

돼지에게는 머리가 달렸다. 돼지라면 다 그렇다. 돼지가 처음부터 걸어다니는 삼겹살이었을 리 만무하다는 말이다. 고기에 신경을 쓴다면 이를 염두에 두는 것이 좋다. 환경 친화성이나 정직한 사육—모모푸쿠에서 엄청나게 진지하게 받아들여 매일 상기하려 애쓰는 개념—에 신경을 쓴다면 머리부터 꼬리까지 다 쓴다는 생각을 받아들여야 한다.

목장에서는 훌륭하게 잘 자란 돼지에 머리도 함께 딸려 내보내지만 아무도 먹으려고 하지 않는다. 그래서 요리사의 역할이 필요하다. 그런 머리를 가져다가 맛있게 요리하는 일 말이다. 그게 재료와 친해지는 최고의 방법이다. 재료를 받아들이고 공을 들여 한 단계 더 나은 요리로 승화시키는 것이다. 파를 썰든 캐비어를 숟가락으로 떠 올리든 반으로 가른 돼지머리를 삶든 마찬가지다. 재료를 음식으로 만드는 일, 문자 그대로 돼지 귀를 비단 지갑으로 탈바꿈시키는 과정이 주방에서 벌어진다.

그리고 농담이 아니라, 여기에 소개하는 레시피가 그나마 돼지머리를 조리하는 데 가장 쉬운 방식이다. 삶아서 살을 발라내고, 말아서 자른 다음 하키 퍽처럼 작고 우아하게 만들면, 아무도 원재료가 끔찍하게 생긴 돼지 통머리라고 생각할 수 없을 것이다. 작업을 할 때는 반드시 고무장갑을 사용하라. 그래야 일하기가 한결 덜 끔찍하다.

만드는 법

1. 남은 털이 없는지 돼지머리를 찬찬히 살펴본다. '오후 1시 그림자' 정도라면 신경 쓸 필요 없지만 조금이라도 긴 털이 남아 있다면 손질한다. 토치도 좋고 일회용 면도기도 좋다.

2. 돼지머리를 넉넉한 크기의 육수 냄비에 넣는다. 쪽파, 당근, 절반으로 가른 양파를 넣고 물을 담는다. 소금을 넉넉히 치고(너무 짠가 싶은 정도가 낫다) 끓인다. 끓자마자 불을 줄여 종종 부글거릴 정도로 은근히 끓인다. 연하지만 살점이 떨어질 정도는 아닐 때까지, 약 3시간 반 동안 끓인다.

3. 살을 발라내기 전에 마늘을 조리한다. 중간 불에 작은 스킬렛을 올리고 식용유 2큰술을 둘러 달군다. 약 1분 뒤 기름이 뜨거워지면 마늘을 넣고 종종 뒤적거려가며 노릇하고 향이 두드러질 때까지 5~6분 동안 익힌다. 불에서 내려 둔다.

4. 작업대에서 요리 준비를 한다. 뼈 등을 담을 큰 것 하나, 살과 비계를 담을 작은 것 둘, 도합 세 개의 그릇을 준비한다. 작업대에 랩을 몇 겹 씌워 가로 120cm, 세로 60cm의 공간을 마련한다. 종이 행주, 잘 드는 작은 칼, 일회용 고무장갑을 준비한다.

토숑 재료
돼지머리 절반(3.6~4.5kg)
쪽파 1대
당근 2개
양파 1개
꽃소금
포도씨유나 식용유 2큰술
곱게 다진 마늘 ¼컵
후추
중력분 1컵 + 여분
달걀 3개
팡코 빵가루 1컵 + 여분
포도씨유나 식용유 2큰술(튀김용)

고명 재료
40g들이 일본식 매운 양겨자 튜브
(S&B 제품 추천)
큐피 마요네즈 1½큰술
양조 식초 2큰술
양상추 이파리
체리 절임 (81쪽)이나 생체리

쌈 바

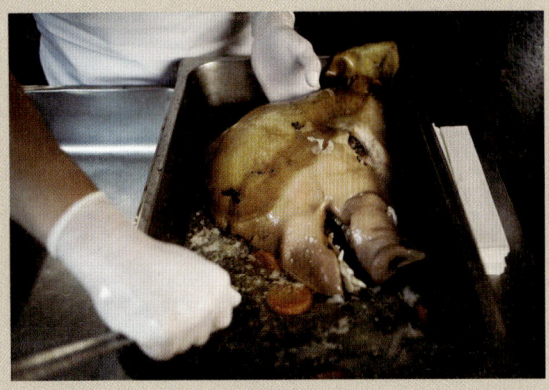

5. 냄비에서 머리를 건져 큰 그릇으로 옮긴다. 끓이고 남은 국물은 버린다. 완전 하드코어로 가서 국물을 남겨 두었다가 간단한 수프라도 끓이는 방법도 있다. 하지만 모모푸쿠에서도 돼지고기 맛이 너무 강해서 쓰지 않으니 그 편이 시사하는 바가 있을 것이다. 공략하기 쉽게 머리를 몇 분 동안 식힌 다음 장갑을 낀다. 다루기 적당한 정도까지 식으면 볼이 아래로 가고 자른 면이 위로 오도록 랩 위에 올린다. 눈을 뽑아 버리고 주위에 맛있는 살점이 있나 본다. 턱을 뽑아 버리고 코도 비틀어 떼어내 버린다(잘 안 떨어지니 칼을 쓰는 게 좋다).

6. 수의학 용어 따위 들먹이지 않고, 가능한 한 간단하게 설명하겠다. 살점은 한 그릇에, 상태 좋은 지방은 다른 그릇에, 나머지는 뼈와 함께 큰 그릇에 담는다. 손가락으로 구별할 수 있다. 살점은 길게 결이 있고 부드러우며 돼지고기처럼 손으로 발라낼 수 있다. 대부분 볼 주위에 있지만 머리와 목이 붙은 부위에도 많고, 머리 전체에 걸쳐 여기저기 덩어리져 있다. 비계는 비계다. 잘만 하면 껍질은 크게 몇 쪽으로 나뉘어 떨어진다. 최소한 이 토숑을 위해서는 쓰임이 같으므로 비계 그릇에 모은다. 핏줄은 손대지 않거나 버린다. 고기를 찾아 헤매던 손가락이 특히 입 언저리에서 작고 단단한 덩어리를 발견한다면 쓴맛이 날 수도 있는 침샘일 테니 버린다(버린다는 사실이 기분 나쁘다면, 아주 못 먹을 게 아니라는 점만 알면 된다. 그렇게 맛있지가 않을 뿐이다). 혀를 찾으면 뒤집어 껍데기는 버리는 그릇에, 나머지는 살점 그릇에 담는다. 이 레시피에서는 귀를 쓰지 않지만 굳이 먹겠다면 튀겨 썰어서 머스터드와 곁들이면 된다. 간식으로는 끝내줄 것이다. 먹기 싫으면 그냥 버린다.

7. 머리에서 살점을 발라내는 막중한 임무를 마쳤다면 이제 토숑을 위해 살점의 자리를 잡아줄 차례다. 먼저 소금, 필요하다면 후추도 함께 양념한다. 깔아둔

랩 위로 비계의 융단을 깐다. 껍질 전체가 딸려올테니 비곗덩어리와 함께 골고루 펴 올린다. 비계와 껍질을 사각형 모양으로 깔면, 4면 모두 비닐 랩이 7.5~10cm 남을 것이다. 비계와 껍질을 다 깔고 살점의 간을 본다. 소금을 더 넣어야 할까? 아마 그럴 것이다. 소금을 넉넉하게 넣고 노릇하게 익힌 마늘을 올린 뒤 잘 버무린다. 고기를 깔아놓은 비계 위에 담요처럼 올려 전체를 거의 덮지만 가장자리에 약 2.5cm 정도의 비계가 드러나도록 한다. 이제 장갑을 벗는다.

8. 토숑을 말 차례다. 랩의 가장자리를 들어 올려 몸 쪽으로 당겨가며 만다. 롤케이크처럼 원통으로 만다고 생각하면 된다. 대강 형태가 잡히면 탄탄하게 당겨서 말아준 다음 랩의 끝을 비틀어 깔끔한 원통형으로 마무리한다. 팽팽하게 모양을 잡았으면 양쪽 끝을 묶어 냉장고에 최소한 두 시간 두어 젤라틴과 지방이 굳어 형태를 유지하도록 한다. 이 단계까지 요리를 내기 이틀 전에 준비할 수 있고, 일단 토숑의 모양이 완전히 잡히면 냉동고에 몇 달 두고 쓸 수 있다. 다음 과정으로 넘어가기 24시간 전에 냉장고에서 해동하면 된다.

9. 토숑을 조리할 준비가 되면 밀가루, 달걀, 빵가루를 담을 그릇 세 개를 준비한다.

10. 토숑을 냉장고에서 꺼내 랩을 벗긴다. 2.5cm 두께의 하키 퍽처럼 썬다. 하나씩, 밀가루를 고루 묻힌 다음 달걀 물을 입히고 빵가루도 밀가루와 같은 방식으로 넉넉하게 입혀준다.

11. 접시에 종이 행주를 깔아 준비한다. 깊은 냄비에 7.5cm 깊이로 기름을 담아 중간 불에 올려 튀김 또는 조리용 온도계가 190℃를 가리킬 때까지 데운다. 한 번에 두 개씩 빵가루옷이 중간 정도 진한 갈색이 돌 때까지, 약 3분 동안 튀긴다. 튀긴 토숑은 종이 행주에 올려 기름기를 뺀다.

12. 낼 때는 머스터드와 마요네즈, 양조 식초를 잘 섞어 접시 가운데에 넉넉하게 1큰술 올린다. 숟가락 등으로 눌러 접시를 가로질러 자국을 낸다. 그 위에 토숑 퍽을 두 개씩 담고 양상치 이파리와 체리 절임이나 씨를 발라 반으로 가른 생체리를 올린다. 뜨거울 때 낸다.

반미 샌드위치
BÁNH MÌ

약 12개 분량

쌈 바의 반 미 샌드위치도 백 퍼센트 티엔 호의 작품이다. 나는 그저 먹기나 할 뿐이다. 직접 이야기를 들어보자.

테린이 두 종류 들어가고 이름이 베트남식인 데다가 한 번도 먹어본 적이 없을지도 모르지만, 안심해도 좋다. 반 미는 세계에서 가장 맛있는 고기 샌드위치 가운데 하나로 버거와 토르타(torta, 멕시코식 샌드위치-옮긴이), 또는 그 비슷한 무엇과도 어깨를 나란히 한다.

반 미 샌드위치의 탄생에 결정적인 역할을 한 제빵 기술은 19세기 중반 프랑스가 베트남을 식민지로 삼았을 때 도입되었다. 프랑스인의 베트남 진출은 베트남인의 식생활에 막대한 영향을 미쳤다. 바게트는 베트남 어느 집의 식탁에나 오르며 테린과 소시지 종류도 흔히 먹는다. 베트남 요리의 핵심 수프인 포 또한 프랑스 음식에 빚을 졌다.

베트남 말로 반 미는 '빵'을 의미한다. '반 미 보 코'나 '반 미 카리'는 스튜로 코코넛 주스나 밀크에 쇠고기를 푹 끓여 껍데기가 바삭한 빵을 곁들여 내는데, 음식에 자신 있는 여느 프랑스 가정집에서라도 먹을 수 있는 음식이다. 그러나 '반 미'란 말은 특히 미국이라면 베트남식 샌드위치를 일컫는다. 껍데기가 바삭한 바게트에 고기와 살짝 절인 채소, 거의 언제나 마요네즈, 고수풀, 거기에 매운맛을 더하고자 저민 할라피뇨를 채운다. 반 미에 들어가는 고기는 고전에 가장 충실하자면, 삶거나 튀겨 넣는 테린 몇 종류다. 반면 반 미에 넣을 수 없는 재료의 목록은 넣을 수 있는 재료 목록보다 적다.

쌈 바에서 내기 전에는 반 미를 만들어본 적이 없지만, 나는 다른 아이들이 햄버거를 먹듯 반 미를 먹으며 자랐다. 처음 만들 때는 여기 소개하는 테린 두 종류에 송아지 머리 테린까지 넣었다. 휴스턴에서 보낸 어린 시절 먹어본 특별한 반 미는 간이나 머리고기 편육, 햄 등을 모두 넣은 것이었다. 시간이 흐르면서 두 가지의 테린을 넣는, 보다 더 단순한 조합에 이르게 되었다.

몇 가지 짚고 넘어갈 사항이 있다. 여기 소개하는 것보다 더 적은 양을 위한 레시피를 없다는 점이다. 물론 테린이 남겠지만, 이건 좋은 일이다. 레시피에서 언급한 것처럼 통째로 또는 조각으로 테린을 냉동 보관할 수 있으니 빵이나 비스킷에 발라 먹어도 되고 저녁으로 뭘 해 먹을까 고민하는 사이 한 숟갈 듬뿍 떠 먹어도 좋다. 닭 간 테린이 만들기는 쉽지만, 뒷다리살 테린 또한 말도 안 되게 간단하다.

만드는 법

1. 오븐을 150℃로 예열하거나, 뉴욕의 반 미 가게들처럼 작은 토스터 오븐에 여러 번 나눠 구울 준비를 한다. 상황에 맞춰 하면 된다. 오븐을 쓴다면 샌드위치를 한 번에 더 많이 만들 수 있다.

2. 12cm 길이로 자른 뒤 반으로 갈라 펼친 바게트에 큐피 마요네즈를 1줄씩 짠다. 닭 간 테린을 ¼컵 얹어 잘 바르고, 그 위에 얇게 저민 뒷다리살 테린 몇 조각(혹은 후하게 뜬 한 숟갈)을 올린다. 그대로 빵을 오븐에 넣어 따뜻하고 바삭바삭해질 때까지, 약 3~4분 동안 잘 굽는다(하지만 데울 뿐이지, 갈색이 돌 정도로 굽지는 않는다).

3. 빵의 한쪽 면에 당근 절임을, 반대쪽에 채 썬 무를 흩뿌린다. 고수를 한쪽에 얹고, 반대쪽에 스리라차를 짜 뿌린다. 샌드위치를 접어 닫은 뒤 절반으로 자른다. 뜨거울 때 낸다.

재료

큐피 마요네즈
기공이 많은, 좋은 바게트
닭 간 테린(다음 쪽)
뒷다리살 테린(230쪽)
채 썬 당근 절임과 채 썬 무 절임(197쪽)
고수
스리라차

닭 간 테린
CHICKEN LIVER TERRINE
그냥 먹거나 샌드위치에 넣을 경우 최소 12인분

이 레시피의 테린은 발라 먹을 수 있을 정도로 부드럽거나 때로는 부슬부슬한 것으로, 깔끔하게 잘리는 프랑스 요리의 현란함 따위는 찾아볼 수 없다. 반 미 같은 샌드위치에 넣는다면 형태 유지를 위해 냉장고에 넣을 필요도 없다. 쌈 바에서는 쉽고 빨리 쓸 수 있도록 뭉개서 1ℓ들이 용기에 나눠 담은 다음 반 미를 만들 때마다 1숟갈씩 퍼서 쓴다.

만드는 법

1. 오븐을 135℃로 예열한다.

2. 닭 간을 물에 헹궈 그릇에 담은 다음 굵은 핏줄이나 작은 담즙 멍울을 제거한다. 어차피 푸드 프로세서에 넣을 것이므로 간의 모양을 아름답게 지키느라 애쓸 필요는 없다.

3. 마늘과 샬롯을 푸드 프로세서의 용기에 담아 '펄스'로 돌리고 끄기를 반복한다. 중간 크기의 그릇으로 옮긴다. 프로세서의 용기에 다시 닭 간을 넣고 굵고 고르게 갈릴 때까지 '펄스'로 돌리고 멈추기를 되풀이한다. 마늘과 샬롯을 담은 그릇에 한데 합치고 돼지고기, 오향, 젓갈, 설탕, 소금을 넣는다. 조심스레 골고루 섞어준다(고무장갑을 낀 손으로 섞는 것이 가장 좋다).

4. 3의 혼합물을 6컵들이 제빵팬―테린 틀이나 가로 22cm, 세로 11.5cm짜리 빵 팬―에 채워 담는다. 깊은 구이팬에 테린을 담은 제빵팬을 넣고 뜨거운 수돗물을 제빵팬의 테두리까지 채운다. 그대로 오븐에 넣어 조리용 온도계를 가운데에 찔러 넣고 63℃에 이를 때까지, 1시간 15분 동안 굽는다.

5. 테린을 담은 팬을 물에서 꺼내 식힘 망에 얹는다. 상온으로 식힌 뒤 은박지로 싸서 냉장고에 넣어 최소 1시간에서 밤새, 완전히 차갑게 식힌다.

6. 냉장고에서 테린을 꺼내 틀에서 빼낸다. 작업대에 랩을 몇 겹 깐다. 뜨거운 물에 담근 칼(버터 칼도 좋다)로 테린 틀의 가장자리를 한 바퀴 두른다. 팬을 뒤집어 랩 위에 올리는데, 바로 빠져나오지 않으면 틀을 작업대에 툭툭 친다. 만든 테린은 바로 써도 좋고, 냉장고에 일주일 동안 두고 쓸 수 있다. 당장 샌드위치를 많이 만들 일이 없다면, 원하는 크기로 썰어 랩으로 잘 싸서 얼린다. 냉동고에서는 몇 달이고 둘 수 있다. 여느 고기나 마찬가지로 랩에 싼 채로 냉장고로 옮겨 해동하는데, 킬로그램당 최소 3~4시간 잡으면 된다.

재료

닭 간 1.8kg
마늘 ¼컵
중간 크기 샬롯 2개
돼지고기 간 것 1.8kg
오향가루 1½작은술
액젓 2큰술
설탕 1큰술+1작은술
꽃소금 1큰술+1작은술

뒷다리살 테린
HAM TERRINE

1.35~1.8kg 분량. 그냥 먹거나 샌드위치에 넣을 경우 최소 12인분

돼지 뒷다리살에는 비계가 진짜 많다. 하지만 비계를 다듬어 내버리고 분홍색 살덩어리만 파는 경우가 많으니, 비계는 부러 푸줏간까지 가서 찾아야 한다. 그럴 경우 햄은 1.6kg만 사고 나머지 230g 정도는 삼겹살이나 어깨에서 잘라낸 비계 몇 덩어리, 푸주한이 갖추고 있다면 소금에 절인 등 비곗살(fatback)로 채우면 된다. 지방은 고기를 한데 뭉쳐주므로 테린에서 중요한 역할을 한다. 돼지 뒷다리살을 찾을 수 없는 경우—많은 푸주한들이 크리스마스와 부활절 언저리에만 뒷다리살을 들여놓으므로 얼마든지 그럴 수 있다—비계가 넉넉하게 낀 1.8kg짜리 뼈를 발라낸 목살로 대체한다. 똑같지는 않아도 샌드위치 만드는 데는 별문제 없을 것이다.

만드는 법

1. 뒷다리살을 약 2.5cm 남짓으로 깍둑썰기 한다. 큰 그릇에 담고 분홍 소금에 버무린다. 하루에서 사흘까지 냉장고에 둔다.

2. 오븐을 135℃로 예열한다.

3. 절여둔 뒷다리살을 더치 오븐처럼 뚜껑이 있는 크고 무거운 냄비에 넣는다. 소금, 월계수 잎, 팔각, 계피, 마늘을 넣고 고기가 잠길락 말락 할 정도로 물을 붓는다. 불에 올려 은근히 끓으면 뚜껑을 덮어 오븐에 넣고 고기가 아주 연해질 때까지, 2시간 정도 익힌다.

4. 구멍 뚫린 납작한 국자로 뒷다리살을 국물에서 건져 큰 그릇에 담고 냄비를 치운다. 고기를 손으로 부스러뜨리는데, 큰 덩어리는 놓아두고 비계는 가능한 한 많이 떼어낸다. 떼어낸 비계는 푸드 프로세서 용기에 담는다(비계 붙은 고기로 대체할 경우 이 단계는 건너뛰어도 좋지만, 그래도 비계는 떼어내도록 한다).

5. 냄비의 국물에서 마늘을 건져서 푸드 프로세서의 비계에 넣고 부드러운 퓌레가 될 때까지 간다(빽빽할 경우 뒷다리살을 끓이고 남은 국물 몇 숟가락을 넣어주고, 나머지 국물과 향신료는 버린다). 마늘 지방을 작은 그릇에 긁어 담는다.

6. 마늘 지방에 뒷다리살을 담가 6컵들이 제빵팬(테린 틀이나 가로 22cm, 세로 11.5cm짜리 빵 팬)에 가지런히 담는다(아니면 고기와 비계를 함께 담아 골고루 버무린 다음 한꺼번에 팬에 부어도 된다. 테린이 썩 보기 좋진 않아도 시간을 절약할 수는 있다).

7. 팬을 은박지로 싸고, 같은 크기의 팬 하나를 더 준비해 무거운 것(말린 콩, 조약

재료
돼지 뒷다리살(1.8kg) 1덩어리
분홍 소금 2½작은술
꽃소금 ¼컵
월계수 잎 3장
팔각 2개
계피 1개
마늘 5쪽

돌 등)을 담아 테린 위에 올린다. 테린 전체에 압력을 가해 한데 뭉쳐주는 것이 핵심이므로, 여분의 팬이 없을 경우 은박지로 싼 벽돌처럼 테린 위를 넉넉하게 덮을 무엇인가를 준비한다. 그대로 냉장고에 넣어 밤새 차게 둔다.

8. 냉장고에서 테린을 꺼내 틀에서 빼낸다. 작업대에 랩을 몇 겹 깐다. 뜨거운 물에 담근 칼(버터 칼도 좋다)로 테린 틀의 가장자리를 한 바퀴 두른다. 팬을 뒤집어 랩 위에 올리는데, 바로 빠져나오지 않으면 틀을 작업대에 툭툭 친다. 만든 테린은 바로 써도 좋고, 냉장고에 일주일 동안 두고 쓸 수 있다. 당장 샌드위치를 많이 만들 일이 없다면, 원하는 크기로 썰어 랩으로 잘 싸서 얼린다. 냉동고에서는 몇 달이고 둘 수 있다. 여느 고기나 마찬가지로 랩에 싼 채로 냉장실에 옮겨 해동하는데, 킬로그램당 최소 3~4시간 잡으면 된다.

쌈 바

모모푸쿠 쇼트케이크
MOMOFUKU SHORTCAKES

8인분

쇼트케이크는 모모푸쿠 최초의 제대로 된 디저트였다. 루바브나 딸기를 곁들이고 겨울에는 과일 대신 햄 크림을 함께 냈다. 쌈 바에서는 모찌가 있었지만 가게에서 산 것에 사과를 곁들여 내는 수준이었다. 누들 바에서는 문을 연 첫 여름 몇 달 동안 디저트를 내보려 했지만, 더 넓은 공간으로 옮겨 소프트 아이스크림 기계를 들이고 나서야 다시 생각해볼 여유를 가지게 되었다.

이 쇼트케이크는 크리스티나 토시의 솜씨다. 그녀가 팀에 합류한 이후 디저트는 모모푸쿠의 음식에서 빠질 수 없는 부분이 되었다. 레시피의 가루설탕 덕분에 단맛과 짠맛의 균형이 전통적인 쇼트케이크보다 조금 더 두드러진다. 바삭하게 부스러지는 겉껍데기 속에 한층 더 촉촉하면서도 밀도가 높은 속살이 숨어 있다.

만드는 법

1. 눈금 달린 작은 계량컵에 달걀을 깬 뒤 흰자와 노른자를 완전히 섞어준다. 절반을 따르거나 숟가락으로 떠내고(버리거나 뒀다가 다른 데 쓴다), ½컵이 될 때까지 크림을 섞는다. 잠시 저었다가 냉장고에 차게 보관한다.

2. 밀가루, 백설탕, 황설탕, 소금, 베이킹파우더를 스탠딩 믹서의 그릇에 담고, 주걱을 달아 잠시 돌려 섞어준다. 버터와 쇼트닝을 더하고 최저속으로 돌린다. 콩 크기로 반죽이 뭉칠 때까지 4분 정도 돌린다.

3. 버석거리면서 덩어리진 듯도 하고 마른 느낌도 나도록 반죽이 뭉치면, 냉장고에서 1의 크림과 달걀 혼합물을 꺼내, 믹서를 최저속으로 돌리는 동안 반죽에 붓는다. 가능하면 짧은 시간 동안, 액체가 반죽에 가까스로 흡수될 정도만 돌린다. 오래 섞지 않도록 주의한다. 반죽을 그대로 둔다.

4. 반죽을 약 2큰술 분량으로 떼어 작은 공으로 만든다(손으로 가볍게 모양을 잡아 줄 수도 있다). 제빵팬에 줄지어 담는다. 8덩이가 나오면 맞다. 반죽을 그대로 30분에서 하룻밤 정도 냉장고에 둔다.

5. 오븐을 175℃로 예열한다. 제빵팬 두 개에 유산지나 실팻(Silpat, 달라붙는 걸 막아주는 실리콘 내지-옮긴이)을 깐다.

6. 가루설탕을 넓고 얕은 그릇에 담는다. 그 위에 반죽을 하나씩 굴려 설탕을 가볍게 묻히고 남은 건 털어내서 5의 제빵팬 위에 올린다. 굽는 동안 두 배로 부풀

재료

달걀 1개
생크림 약 ½컵
중력분 1½컵
백설탕 ½컵
황설탕 ⅓컵
꽃소금 1큰술
베이킹파우더 1½작은술
무염 버터 8큰술(115g, 미리 작게 깍둑썰기 해 냉장고에 둔다)
쇼트닝 ¼컵(상온에 둔다)
가루설탕 약 ½컵
은근히 삶은 루바브(234쪽) 또는 재운 딸기(235쪽)
휘핑크림(235쪽)

수 있도록 사이사이 여유를 둔다.

7. 9~11분 동안 굽는다. 반죽이 옆으로 먼저 퍼진 다음 부풀어 오를 것이다. 베이킹파우더에 힘입어 마지막까지 팽창하고, 다 구워지면 겉의 가루설탕이 갈라진다. 이 케이크는 더 굽는 편이 덜 굽는 편보다 낫다. 오븐에서 꺼낸 뒤에 가운데가 푹 꺼진다면 다시 오븐에 넣어 60~90초 동안 더 굽는다. 식힘 망으로 옮긴다.

8. 루바브나 딸기에 휘핑크림을 넉넉하게 곁들여 낸다.

은근히 삶은 루바브
8인분

만드는 법

1. 오븐을 110℃로 예열한다.

2. 껍질을 벗겨 2.5cm 길이로 썬 루바브, 엘더플라워 시럽, 리치 통조림 국물, 설탕을 중간 크기의 오븐에 사용 가능한 소스팬에 담아 뚜껑을 덮는다. 오븐에 넣어 연해질 때까지, 35분 정도 삶는다.

3. 팬을 꺼내, 뚜껑을 덮은 채로 루바브를 거의 상온에 가깝게 식힌다.

4. 구멍 뚫린 납작한 국자로 삶은 루바브를 건져 바로 내거나(1인당 ½컵 정도 내는데 국물 또한 반드시 함께 낸다. 쇼트케이크와 루바브에 가는 줄기를 그리며 끼얹으면 된다) 국물째로 냉장고에서 약 일주일 동안 두고 쓸 수 있다.

재료
루바브 680g
엘더플라워 시럽 3컵
리치 통조림 국물 2~3캔 분량(리치는 다른 요리에 쓰거나 그냥 먹는다)
설탕 2컵

재운 딸기
8인분

만드는 법

내기 한두 시간 전에 준비한다. 딸기와 설탕을 가볍게 버무리면 설탕 때문에 딸기에서 즙이 배어나올 것이다. 차게 또는 상온에서 내는데, 1인당 ½컵을 곁들인다. 이때 딸기 재운 국물도 쇼트케이크와 딸기 위에 끼얹어 낸다.

재료
딸기 4컵(트라이스타처럼 자연스레 단맛이 돌고 너무 크지 않은 종 추천)
설탕 ¼컵

휘핑크림
3½컵 분량

만드는 법

생크림, 사워크림, 가루설탕, 소금을 큰 그릇에 담는다. 전기 믹서나 거품기로 뾰족하게 올라올 때까지 휘젓는다. 휘핑크림은 미리 준비해 냉장실에 몇 시간 동안 두고 쓸 수 있다. 내기 전에 다시 휘저어준다.

재료
생크림 1½컵
사워크림 ½컵
가루설탕 ¼컵
꽃소금 약간

누들 바 자리를 '코'로 바꾸기로 결정한 뒤, 그 의미를 정확하게 따져보기로 했다. 우리는 엉망이었던 누들 바를 성공적으로 일궈냈다. 누들 바는 무너져가는 라멘 바에서 많은 사람이 찾는 장소로 변모했기에 미어터지지 않으려면 규모를 세 배 정도 늘려야 했다. 쌈 바에서는 어떻게 해야 손님들이 올까, 무슨 음식을 낼까보다 어이없이 커다란 존 맥켄로 포스터를 식당 어디에 붙일까에 더 신경 썼다. 콘셉트를 잡는 첫 단계부터 발상 전환이 필요했다. 코는 일단 홀딱 말아먹고 나서 다시 고치는, 모모푸쿠의 고전적 방식을 답습할 수는 없었다.

먼저 쌈 바보다 자리를 적게 놓자는 원칙을 세웠다. 많게는 27개부터 적게는 12개까지 의자를 놓아가며 시험해보았다. 예전의 모모푸쿠보다 자리는 적게 두면서도 고급 수준의 음식을 내놓으려면 예약을 받는 수밖에 없었다. 백 달러씩이나 받아먹으면서 손님들을 추운 바깥에서 기다리게 만들 수는 없었기 때문이다. 웨이터를 전혀 두지 않고 팁은 모두 요리사들이 가져가기로 계획을 세웠다. 또, 전화만 받는 직원을 쓰지 않으려면 예약은 온라인으로 받아야 했다. 매일매일 선착순으로 마감된다. VIP고 뭐고 없었다.

코는 협력 체계로 운영할 생각이었다. 우리끼리는 바느질 모임 같은 형식이 될 것이라고 농담도 했다. 모든 셰프와 부주방장을 브루클린에 있는 퀴노의 아파트로 모아 맥주를 마셔가며 아이디어를 내놓는 자리를 마련했다. 고급 정찬 분위기에다 어떻게 모모푸쿠의 철학을 결합할 수 있을지 많은 생각들이 쏟아졌다. 맛보기 메뉴로 손님을 한 번 받고 단품을 새벽 2시까지 내서 업계 동료들이 일을 마치고 와 먹을 수 있게 하는 시나리오도 생각해봤다. 저녁으로 아침 메뉴를 내거나 프라이드치킨을 통으로 내는 아이

디어도 나왔지만 그건 누들 바로 돌렸다. 아니면 치킨 프라이드 스테이크(chicken fried steak, 텍사스를 중심으로 한 미국 남부에서 즐겨 먹는 음식으로 이름과는 달리 두들겨 얇게 편 쇠고기를 쓴다-옮긴이)나 튀긴 사과 파이처럼 고급 미국식 정찬 식당에서는 내지 않지만 누구나 좋아하는 음식에 초점을 맞춰보자는 아이디어도 있었다.

그러나 언제나 나는 열 받은 채로 그 자리를 떴다. 새로운 레스토랑에 대한 도전이나 아이디어를 내는 일 자체를 진지하게 받아들이지 않는 몇몇 사람들의 자세가 마음에 안 들었기 때문이다. 피터 서피코나 샘 겔만은 내 의도를 알아차린 듯해, 그들에게 코의 주방을 맡기기로 마음먹었다. 크리스티나 토시는 기본이었다.

생선살을 정확하게 뜨는 것처럼 매우 단순하고 잘 알아차리기 힘든 것부터 조개관자를 완벽하게 굽는, 장식이나 자기만족이 아닌 가장 현대적인 조리 기술들을 코에서 보여주고 싶었다. 한편 가능한 한 단순하면서도 아이디어와 맛, 그리고 조리 과정에서 우리 진화의 끝을 보여주고 싶었다. 누들 바와 쌈 바에서 선보여온 맛을 버리지 않으면서도 재치와 창조를 불어넣어 조리하는 레스토랑을 열고 싶었다.

일종의 암호처럼 우리가 주방에서 자주 쓰는, 코 주방의 정신을 드러내는 말이 있다. 바로 '공들여서(Make it soigné)'이다. 뭐든 제대로, 완벽하게 하라는 뜻이다. 전통적인 프랑스 주방에서 많이 들을 수 있는 말로, 실수도 오해도 용납하지 않으니 최선을 다해 절대 말아먹지 말라는 뜻이기도 하다. 처음 두 식당에서는 그렇게 하기에는 여러 제약이 있었지만 코에서는 이 말을 만트라로 삼았다.

머리를 슬며시 기울이거나 지시하는 투로 '제대로(Make it nice)'라고 말하면, 가진 재료를 알고 있는 최선의 방법으로 제대로 조리하라는 의미다. 대부분의 모모푸쿠의 요리는 훌륭한 재료를 '제대로 만들어서' 진화한 것이다.

한편 셰프라는 말 자체도 사실 모욕적인 표현이 될 수 있다. 오늘날에는 이 말이 농담처럼 의미 없는 용어가 되었다. 까만 셰프 윗도리는 입었으되 통 아는 게 없는 바보들이 수두룩하니까. 하지만 주방에서 일하면 윗사람은 무조건 셰프라고 불러야 한다. 물론 자격을 갖춘 사람이라면 그런 말로 불리는 것 자체가 영예가 된다. 물로 나도 최 씨 아저씨처럼 멘토로 생각하는 사람을 만나거나 이야기할 때는 셰프라는 말을 즐겨 쓴다. 이렇게 보여도 내가 스승과 제자 사이에서 갖추는 예의를 모른다고 생각하는 건 원치 않는다.

성질이 더러운 서피코는 거의 모두를 셰프라고 부르는데, 그게 코의 분위기가 되었다. 셰프라는 호칭은 적절히 쓴다면 공손함과 겸손을 표현하지만 내가 즐겨 쓰는 뉘앙스처럼 장난기 어린 멸시를 담기도 한다. 그 두 가지 의미 사이의 마찰이 코의 정신에 자리한 도전 정신이었다.

우리 모두가 개업 메뉴를 짜며 외부에서 갖는 기대 때문에 부담을 느꼈다. 그 메뉴를 통해 모두가 우리를 평가할 것이기 때문이었다. 코를 열기 몇 달 전부터 쌈 바에 들린 친구들에게 시험 삼아 요리를 내보았다. 그리고 언제나처럼 원탁 이메일을 통해 생각을 나눴다.

2007년 9월 20일 목요일 10:16PM

코의 개업 메뉴에 대한 여러분의 생각을 들어봅시다.
김치 콩소메는 진짜 괜찮은 것 같아요. 저온 조리한 갈비도 그렇고요. 토시와 나는 구운 관자도 좋아합니다. 접시에 차리기도 편하고 맛도 괜찮아요. 다만 다시를 좀 손봐야 합니다.

아뮤즈 부시는 어떤 게 좋을까요.
김 컵에 담은 성게알과 캐비아
또는 해초 마카롱과 캐비아—토시에게 식사 코스에 낼 수 있는 마카롱을 부탁했습니다. 쪽파 마카롱에 프레시 크림과 캐비아도 괜찮고요.
또는 쌀 크래커 컵에 담은 타르타르도 고려하고 있습니다.

첫 번째
볶은 송이 기름과 솔잎 기름, 가늘게 채 친 사과, 잣 퓌레(와 다시), 쪽파(솔잎 모양으로 썬 것)
또는 시소와 동결 건조한 간장-소금으로 속을 채운, 토치로 그을린 얇은 와규 쇠고기말이

두 번째
김치 콩소메와 굴, 그을린 삼겹살, 차트(chaat, 튀긴 반죽과 요거트 등을 바탕으로 한 서남아시아의 스낵-옮긴이), 양배추
또는 가늘게 채 썬 생강 쪽파 소스를 곁들인, 찐 굴
또는 비둘기 국물에 조린 도쿄 순무와 검정 느타리 버섯
또는 다시 젤리에 넣어 굳힌 산타바바라 성게알
또는 검정 송로버섯, 쇠고기 주(jus, 육즙을 바탕으로 한 묽은 소스, 주로 쇠고기에 곁들인다-옮긴이), 달팽이를 곁들인 자왕무시

세 번째
그날 잡은 가리비 구이와 김 퓌레, 설탕 입힌 퉁퉁마디, 거품을 낸 다시
또는 돼지고기 만두 아뇨로티(agnolotti, 라비올리처럼 속을 채운 파스타의 한 종류-옮긴이)

네 번째
갈비와 무조림, 겨자씨 절임

디저트는 어때.

튀긴 사과 파이 정도.

다른 아이디어는 없고?

푸아그라 토숑과······

보리 리조토

토시의 치킨 프라이드 치킨(치킨 커틀렛) 진짜 좋습니다.

서피코의 광어와 그을린 백합 구근

참치와 콜라비, 사과, 겨자기름

반숙 달걀과 버섯 라구

구운 비둘기, 오향, 사보이 양배추

2007년 9월 26일, 2:10AM

몇 가지 더, 그리고 시식······.

토시, 우리가 아뮤즈에 김을 덜 쓰는 문제를 이야기했잖아요. 뭐, 지금도 마카롱 사이에 캐비아를 넣는 게 괜찮다고 생각하지만 울트라스퍼스(Ultrasperse, 옥수수에서 추출한 변성 전분의 상품명-옮긴이)로 걸쭉하게 만든 버터밀크에 들쭉날쭉하게 김 칩을 담고 캐비아를 올린 요리도 맛있을 거라는 생각이 계속 들어요.

카나페 - 송이버섯 요리는 반으로 갈라 구운 짭짤한 잣 브리틀(아주 얇게 만들어서), 잣기름, 솔잎처럼 보이도록 썬 골파로 바꿉시다. 전통적으로 끓여서 낸 송이버섯은, 다른 요리에 더 잘 어울릴 것 같아요. 아니면 간단하게 크루도를 하거나.

달걀 코스 - 준비가 간단해서 훌륭한 달걀 코스가 될 것 같아요. 4분 삶은 달걀을 얼음물에 담가 껍질을 벗겨 생강, 팔각으로 맛을 낸 간장에 물들입니다. 낚싯줄로 부드럽게 절반으로 갈라 모듬 허브 샐러드, 피칸, 컨트리 햄 가루를 곁들이는 거죠. 내일 만들어봅시다.

김치 콩소메와 굴, 그을린 삼겹살, 차트(내보낼 준비 끝) 뜨거운 사케 도쿠리를 곁들입니다.

그날 잡은 가리비 구이와 김 퓌레, 설탕 입힌 퉁퉁마디, 거품을 낸 다시(거의 마무리, 1주 소요 예정)핸드 믹서로 메틸셀룰로스 f50의 효과가 가시는 시점을 잘 맞춰야 합니다. 뜨거운 접시 같은 걸로 활성화시키는 환경을 잘 갖춰줘야 할지도 몰라요.

갈비와 무 조림, 겨자씨 절임, 꼬마 당근(메뉴에 올릴 준비 끝)을 담을 얕은 그릇이나 접시만 갖추면 됩니다.

디저트 - 토시, 튀긴 사과 파이 좋아요.

피트, 유자 레몬 퓌레를 곁들인 송아지 췌장 좋은데 관자를 곁들이는 건 별로예요. 가운데 껴서 제 맛을 못 내는 데다가 입에 넣으면 날것 느낌도 나고. 하지만 진짜 간소하게 전통적인 췌장구이에 시트러스 퓌레로 갈 수 있을지도 몰라요.

오리도 메뉴에 올릴 수 있을 것 같습니다.

관자 코스는 꽤 많이 진척을 보았어요. 아주 아름다운 관자 요리 위에 비웃듯 거품을 마구 끼얹어 낼 겁니다. 접시에 올릴 때는 부글거리지만 손님이 드실 때는 사라질 것입니다. 말로 설명하기 어렵지만 피트, 토시와 나는 결과에 만족해요. 여전히 다듬을 구석이 있지만 그래도 코의 요리에 대한 선언으로는 훌륭합니다. 또한 다들 쓰는 거품에 대한 조롱 같은 것이기도 하고요. 잠깐 있다가 사라지니까요. 해변에서의 잔잔한 파도처럼 보였으면 합니다.

모든 게 너무 유동적이었고 변덕스러웠다. 우리 모두 뭘 하고 있는지도 잘 몰랐다. 그래도 기준이라는 건 있었다. 좋은 요리를 만들고 싶다는 바람이었다. 겉보기엔 아주 단순하지만 알고 보면 복잡한 과정을 섬세하게 거친, 그런 요리를 만들고 싶었다. 사람들이 이마를 치며 "빌어먹을, 진짜 단순한데 너무 맛있잖아!"라고 말하는 요리 말이다.

한편 코를 멋진 식당으로 만들려는 시도에 집중하기가 어려울 정도로 많은 일들이 있었다.

나는 방방곡곡을 비행기로 돌아다니며 모모푸쿠 확장 가능성을 타진했다. 라스베이거스에서도 관심을 보여왔다. 몇몇 제안을 거절하고는 잠을 못 이루기도 했다. 깡패들이 쇠지렛대를 들고 "다시 생각해보는 게 좋을 거요" 하고 나를 위협하는 상상도 했다.

일 때문에 두바이에 가게 되었는데, 미국의 주도권 아래 있다는 고정관념이 단번에 엎어졌다. "미국도 이젠 끝이군" 하는 생각이 들 정도였다. 전 세계 크레인의 70퍼센트는 이곳에 몰려들어 새로운 거대도시와 스카이라인이 형성되어 있고 장난감 이렉터 세트와 비슷한 건물들을 덤불처럼 올리고 있었다(Erector Set, 축소판 철골로 이루어진 구조물 세우기 장난감. 여기에서는 'erect'와 '덤불'이란 단어로 '건물을 세우다'와 '발기하다'란 중의적인 뜻으로 쓰인다-옮긴이).

크리스티나 토시와 나는 고향인 노스 버지니아의 오래된 주유소를 사들여 '모모푸쿠 밀크 바'라는 이름의, 데어리 퀸 같은 아이스크림 가게를 세워볼까 검토해보았다.

당연히 새 누들 바의 일정은 지연되었다. 빌어먹을 닌자 새끼들처럼 밤에만 다른 이름으로 장사하겠다는 생각에 문제가 더 복잡해졌다. 심지어 나는 폴스 그릴의 가짜 메뉴로 사람들을 속여볼까 싶어 메뉴를 유리창에 붙여놓기도 했다.

누군가 술에 취해서 우리 계획을 어떤 요리 블로거에게 누설했는데 이것도 부담이 되었다. 코는 누구도 예측하지 못하게 만들고 싶었기 때문이다. 사실은 답이 없는 것도 문제였다. 모모푸쿠와 나를 향한 미디어의 관심은 끝이 없었다. 또, 잡지에서 마음에도 없는 개새끼 행세를 하는 데 이골이 나버렸고 우리

를 둘러싼 관심이 너무나 엄청난 나머지 초현실적으로 보였다. "아니 대체 누가 우리에게 관심을 갖는 거야?"라는 생각밖에는 안 들었기 때문이다.

코를 열 무렵에도 상황은 아주 초현실적이었다. 어느 오후 케빈 페뮬리를 비롯한 누들 바의 다른 동료들과 함께 미드타운의 식스 애비뉴에서 PBR(Pabst Blu Ribbon, 맥주 상품명-옮긴이) 한 짝을 네모난 유리잔에 담아 마시고 있었다. 〈에스콰이어〉지에 실릴 기사와 관련된 아트 프로젝트의 일부였다. 좋든 나쁘든 크든 작든 무슨 일을 벌여도 기사가 났다. 사업에는 좋지만 나에게는 반갑지만은 않은 일이었다. 사람들, 특히 블로거들은 모모푸쿠에서 벌어지는 모든 일을 시간순으로 기록했다. 쌈 바에서 다이어트 코크가 아닌 다이어트 닥터 페퍼를 내면, 그게 뉴스거리가 되었다. 그런 상황이 나와 동료들에게, 언제나처럼 더 열심히 일해야 한다는 부담을 안겼다.

그래서 내가 식당에 붙어 있을 때면 손님들로 가득 찬 식당이나 그들이 좋아하는 요리로 가득 찬 메뉴 따위에는 신경 쓰지 않았다. 대신 생선이 보관된 상태를 보고 까탈을 부렸다. 후추갈이가 비어 있거나, 몇몇 멍청이들이 내 앞에서 어묵을 대강 썰면 버력 화를 냈다. 메뉴에 오른 요리 이름이 너무 길어 성질을 내기도 했다. 같은 요리가 메뉴에 너무 오래 올라가 있으면 이성을 잃었고, 메뉴에 올랐지만 완전히 다듬지 않아 낼 준비가 안 된 요리에도 마찬가지 반응을 보였다. 잘못될 소지가 있는 일들이 실제로 잘못되면 소리를 지르고 덜 벼른 칼을 쓰레기통에 던지면서 성질을 부렸다. 회의를 열어 자기 본분을 다하지 않는다고 동료들을 꾸짖었다.

퀴노와 단 둘이서 모든 걸 해내던 때부터 알고 있었지만 이제 모모푸쿠와 맥도날드의 차이를 확실히 알 수 있었다. 모든 세부 사항에 신경을 써야 하는 것이다. 로보트처럼 자동으로 요리를 하거나, 빌어먹을 인간들이 식당에 대해 글을 쓴다고 좋아하거나, 세부 사항—간보기와 같이 중요한 일은 말할 것도 없거니와—에 더 이상 주의를 기울이지 않으면 어떤 매체도 잘못을 대신 메워주지 않는다. 모모푸쿠의 식구들에게도 이 점을 설교해댔다. 제대로 안 할 거라면 요리를 왜 하나?

그리고 이러한 의견조차 텔레비전 같은 매체의 구미에 딱 맞을 가르침처럼 포장되어 〈뉴요커〉지에 실리고 말았다. 데이비드 장의 신세가 〈트루먼 쇼〉의 트루먼과 다름없어지기 시작한 것이다. 코는 이러한 상황의 유일한 돌파구였다.

코를 열기 몇 달 전, 토시와 함께 프랑스의 도빌(Deauville, 미국 뉴욕 주의 상류사회 휴양 해변인 햄튼과도 같은 지역-옮긴이)에서 열리는 제3회 잡식동물 요리 축제에 참가했다 (와일리 듀프렌이 결혼하고 그랜트 아케츠가 설암으로 투병하기 때문에 대신 참가하게 되었지만, 세 번째라도 선택됐다는 건 기분 째지는 일이었다). 책이며 음식으로 많은 영감을 선사한 코펜하겐 노마의 셰프 르네 레드제피 또한 참가하리라는 사실은 알고 있었다. 하지만 축제는 예상보다 훨씬 더 훌륭한 경험이었다. 어느 주말, 셰프들로 가득 찬 주방에서 미셸 브라가 주방 식구 끼니를 요리하다니! 안 먹을 수가 없었다. 정신이 나갈 지경이었다.

그러나 여정의 정점은 파리를 지나 축제 현장으로 가는 길에 파스칼 바르보의 식당 라스트랑스(L'Astrance)에서 먹은 한 끼였다.

번뜩이는 재치나 겉멋, 위장 따위는 없었지만 라스트랑스의 음식은 굉장히 훌륭했다. 모든 게 순수한 조리 기술에서 우러나왔다. 주방에는 식기세척기, 화로 2구, 작은 삼각형 플랫톱(flattop, 밑에서 때는 불로 달구는 조리용 불판. 냄비 등을 직접 올려 조리한다-옮긴이)과 그 아래 처박힌 오븐밖에 없었다. 식사 공간은 구질구질했다. 괴기스러울 정도의 80년대 분위기에, 너무 밝은 데다 음악도 없었다. 디저트 또한 별 볼일 없었다. 하지만 식사 코스만은 완벽했다.

코스는 통밀 브리오슈에 갓 만든 치즈, 천일염으로 시작되었다. 그보다 더 단순할 수 없을 만큼 절대적으로 완벽했다. 몇 가지 음식이 나온 뒤 셰프의 전매특허인 양송이버섯 갈레트와 베르주(verjus, 익지 않은 포도에서 짜낸 신 즙-옮긴이)에 재운 푸아그라, 헤이즐넛 기름, 레몬 콩피가 나왔다. 아주 얇게 저민 양송이와 절인 날푸아그라를 둥근 패스트리 위에 탑처럼 켜켜이 쌓아 올린 요리였다. 헤이즐넛 기름이 바탕을 깔아주고 레몬이 반짝반짝, 선명함을 더해주었다. 푸아그라 요리로는 가장 가볍고 부담 없는 것이었다. 먹는 내내, 이렇게 눈이 번쩍 뜨이도록 맛있는 요리를 먹기 위해 세계를 여행하겠노라고 마음먹었다. 그만큼 생애 최고의 한 접시 요리였다. 게다가 양송이버섯과 오리 생간으로 만들었다니, 그 자체로 끝내줬다.

거기서부터는 프랑스 요리의 대가 알랑 파사르나 미셸 브라의 책에서 튀어나온 듯한 요리들이 나왔다. 장 조르주가 즐겨 쓸 법한 밝은 노란색 거품을 엄청나게 싱싱한 관자와 새우에 올렸는데, 카레와 코코넛 밀크를 바탕으로 깐 생선 퓌메를 빨간색과 초록색의 래디시, 당근 조각, 완두콩, 식용 꽃 등 껍질을 벗긴 작은 채소들이 둘러싸고 있었다. 하나하나가 정확하게 원하는 맛을 내도록 완벽하게 조합을 이룬 향신료 사용도 훌륭했다.

거의 다 먹었을 때쯤 구수한 맛의 버섯 육수에 레몬그라스를 더한 국물 위에 관자 타르타르를 럭비공 모양으로 올리고 검은 송로버섯을 곁들인 요리가 나왔다. 첫 번째 관자 요리를 거의 다 먹었을 때쯤에 맞춰 내놓은 요리는 먹는 동안 우리를 다른 별, 다른 나라로 데려다주었다. 관자라는 한 가지 재료로 환상적인 꽃향기를 품은 요리에서 불가능할 정도로 구수함을 풍기는 다음 요리로, 이전 요리의 여운을 미처 씻어내기도 전에 완벽한 타이밍으로 내고 있었다.

다음에는 에스펠레트 고추와 사프론을 곁들인 커스터드와 요거트 파르페 차례였다. 간이 하나도 안 되어 있어 '빌어먹을, 이건 대체 뭐지?'라는 생각이 들었다. 좋았지만 환장할 지경은 아니었다. 하지만 곧, 이전 음식의 맛을 씻어내려는 의도라는 걸 파악했다. 그리고 요리가 계속 줄을 이었다. 놀라운 고등어 요리와 대구 요리, 치즈와 송로버섯 향이 물씬 풍기는 샐러리 뿌리 수프, 중국식으로 조린 삼겹살, 기름기 많고 풍부한 조개와 부드러운 채소, 서양 우엉 한 쪽을 곁들인 오리고기 한 점까지. 그야말로 총공세였다.

서비스 또한 죽여줬다. 와인과 음식의 궁합도 훌륭했다. 그들은 우아하게 접시를 놓고 치우지만 넥타이는 매지 않았으며 주방을 대표하는 몸가짐에 거들먹거림이라고는 찾아볼 수 없었다. 코스의 이름이 '깜짝 메뉴'라 주문을 할 때 어떤 음식으로 이루어져 있고 다음 요리는 무엇인지 물어볼 수도 없었다.

라스트랑스에서 먹은 뒤, 나는 다른 누구보다도 바르보처럼 되고 싶다고 생각했다. 그의 요리는 흉내는 낼 수 있어도 똑같이 하기가 너무 어렵기 때문이었다. 단품 스테이크와 코스는 너무 달랐다. 한 방에 한 마리씩! 그는 마치 저격수 같았다. 엄청나게 깔끔하고 정확하며 맛과 설정에 최대한 초점을 맞춰, 한 요리를 먹으면 다음 요리를 기대하게 만든다. 확실히 남다른 수준이었다. 구질구질한 식사 공간이며 몇 안 되는 인원, 주말에 닫는다는 사실에도 불구하고 그는 미슐랭 별 세 개를 받았다.

라스트랑스에서의 경험은 차라리 확신에 가까웠다. 우리도 비슷한 정신으로 무장하면 이뤄낼 수 있다는 믿음을 가질 수 있었다. 메뉴판도 지나친 친절함도 없는 순수한 요리. 파리에서 먹히는 이론이니 뉴욕에서도 먹히는지 시험할 차례였다.

마침내 코의 주방에 불을 지피고 요리를 시도했다. 화산처럼 뜨거운 한국식 불판(한쪽으로 기울어 있고 고기에서 나오는 양념과 육즙을 모으는 골이 파인)을 설치하고는, 종종 통 립아이 스테이크를 구워 먹는 것은 물론이고 2~4인분짜리 큰 덩어리 고기를 조리할 수도 있겠노라고 기뻐했다. 그러나 처음 그걸 조리했을 때, 주방은 물론 모든 손님들에게 뜨거운 고기 같은 냄새가 배어버렸다. 그래서 손님의 주문을 받아 하는 조리, 특히 불을 활활 태워가면서 큰 고깃덩어리를 굽는 조리는 최소화하기로 했다. 안 그러면 손님들이 자리를 뜰 때쯤 그들 또한 주방에서 일한 것 같은 냄새를 풍길 터였다. 꼭 필요한 만큼만 조리를 해야 했다. 그런 식으로 공간이 메뉴 선정에 도움을 주었다.

코에서 메뉴를 준비하면서 관처럼 좁은 공간이 주는 제약과 폐소공포증에 적이 놀랐던 걸 기억한다. 그 공간에 누들 바가 자리 잡고 있었다는 사실에 새삼 놀랐다. 확률 1억 분의 1쯤 되는, 인생 최고의 기적과도 같은 일이었다.

개업 몇 주 전, 총괄 매니저이면서 포도주 담당인 코리 레인이 직원들에게 교육을 시켰다. 손님에게 술을 보여주고, 설명해주고, 병을 따서 따르는 방법 등의 내용이었다. 모든 접객을 주방에서 일하는 사람이 맡는다는 생각은 훌륭했지만, 아직 손님이 한 명도 없는 상황에서조차 그건 불가능한 일이라는 사실이 분명했다. 어느 손님의 접시를

치워야 하는지, 포도주가 음식에 맞춰 제대로 나가는지를 기억할 필요가 없다고 해도 요리를 내는 것만으로도 충분히 어려운 일이기 때문이다.

웨이터 없는 접객 방식이 뜻대로 풀리지 않으리라는 점을 깨닫고 나서도 코를 준비하는 일은 흥미진진했다. 매일매일 개업 메뉴에 들어갈 요리를 만들었다. 한두 접시를 만들어 나눠 먹은 뒤 비평하고, 젓가락으로 찔러보고, 가다듬을 방법을 정한 뒤 같은 과정을 되풀이했다. 마침내 확정한 첫 메뉴는 가이세키 요리를 미국인의 시각에서 들여다보고 해석한 것이어서, 미소국이 디저트 전 식사를 마무리 지었다. 다음과 같은 메뉴들이다.

치차론과 토가라시

잉글리시 머핀과 월계수 잎 버터

버터밀크, 간장, 양귀비 씨를 드레싱한 광어

삼겹살, 굴, 배추를 곁들인 코 김치 콩소메

관자와 다시 거품

리치, 잣 브리틀을 곁들인 얇게 켠 푸아그라

무 조림, 당근과 겨자씨 절임을 곁들인 갈비

미소국, 채소 절임, 주먹밥구이

디저트 아뮤즈, 파인애플 소르베(냉동고가 잘 돌아가는 날)나

시리얼 밀크, 커스터드(냉동고가 잘 안 돌아가는 날)

튀긴 사과 파이

다듬고 다듬은 끝에 우리―피터 서피코, 샘 겔만, 크리스티나 토시와 나―는 메뉴를 엉터리라고 말할 사람이 없을 거라는 확신을 품었다. 당연히 메뉴는 훌륭했다. 피터와 샘이 계속해서 다듬고 가다듬어, 발전을 거듭했다.

나를 포함한 모두가 코가 새로운 기회임을 분명히 인식하고 있었다. 뜻대로 돌아간다면, 즉 가장 아름답고 맛있는 요리를 낸다면 뉴욕의 고급 외식 문화에 대한 고정관념을 깰 수 있는 기회였다. 제대로 돌아간다면 꽃꽂이에 몇백만 달러씩 지출하지 않고도, 굳이 아름다운 테이블보나 짜게 주고 부려먹는 불법체류자 버스보이 없이도 훌륭한 요리를 낼 수 있음을 보여주는 셈이었다.

개업 전 2주 동안 가족과 친지를 위한 저녁을 계획했다. 친구나 동료 요리사들, 모모푸쿠에 대해 글을 쓴 사람들에게 공짜로 대접하는 기회였다. 코를 정식으로 열자마자 난리가 날 예정인데 그때 식사를 대접하려면 그들 또한 온라인 예약을 해야 했기 때문이다. 처음 두 식당(누들 바, 쌈 바)하고는 전혀 다른 방식으로 운영할 계획이었지만 문제는 없었다. 정식 개업 2주 전부터 메뉴를 조정하고 있으므로 열었을 때 아무런 문제 없이 최고의 요리를 선보일 수 있다는 확신이 있었기 때문이다. 뭐, 차선책 따윈 전혀 준비하지 않았으므로 실패한다면 바로 망하는 길밖에 없었다.

친구와 가족을 불러서 시험하기로 한 건 적절한 결정이었다. 이때 접객 체계나 주방에서 조리하는 동선, 예약 간격을 손봤다. 이 모든 일은 도배만큼이나 지루하지만, 주방에 물을 대는 것만큼이나 손님의 식사에 중요한 일이다. 한편 요리도 다듬었다. '삼겹살, 굴, 배추를 곁들인 코 김치 콩소메'에는 굴을 더 풍성하게 보이기 위해 굴을 하나 더 넣고 슬쩍 겹쳤다. 이런 건 실제 손님들이 요리를 먹는 모습이나 반응을 보아야만 알 수 있다. 거품이 사라지는 관자 요리는 내가 만들어냈기 때문에 좋다고 메뉴에 붙어 있었지만 개업 후 몇 주 내로 사라졌다.

개업 전 초대한 사람들로부터 받은 반응은 엄청나게 좋았다. 루스 라이츨은 채 문을 열기도 전에 〈구르메〉지에 극찬하는 평가를 써주었다. 하지만 모든 사람이 식당 자체나 요리를 이해하는 건 아니었다. 코의 포크 번이라고 할 수 있는 얇게 썬 푸아그라를 헐뜯는 사람들도 있었다. 그러나 우리는 큰 그림이 마음에 들었고, 발전을 위해 계속 노력하리라 마음먹었다. 그건 코를 좋아하거나 싫어하는 사람 모두를 위해서였다. 꽃도, 웨이터의 말쑥한 정장 조끼나 타이도, 풀을 빳빳하게 먹인 셰프 윗도리나 조리모도 없었다. 우리는 그저 훌륭한 음식만을 내놓았고, 〈뉴욕 타임스〉는 그 음식에 우리가 바라던 별 세 개를 주었다.

이후, 기대하지 않았는데도 미슐랭 가이드로부터 별 두 개를 받았다. 놀라운 일이었다. 하지만 그때 이미 나는 코에 별 영향을 미치지 못했다. 피터 서피코와 샘 겔만이 끝내주는 요리사 한 부대를 이끌고 메뉴를 발전시켜, 내 능력 너머의 영역으로 코를 이끌었다. 나는 개업 준비며 메뉴 짜기에 힘을 많이 쏟아 더 이상 좋은 아이디어가 떠오르지 않을 것 같았다. 그래서 그 둘을 채근했다.

한 발짝 뒤로 물러나 편집자의 역할을 맡은 셈이었다. 다 함께 새 요리를 맛본

뒤 조각조각 파헤쳐 분석했다. 첫 번째로 던지는 질문은 "죽여주게 맛있나? 어마어마하냐고?"였으며, 적어도 "와, 왜 나는 이런 걸 생각 못했지? 정말 끝내준다" 정도의 반응이 나와야 최고의 요리로 쳐줬다. 그러므로 당연히 맛은 있어야만 했다.

그런 과정을 바탕으로 우리는 끊임없이 부수고 다시 지었다. 반응을 예상해보고 또 다듬었다. 보통 입맛을 가진 사람—우리에게는 요리사를 뜻한다—이 "딱 좋은데"라는 반응을 보일 정도로 다듬고 또 다듬었다. 코를 한 번 찾은 사람들은 음식 맛보다 자리를 얻기 힘들다는 점 때문에 또 들르곤 했는데, 그런 사람들도 우리 요리를 좋아하지 않을 수는 있지만 맛이 없다는 말은 할 수 없었다. 심사숙고해서 준비한 요리는 어느 누구도 우리가 노력하지 않았다는 말은 할 수 없게 만들었다.

내 어린 시절 영웅인 벤 호건(Ben Hogan, 미국 최고 골프 선수 중 한 명—옮긴이)의 일화를 들려주고 싶다. 마지막 3홀에서 불가능한 샷을 연달아 날려 토너먼트를 막 이긴 참이었다. 기자가 물었다. "호건 씨, 부담이 컸을 텐데 어떻게 그런 샷을 연달아 날릴 수 있습니까?"

호건은 잠시 생각하더니 "글쎄요, 운이 좋았나 봐요"라고 대답하자 기자는 집요하게 다시 질문을 던졌다. "하지만 호건 씨는 세계 어느 골퍼보다도 연습을 많이 하시잖아요."

호건은 잠시 더 생각하더니 "글쎄요, 연습을 많이 할수록 운이 좋아지는 거겠죠"라고 답했다고 한다.

육체적, 정신적으로 얼마나 스스로를 다그칠 수 있는지 알아보려고 2004년 누들 바를 열었다. 실패와의 싸움이라고 여기던 시간이었다. 경쟁자들보다 열심히 일하고 (아무것도 남기지 않고, 모든 힘을 짜내서 일할 생각이었다) 신에게 운을 맡기겠다는 심산이었다. 신기하게도, 운이 좋았다.

여러 수상을 비롯한 성공은 계획에 없었다. 그저 신실한 성장의 여정을 걸으려 노력했을 뿐이다. 그렇게 하다 보니 어떻게 운때가 잘 맞았다.

돌아보면 그저 모모푸쿠의 성장이 놀라울 뿐이다. 재능 있는 요리사들—시작부터 자리를 지키고 있던 사람들과 나중에 합류해 요리를 더욱 발전시키고자 노력하는 사람들이 모두 힘을 합쳐—과 함께하면서 살아 있는 모모푸쿠를 만들어냈다.

이 책을 쓰는 이유 가운데 하나는, 미친 듯 열성적이었던 시절을 기록하기 위해서다. 물론 모모푸쿠는 과거에만 집착하지 않는다. 당신이 우리를 찾아오기만 한다면 우리 메뉴의 요리를 어느 하나 좋아하지 않아도 나는 행복할 것이다. 어떤 요리도 붙박이 메뉴가 될 수 없다. 너무 숭고한 나머지 손을 대서는 안 되는 요리란 없다고 생각한다.

5년은 긴 시간이 아니지만, 그동안 말도 안 되는 속도로 움직였다. 다섯 번의 개업(누들 바를 두 번 열었으므로)을 통해 우리는 전부를 쏟아부었고, 기대는커녕 상상조차 하지 못한 성공을 거두었다.

하지만 이젠 그 모든 건 과거다. 더 많은 식당을 열고, 이미 문을 연 가게들을 발전시키기 위해 끊임없이 일할 것이다. 그러면서도 한편으로는 끊임없이 새로운 사람들을 키워내고 새로운 콘셉트를 생각해내겠다. 잘난 체하는 걸 경계하고 가장 아는 게 많고 책임감 있는 요리사 집단이 되기 위해 노력할 것이다.

하지만 지금 나는 완전 소진됐다. 아무것도 남지 않았다. 어느 시점에서 '나'의 모모푸쿠는 '모두'의 모모푸쿠가 되었다. 내 삶은 더 이상 나만의 것이 아니며, 남은 삶 또한 모모푸쿠에 바칠 것이다. 책상에 앉아 일하거나 사람들에게 필요 이상으로 친절하게 구는 일을 하고 싶지 않아서 주방에 발을 들였다. 그리고 유명한 레스토랑으로 가득 찬 세계의 기대와 그 기대에 부응하지 못하는 데 신경 쓰지 않고자 누들 바를 열었다(큰 기대에 나를 맞추는 건 빌어먹을 일이다).

이제 와서 돌아보니 이것 하나는 확실하다. 나는 정말 엄청나게 운 좋은 녀석이라는 것. 🍊

치차론
CHICHARRÓN

85달러짜리 코스의 문을 여는 게 치차론이라니, 누군가는 자그마한 '엿'이라고 생각할 거라 믿는다. 비싼 저녁 식사의 첫 요리로 돼지 껍질이라…… 뭐, 그런 의도가 아주 없다고는 할 수 없겠다. 전통적인 시각에서 볼 때 치차론이 훌륭한 아뮤즈 부시 감은 아니기 때문이다. 하지만 잘 생각해보면 한 입에 기름기와 짭짤함, 매콤함과 바삭함을 맛볼 수 있다는 점에서 훌륭한 아뮤즈이기에 손색이 없다.

더구나 메뉴를 개발할 당시 우리는 돼지 껍질에 푹 빠져 있었다. 여러 해 동안 누들 바와 쌈 바에서 돼지 껍질을 놓고 꽤 많은 실패를 겪어왔다. 셰프 브래드 톰슨의 치차론 레시피를 식당에 둔 지도 여러 해였지만 제대로 만들어낼 수가 없었다. 왜? 우리는 꿀통이니까.

사실 돼지 껍질을 삶아 식혀서 피하지방을 긁어내고 말린 다음, 조각 내서 튀기면 되는, 그저 글자 그대로 따라만 하면 될 일이었다. 어렵지는 않았지만 잘 만들려면 수양이 필요했는데, 코를 열 때까지는 확실히 실력이 부족했다(제대로 만든 다음에는 당시 애리조나의 마리 일레인스 앳 더 피니션에서 셰프로 일하던 브래드에게 전화를 걸어 메뉴에 올려도 좋다는 허락을 얻었다).

치차론을 만든다면 완전히 몰두할 수 있는 시간을 충분히 마련하라. 껍질을 삶은 뒤에는 차갑게 식혀야 한다. 뜨겁거나 따뜻하거나 상온이어서는 안 된다. 또, 인내심이 필요하다. 피하지방은 말끔히 긁어내야만 한다. 껍질만 남기고 빠짐없이 긁어내야 제대로 튀겨진다. 건조는 식품 건조기에서 해야 한다. 제빵팬으로 눌러 65°C의 오븐에 밤새 두는 방법도 있지만, 식품 건조기를 사용하는 것에 비할 수는 없다. 식품 건조기가 성공의 원동력인 것이다.

레시피에서 양은 그다지 중요하지 않다. 1.3~1.8kg짜리 삼겹살에서 떼어낸 껍질로 치차론 12조각(아뮤즈 12인분 또는 넉넉한 돼지 껍질 1봉지)을 만들 수 있지만, 많거나 적거나 원하는 양만큼 만들 수 있다.

만드는 법

1. 돼지 껍질을 넉넉한 크기의 냄비에 담아 찬물을 찰랑찰랑하게 채운다. 센 불에 올려 1시간 반 동안 펄펄 끓이는데, 껍질이 잠기도록 물을 보충해준다. 막판에는 국물은 기름기로 뽀얗고 주방에 온통 돼지 냄새가 나야 한다.

2. 돼지 껍질을 건져, 찢어지지 않도록 부드럽게 다뤄 식힘 망(흘러나오는 국물을 모으기 위해 테두리가 있는 제빵팬을 깔아야 할 것이다)에 펼쳐놓는다. 국물은 버리고 돼지 껍질은 그대로 냉장고에 넣어 차갑게 식힌다. 차가워진 껍질은 랩으로 돌돌 말아 일주일 동안 둘 수 있다.

3. 돼지 껍질을 손질한다. 도마에 비계가 위로 오도록 올려 숟가락 옆면으로 긁어낸다. 부드럽게, 하지만 투지를 가지고 긁어낸다. 껍질이 찢어지지 않도록 조심

재료
돼지 껍질(젖꼭지는 잘라낸다)
시치미 토가라시
꽃소금
녹여낸 돼지기름이나 오리기름, 포도씨유나 식용유 1~2ℓ (튀김용)

하면서, 지독하게 안 떨어지는 것들만 남기고 말끔히 긁어낸다. 긁어낼 수 없는 비계는 튀기면 눅눅한 땅콩 같은 질감으로 변하므로 자르거나 도려내야 한다.

4. 비계를 긁어낸 껍질을 식품 건조기의 쟁반에 올려 12시간 동안 말린다. 갈색 플라스틱처럼 바짝 마르고 바삭하며 반짝거려야 한다.

5. 손으로 마른 껍질을 가로 2.5cm, 세로 5cm 크기로 부순다(아니면 카지노에서 쓰는 칩 크기로 동그랗게 잘라내도 좋다). 튀기면 두 배로 커질 것이다. 이 시점에서 밀폐 용기에 실리카 겔 봉지(새 운동화 상자나 일본 과자 봉지 안에 분명한 이유가 있는 경고 문구 "먹지 마시오"라고 쓰인)와 함께 담아두면 며칠, 혹은 몇 주 동안이라도 쓸 수 있다.

6. 시치미 토가라시, 소금 몇 큰술을 한데 잘 섞는다.

7. 작지만 깊은 냄비에 기름을 담아 200~205℃로 데운다. 기름이 온도에 이르면 돼지 껍질 칩을 넣어 구멍 뚫린 납작한 국자로 저어가면서 부풀어 올라 바삭

해질 때까지 10~12초 동안 튀긴다(서로 달라붙기 때문에 아주 큰 냄비를 쓰지 않는 한 한 조각씩 튀기는 게 좋다). 치차론을 건져 종이 행주를 깐 식힘 망에 올려 기름을 걷어내는 한편, 뜨거울 때 시치미 토가라시와 소금 섞은 양념으로 간한다. 남은 치차론을 튀기고, 뜨겁거나 상온일 때 낸다.

잉글리시 머핀
ENGLISH MUFFIN

작은 것 48개, 보통 크기로 24개 분량

치차론을 먹고 나서 샴페인이나 다른 스파클링 와인 등 뭐라도 마실 때 잉글리시 머핀, 또는 '빵 서비스'가 나간다. 음식 전체를 즐기는 데 지장은 주지 않은 채 심한 허기만 달래줄 정도의 양이다.

사실 잉글리시 머핀은 정말 어쩌다 보니 메뉴에 올리게 되었다.

코 메뉴를 개발하는 과정에서 빵을 코스에 넣어야 한다는 사실을 깨달았다. 빵 서비스는 최고급 요리를 낸다고 자부하는 오트 퀴진이 다른 레스토랑과 자기네를 차별하는 수단 가운데 하나다.

간소화한 코의 메뉴에 맞추자면 식탁에 빵 바구니를 두고 먹는 방식은 어울리지 않았다. 그럴듯한 코스에 하나로 들어가야만 했다. 크리스티나 토시에게 맡기면서, 나는 빵과 함께 마음을 감싸주는 따뜻한 느낌도 낼 수 있어야 한다고 말했다. 거기에 짭짤하고 기름지고 버터 맛이 물씬 풍기는 '지방 폭탄'이어야만 했다.

아주 많은 가능성을 놓고 이야기를 나눴다. 식사용 마카롱부터 녹지 않은 버터를 넣고 구운 빵(만들어내기는 했지만 몇 달 동안이나 레시피를 다듬어야만 했다)까지 물망에 올랐다. 하지만 코를 개업하기 며칠 전 토시가 머핀 만드는 것을 보니 '그래, 바로 저거야'라는 생각이 들었다. 치차론이나 튀긴 사과 파이처럼 익숙하지만 매장에서 직접 만든다는 점에서 그 수준을 한 단계 높일 수 있었다.

코의 잉글리시 머핀은 흔히 가게에서 파는 것의 절반 크기이면서 표면에 특유의 자글자글한 기포가 남아 있다. 한편 위에 바르는 월계수 잎 버터는 미묘하게 맛이 좋다. 또한 어렵지는 않지만(멜론에 백조를 조각하는 것은 아니니까) 제대로 만들려면 주의를 기울여야 한다는 점에서 조리 기술에 초점을 맞춘 코의 분위기에도 착실하게 들어맞는다.

만드는 법

1. 효모와 물을 용기에 담고 스탠딩 믹서에 빵 갈고리를 달아 효모가 잘 녹도록 저어준다.

2. 버터밀크를 전자레인지에 20~30초 동안 돌리거나 작은 소스팬에 담아 약한 불에 올려 냉기만 가시게 한다. 그래야 버터밀크가 반죽의 발효를 늦추지 않는다. 냉기가 가신 버터밀크를 효모와 물에 섞어준다.

3. 밀가루, 설탕, 꽃소금을 2의 용기에 넣어 믹서를 느림이나 중저속 정도로 3~4분 정도 묽은 반죽이 될 때까지만 돌린다.

4. 믹서를 계속 돌리면서 1큰술씩 버터(미리 상온에 두어 준비한다. 차가운 버터를 반죽에 섞으려면 손이 너무 많이 간다)를 더한다. 처음에는 반죽이 분리되는 것처럼 보

재료

효모 2큰술+1작은술
미지근한 물 ¼컵
버터밀크 1¾컵
강력분 4컵+여분
설탕 ¼컵
꽃소금 1큰술+2작은술
무염 버터 5큰술
식용유 스프레이
옥수수 가루 적당량(없을 경우 노란 그리츠)
월계수 잎 버터(263쪽)
몰든 천일염
골파(머핀 1개당 2쪽)

이지만 곧 바닥에 깔려 샌드맨의 맹장처럼 믹서의 빵 갈고리를 타고 올라올 것이다. 하지만 다시 공처럼 뭉치지는 않아야 한다. 눅눅하지만 끈적거리지 않고 형태가 잡힐 정도까지 7~8분 더 믹서로 반죽한다.

5. 달라붙는 걸 방지하기 위해 큰 그릇에 식용유 스프레이를 가볍게 분무해준 다음 고무 스패출러로 반죽을 긁어내 옮긴다. 반죽이 쉬면서 부풀어 오르도록 랩을 씌워 1시간 정도 둔다(하지만 아주 많이 부풀어 오르지는 않을 것이다).

6. 반죽이 부풀어 오르면 다루기 편하도록 냉장고에 30분~1시간 정도 넣어둔다.

7. 반죽이 쉬는 동안 테두리가 있는 제빵팬 몇 장에 유산지를 깔고, 그 위에 머핀을 올려놓을 수 있도록 0.5cm 두께로 두껍게 옥수수 가루를 깐다(머핀이 달라붙지 않기 위해 까는 것 치고는 많은 양이지만 남는 건 다른 레시피에 쓰면 된다).

8. 작업대에 밀가루를 아주 곱게 뿌리고 손에도 살짝 묻힌다. 반죽을 집어 몇 번 만져 공기를 뺀다. 뚱뚱한 원통형으로 모양을 잡는다. 코에서 쓰는 꼬마 머핀 크기로 만들려면 탁구공 크기만 하게 떼어낸다(저울을 쓴다면 30g). 보통 크기라면 미국식 핸드볼 공만 한 크기로 떼어내면 된다(60g). 손바닥에 밀가루를 살짝 묻히고 가능한 한 힘을 빼서 반죽을 딱 떨어지는 공 모양으로 굴린다. 반죽은 폭신하고 부드럽고 섬세하며, 아주 약간의 탄성만 있어야 한다. 모양을 잡자마자 제빵팬으로 옮긴 다음 가볍게 두들긴다. 미래의 머핀에게 옥수수 가루가 달라붙도록 가장자리(옥수수 가루를 묻힐 필요 없는)를 아주 살짝 쥐고 뒤집은 다음 바닥에도 가루를 묻힌다. 부풀 경우를 대비해 머핀 사이를 2.5cm씩 띄운다. 레시피대로 진행해도 좋고, 다루기 쉽도록 팬에 랩을 씌워 냉장고에 30분 정도 둬도 된다. 물론 더 오래 둘 수도 있다. 랩을 씌워 냉장고에 넣으면 사흘 동안 더 둘 수 있고 맛도 좋아진다.

9. 오븐을 120°C로 예열한다. 가장 약한 불에 무쇠 스킬렛이나 번철을 약 5분 동안 올려 달군다. 팬에 손을 아주 가깝게 대도 움츠리지 않을 만큼의 열만 느낄 정도로 옥수수 가루를 흩뿌린 다음 1분 더 달군다.

10. 발효가 끝난 머핀의 가장자리를 쥐고 옥수수 가루를 털어낸 다음(얇게 골고루 묻어야 한다) 팬으로 옮긴다. 머핀에서 가장 중요한 기포를 만드는 단계이므로 아무리 천천히 해도 지나치지 않다. 번철에서 서서히 부풀어 올라야 한다(굽기 마지막 몇 분 전에 옥수수 가루가 데워지는 정도를 넘어서서 구워지는 냄새가 나면 불을 줄인다). 약 4분 뒤 윗면이 둥글게 부풀어 오르면 뒤집는다. 굽은(offset) 스패출러 작은 것이 있다면 그걸로 뒤집는다(없다면 머핀에 지문을 남기지 않기 위해 다음에는 하나 사서 쓰도록). 뒤집어서 4~5분 더 구우면 머핀 바닥에 섬세하지만 분명한 껍질이 생길 것이다. 다시 뒤집어 5~6분 더 구운 뒤 또 뒤집는다. 위아래 면 모두 단단하지만

머핀 자체는 폭신하고 가벼워야 한다. 그 정도로 구워졌을 때(손으로 만질 수 있을 정도로 섬세하게 익으면 양면을 한 번씩 더 구워줘야 할 수도 있다) 불을 바짝 올려 2~3분에 한 번씩 뒤집어주면서 마저 굽는다(이쯤에서는 옥수수 가루 구워지는 냄새가 나도 문제없다).

11. 군데군데 갈색 점이 있지만 노릇하게 구워졌다면 제빵팬으로 옮겨 오븐에 넣고 10분 정도 마저 굽는다. 오븐에서 꺼내 상온에 이르도록 팬에 담긴 채로 식힌다.

12. 각 머핀의 적도 지점에 빙 둘러 포크 날로 작은 구멍을 낸 다음 비틀어 반으로 가른다. 가른 면 양쪽에 월계수 잎 버터를 넉넉히 1작은술씩 펴 바른다. 중간-센 불에 1~2분 올려 뜨겁게 달군 무쇠 또는 다른 재질의 스킬렛에 버터 바른 면이 바닥에 닿게 올려 30초 정도 노릇하게 굽는다. 몰든 천일염을 솔솔 뿌리고 2.5cm 길이로 썬 골파 이파리 몇 조각을 올리고는 뜨거울 때 낸다.

월계수 잎 버터
약 ½컵 분량

어느 날 모모푸쿠 근처 SOS 셰프스에서 아름다운 월계수 잎을 발견, 안 사고는 배길 수가 없었다. 또한 언제나 남아도는 돼지기름을 써 없앨 방법을 찾았으니 두 가지를 생각하면 답이 금방 나온다.

만드는 법

1. 월계수 잎을 대강 썰어 절구에 넣고 공이로 찧는다.

2. 약한 불에 달군 작은 소스팬에 돼지기름과 버터를 올려 녹아서 섞일 때까지 둔다. 그릇에 담아 전자레인지에 돌려도 된다. 따뜻할 때, 월계수 잎을 넣어 1시간 정도 우려낸다. 종종 저어주고 굳을 것 같거든 가볍게 다시 데워도 된다.

3. 고운 체로 월계수 잎을 걸러내 버리고 나머지를 굳을 때까지 냉장고에 둔다.

4. 월계수 잎 향이 밴 기름과 소금을 주걱을 매단 스탠딩 믹서의 용기에 넣는다. 생전 본 적 없는 광택이 날 때까지 중고속으로 5~10분 동안 돌린다. 용기에 담아 냉장고에 둔다. 한 달은 두고 쓸 수 있지만 역시 만들자마자 먹어야 가장 맛있다.

재료
생월계수 잎 8장
녹여낸 돼지기름 ¼컵+1큰술
무염 버터 4큰술
꽃소금 1작은술

버터밀크, 간장, 양귀비 씨를 드레싱한 광어
FLUKE BUTTERMILK, SOY & POPPY SEEDS

8인분

짭짤한 돼지 껍질 칩과 버터 바른 잉글리시 머핀을 맛보았다면, 이제 날생선 차례다. 다른 몇 가지 안을 번갈아가며 시도에 시도를 거듭했지만, 이 레시피가 확실히 만들었던 것 가운데 가장 훌륭했다. 너무 기이하지도 않고(사실 버터밀크와 핫소스는 버팔로 윙 비슷한 맛이 난다. 코를 열기 몇 주 전, 이 요리를 만들고 남은 버터밀크를 구운 감자에 끼얹어 먹었다) 단순해 보인다. 이 요리는 몇 달에 걸친 논의 끝에 탄생했다. 서피코와 나는 미드타운의 라틀리에 드 조엘 로뷔숑에서 먹었던 '구운 양귀비 씨를 드레싱한 랑구스틴 카르파치오'에서 아이디어를 훔쳤다. 그러나 코의 문을 열기 직전까지 직접 만들어보지도 않았다. 잘 어울릴 거라는 사실을 알고 있었기 때문이다.

싱싱한 광어를 찾을 수 없다면 관자를 저며 써도 된다. 우리도 가끔은 가자미와 관자를 번갈아가며 손님에게 낸다.

만드는 법

1. 미리 차갑게 준비한, 얕은 그릇 바닥에 버터밀크 드레싱 약 1큰술을 담는다.

2. 광어를 0.5cm 이하로 얇게 저민다(꼭 전통적으로 저미는 45도 각도를 맞출 필요는 없다. 30~35도 사이로 각을 줘서 저밀 수 있다면 훌륭한 실력이다. 도마와 직각으로 자르는 것보다 조금 더 정교하게 칼을 다룬다면 좋은 일이다). 버터밀크 드레싱에 저민 광어살을 펼쳐 올린다.

3. 버터밀크 드레싱을 따라 각 접시에 비네그레트를 ½작은술을 더하고, 양귀비 씨 ¼작은술, 길게 썬 골파와 몰든 천일염 몇 알갱이를 올린다. 바로 낸다.

재료

버터밀크 드레싱(다음 쪽)
껍질 벗긴 광어(280~360g) 2덩이
시로소유 비네그레트 4큰술(다음 쪽)
양귀비 씨 2작은술(7g)
2.5cm 길이로 자른 골파 2큰술
몰든 천일염

버터밀크 드레싱
½컵 분량

만드는 법

작은 그릇에 버터밀크와 사워크림을 담아 거품기로 섞는다. 소금과 스리라차를 넣고 맛을 본다. 살짝 맵되 아주 매콤한 정도는 아니어야 한다. 입맛에 따라 소금과 스리라차를 더한다. 쓸 때까지 냉장고에 둔다. 며칠 동안 보관 가능하다.

재료

버터밀크 ⅓컵
사워크림 2½큰술
꽃소금 ½작은술+여분
스리라차 ¼작은술+여분

시로소유 비네그레트
¼컵 분량

만드는 법

간장, 영귤즙, 미림, 유자 코쇼를 작은 그릇에 한데 담아 섞는다. 냉장고에서 한 달까지 보관 가능하다.

재료

시로소유 ¼컵
병에 든 영귤즙 또는 유자즙 1⅛작은술
푸른 유자 코쇼 아주 약간

삼겹살, 굴, 배추를 곁들인 코 김치 콩소메
KO KIMCHI CONSOMMÉ PORK BELLY, OYSTERS & NAPA CABBAGE

8인분

쌈 바의 보쌈은 전통 한국식 보쌈의 복습이자 재해석이다. 원조와는 다르되 뿌리는 알아볼 수 있도록 바꾸었다. 김치는 콩소메로 만들고 굴을 주연 자리로 올리되 돼지고기와 쌈(여기에서는 배추)은 뒤로 빠진다. 메뉴를 개발하면서 두 번째 생해물 코스로 자리 잡았지만 그래도 삼겹살이 더 많이 들어간다.

김치 콩소메는 쌈 바에서 메뉴로 자리 잡았으므로 거기에서 출발했지만, 젤라틴 여과 과정 대신 전통적인 달걀흰자 여과법을 쓰고 김치 퓌레를 희석시킬 때 물 대신 돼지 육수를 썼다. 그 결과 진하고 생생한 맛에 짙은 색의 김치 콩소메가 되었다. 코에서는 작은 사케 단지에 육수를 데워 손님 앞에서 따라줌으로써 우아함을 한결 더했다.

이러한 점을 빼놓는다면 요리는 아주 간단하다. 삼겹살은 누들 바나 쌈 바에서 내놓는 것처럼 굽고, 배추는 다듬어 데친다. 친구와 가족을 초대하는 저녁을 몇 번 치른 뒤론 굴이 한 점으로는 부족하지만 접시에 껍데기 두 개를 올리기는 번거롭다는 것을 깨달았다. 그래서 껍데기 하나에 굴 두 점을 담기 시작했다. 서부 산지보다 덜 흐물흐물해서 동부의 굴을 쓰는데, 보솔레이나 라 생시몽처럼 작은 품종을 선호한다.

만드는 법

1. 큰 냄비에 물을 담아 끓여 소금을 넉넉히 넣는다. 큰 그릇에 얼음물을 준비한다.

2. 배추 잎사귀 각각에 삼각형으로 칼금을 넣어 가운데 하얀 부분을 잘라낸다. 끓는 물에 넣어 10초 동안, 부드러워지기 직전까지 데친 뒤 구멍 뚫린 납작한 국자로 건져 얼음물에 담근다. 물기를 잘 빼두고 나서 만지면 따뜻할 정도로 낮은 온도의 오븐에 넣어둔다.

3. 배추 잎을 얕은 그릇의 가운데에서 살짝 비낀 곳에 문질러서 깨끗하게 씻은 굴 껍데기를 받칠 수 있도록 약간 세워서 담는다. 간 굴을 배추 바로 옆에 올리고 두 번째 굴을 껍데기에서 끄집어 내 접시에 올린 굴 위에 겹쳐 놓는다. 그 옆에 삼겹살을 올리고 김치 콩소메를 그릇에 담는다. 굴 껍데기의 테두리에 미치지 못하도록 몇 밀리미터만 담으면 된다. 뜨거울 때 낸다.

재료
큰 배추 잎사귀 8장
굴 16마리
삼겹살(다음 쪽 참조)
코 김치 콩소메 2컵(271쪽)

코 김치 콩소메에 필요한 삼겹살
8인분

이 삼겹살은 쌈 바나 누들 바에서 내는 것과 같지만 준비 방법을 조금 바꿨다. 익힌 다음 눌러서 밀도가 높고 썰기 쉽다. 물론 다른 레시피를 따라 조리한 삼겹살을 써도 된다.

만드는 법

1. 넉넉한 크기의 구이팬, 또는 오븐에 사용 가능한 냄비 등에 삼겹살을 담는다. 소금과 설탕을 작은 그릇에 담아 섞어 고기에 골고루 문질러 바르고, 남은 건 버린다. 비닐 랩으로 덮어 냉장고에 최소 6시간 둔다. 24시간을 넘기지 않는다.

2. 오븐을 130℃로 예열한다.

3. 용기 바닥에 깔린 핏물을 버린다. 껍질 쪽이 위로 가도록 삼겹살을 놓고 오븐에 넣어 3시간 또는, 노릇하게 맛있어 보이고 주저앉을 듯 연해질 때까지 굽는다. 1시간마다 스며 나온 기름을 끼얹어준다.

4. 테두리가 있는 제빵팬 두 개 사이에 삼겹살을 끼워 랩으로 씌운 뒤 무거운 것으로 누른다. 밤새 냉장고에 둔다. 이 단계까지 며칠 전에 미리 준비할 수 있다.

5. 랩을 벗겨 길고 좁고 비스듬한 삼각형 모양으로 썬다. 1인분에 2쪽씩 필요하다.

6. 그릴에 뜨겁게 불을 지피거나 무쇠 팬 혹은 그릴 팬을 아주 뜨겁게 달군다.

재료
껍질 없는 삼겹살(450g) 1덩어리
꽃소금 2큰술
설탕 2큰술

7. 구운 자국이 생기도록 삼겹살을 2~3분 구운 뒤 45도로 돌려 격자무늬가 생기고 속까지 완전히 따뜻해지도록 마저 익힌다. 4~5분 이상 익히지 않는다. 바로 낸다.

코 김치 콩소메
약 1ℓ 분량

만드는 법

1. 달걀흰자를 미세한 거품이 올라올 때까지 젓고, 돼지고기와 양파를 잘 섞는다.

2. 김치를 블렌더에 넣어 부드러워질 때까지 약 1~2분 동안 갈아 퓌레로 만든다. 작은 육수 냄비에 넣어 차가운 상태의 육수와 물을 넣고 돼지고기, 달걀, 가늘게 썬 양파 무더기를 위에 올린다. 중간-약한 불에 올려 건더기가 냄비의 바닥이나 옆에 들러붙지 않도록 부드럽게 저어가며 은근히 끓인다. 간간히 기름을 걷어낸다. 돼지고기와 달걀 섞은 것이 응고하여 국물 위에 둥근 뗏목처럼 떠올라 국물의 찌꺼기와 불순물을 잡아낼 것이다. 응고물이 촉촉함을 잃지 않도록 종종 (몇 분에 한 번) 큰 숟가락으로 육수를 떠 적셔준다.

3. 뗏목이 생기고 몇 분(아마 불에 올리고 25~30분 뒤) 뒤에 불을 끄고 깨끗한 용기에 면포, 커피 필터 등을 걸쳐두고 국자로 국물을 떠 내린다. 찌꺼기가 남지 않도록 두 번 정도 거치는 게 좋다. 콩소메는 굳이 오래 끓일 필요가 없다. 김치 맛이 가시고 다시 탁해질 수 있다. 다시 데워도 끓이지는 말고, 접시에 낼 때도 필요 이상 오래 데우지 않는다. 그럼 쓰레기로 변해버릴 것이다. 냉장고에 일주일 두고 쓸 수 있다.

재료
달걀흰자 2개
돼지고기 간 것 115g
아주 작은 크기 양파 1개
배추김치 1컵
라멘 육수 2컵(48쪽)
찬물 2½컵

캐비아, 양파, 감자를 곁들인 반숙 달걀
SOFT-COOKED HEN EGG CAVIAR, ONIONS & POTATO

8인분

훌륭한 프랑스 레스토랑에서는 독특한 달걀 요리를 맛볼 수 있다. 알랭 파사르의 라르페주에는 노른자가 흐르는 따뜻한 달걀에 차가운 상태로 올린 크림, 메이플 시럽으로 맛을 낸 '쇼 프루아 소스의 농장 달걀과 메이플 시럽(chaud-froid d'oeuf fermier, sirop d'érable)'이 있다. 한편 장 조르주 봉게리히텐의 전매특허인 '캐비아를 올린 달걀'은 달걀 껍질을 파베르제(Peter Carl Fabergé, 1846~1920, 러시아의 보석 세공가로, 달걀 형상의 보석 세공품으로 유명하다—옮긴이)처럼 정확하게 잘라내어 완벽한 스크램블 에그로 채운 뒤 보드카 맛을 들인 크림과 벨루가 캐비아 한 뭉텅이를 올린다. 소박함과 멋스러움을 병렬하는 데서 영감을 얻어 이번 요리는 달걀의 부드러움과 생선 알의 톡톡 터지는 짭짤함이 한데 어우러지게 만들어보았다.

그럴듯한 아이디어를 얻는 데 한참이 걸렸다. 함께 돌려보며 의논하던 메뉴 초안에 '약한 불로 삶은 달걀과 버섯 라구'가 있었다. 그때쯤 나는 염기 용액에 익힌 송화단(오리알을 석회 점토, 소금, 재 등을 넣은 진흙에 밀봉하여 만든 중국요리—옮긴이)에서 영감을 얻기는 했지만 조리법은 그와 전혀 상관없는, 달걀을 찻물에 담가 색을 들이는 요리를 검토하고 있었다.

처음 시도한 코 달걀 코스는 간장에 재운 달걀(4분 삶은 달걀을 얼음물에 식히고, 껍질을 벗겨 생강과 팔각으로 맛을 낸 간장에 담가 만든다), 모듬 허브 샐러드, 구운 피칸, 컨트리 햄 가루를 포함한 것이었다. 달걀은 낚싯줄을 써서 반으로 깔끔하게 가른다. 하지만 간장에 절인 달걀이며 컨트리 햄이 이 요리에는 너무 무뚝뚝한 요소라는 생각이 들거니와, 허세보다 정교함이 필요하다는 생각에 달걀을 국물에 담그는 안을 마침내 접기로 했다.

그래도 달걀을 담가보겠다는 생각 자체를 아예 접은 건 아니었다. 그러다 어떻게 하다 보니 훈제 달걀을 써야 한다는 생각에 이르렀다. 많은 양의 물에 훈연액 몇 방울을 넣어 5분 동안 달걀을 담가보았는데, 아주 많이 희석했을 때조차도 훈연액에 달걀이 변색되었다. 결국 냉훈한 물을 쓰기로 했는데 그것도 사실 용기에 물을 잔뜩 담아 누들 바 주방의 훈제기에 넣어둔 것에 지나지 않았다. 거기에 달걀을 담가 하얀색은 유지하되 희미하게 훈연향이 감돌도록 했다.

그리고 마침내 이 레시피에서 소개하는 조합을 생각해낼 수 있었다. 노른자가 흐르는 달걀, 캐비아(양식한 상어에서 채취한 미국 캐비아로, 맛있을뿐더러 저렴한 편인 데다 혹해의 철갑상어 씨를 말리지도 않는다), 양파 수비스(양파로서 누릴 수 있는 최고의 사치인 데다 달걀을 담기에는 안성맞춤의 둥지 역할을 한다), 갓 튀긴 감자칩(바삭함을 더한다), 모듬 허브 샐러드 약간(아니즈 향과 비슷한 처빌이 훈연향을 거든다), 그리고 비밀 병기로 고구마 식초를 썼다. 요리에 신맛과 색을 더해 균형을 잡아주고 모든 재료를 한데 아우르는 역할을 해주었다.

이 요리는 아주 넓으면서도 얕은, 어떻게 보면 조금 오목한 접시 같은 그릇에 차려낸다. 접시의 가운데를 원이라고 상상하고 반으로 나눠 오른쪽은 양파 수비스, 왼

재료

양파 수비스(다음 쪽)
손가락 감자칩(다음 쪽)
모듬 허브 샐러드 성기게 담아 ½컵 (다음 쪽)
훈연 달걀 또는 5:10 반숙 달걀(다음 쪽)
미국 용상어 캐비아 50g
훈연 소금
고구마 식초나 최고급 셰리 식초 4큰술

쪽의 2/3는 감자칩, 그리고 손님 쪽으로 향할 나머지 부분에는 모듬 허브 샐러드를 작은 무더기로 올린다. 숟가락의 등으로 양파를 살짝 눌러 달걀 자리를 만들어준다. 작은 칼로 달걀을 반보다 조금 위쪽으로 갈라 작은 숟가락으로 캐비아를 슬쩍 밀어 넣어 접시로 흘러나오는 노른자 강물에 자리를 잡아준다. 훈연 소금 몇 알갱이를 달걀에 올리고 양파 위로 고구마 식초를 몇 방울 뿌려준 뒤 바로 낸다.

양파 수비스
1¼컵

버터와 양파즙, 물로 만든 유화 소스에 버무린 연하디 연한 양파다.

만드는 법

1. 양파를 깐다. 심을 축으로 삼아 반으로 가른 뒤 0.5cm 두께로 썬다. 칼이나 만돌린으로 얇지만 그렇다고 너무 얇지 않게 썬다. 성기게 담아 2½~3컵 정도가 될 것이다.

2. 양파, 버터, 물, 소금을 전부 넉넉히 담을 만한 크기의 소스팬에 담는다. 가장 약한 불에 올려 2시간 정도 휘저어주며 익힌다. 불이 세면 캐러멜화가 일어나 색이 변하므로 주의한다.

3. 2시간 뒤면 버터와 물은 조용히 졸아들어 주단처럼 부드러운 소스가 되어, 연하고 달콤해진 양파를 덮을 것이다. 소스가 여전히 묽거나 양파가 완전히 익지 않았다면 불에 조금 더 둔다. 수비스는 바로 쓰거나 식힌 다음 밀폐 용기에 담아 일주일 동안 보관이 가능하다. 내기 전에 속까지 완전히 데운다.

재료
양파 1개
무염 버터 4큰술
물 ½컵
꽃소금 1작은술

손가락 감자칩
약 2컵

만드는 법

1. 감자를 박박 문질러 닦는다. 작은 대접에 찬물을 가득 채우고, 만돌린으로 가능한 한 얇게 감자를 썬다. 비칠 정도로 얇아야 한다. 물을 한두 번 갈아가며 감자를 헹궈 전분을 씻어낸다. 맑은 물이 나올 때까지 씻어내야 한다.

2. 속이 깊은 소스팬에 약 4cm 깊이로 기름을 붓는다(감자를 넣었을 때 기름이 거품을 내며 맹렬히 튀어야 한다. 기름으로 인한 화재는 골치 아프므로 팬 가장자리 쪽에는 기름이 끓지 않도록 주의한다). 온도계로 변화를 지켜보며 기름을 180℃까지 데운다(기름이 너무 뜨거우면 튀김에서 역겨운 맛이 나고, 충분히 뜨겁지 않으면 감자가 바삭해지지 않는다). 접시에 종이 행주를 두 겹으로 깔아 가까이 둔다.

3. 감자를 몇 줌씩 꺼내 종이 행주로 물기를 더 뺀 다음 뜰채나 긴 손잡이가 달린 구멍 뚫린 납작한 국자에 쌓아 올린다. 뜨거운 기름에 넣은 뒤 바로 흔들기 시작한다. 부글거림이 잦아들 때까지 계속한다. 감자가 서로 달라붙을 수 있으므로 이따금씩 저어준다. 바삭하고 연하게 노릇해질 때까지 3분 정도 튀긴다. 튀긴 감자를 꺼내 종이 행주에 올린 뒤 바로 소금을 넉넉하게 쳐 간한다. 종이 행주를 갈아가며 같은 과정을 반복한다. 온도계로 기름 온도를 확인하는 걸 잊지 않는다. 튀긴 감자가 식으면 종이 행주에서 옮겨 낼 때까지 두거나 아니면 바로 먹는다.

재료
손가락 감자 4개
포도씨유나 식용유
꽃소금

모듬 허브 샐러드

가지고 있는 허브를 쓰면 되므로 큰 제약 없이 쉽게 낼 수 있다. 처빌과 파슬리 이파리, 2.5cm 길이로 썬 골파를 2:1:1로 섞는다. 더 우아하게 만들 경우 파슬리 대신 타라곤을 쓴다. 타라곤은 셔빌을 찾을 수 없을 경우에도 대체재로 훌륭하다.

5:10 달걀

그냥 반숙 달걀이지만 요리에 어울리도록 흐르는 노른자와 단단하게 익은 흰자의 비율을 맞추기 위해 5분 10초라는 시간을 찾아냈다. 전부 깨끗하게 껍질을 벗길 수 없으므로 필요한 양보다 많은 달걀을 삶아야 한다. 요리를 위해 완벽한 8개를 얻겠다는 바람으로 12개를 삶는다. 남더라도 잉글리시 머핀(261쪽) 사이에 끼워서 먹어도 되고, 쓸 데는 많다.

만드는 법

1. 큰 냄비에 물을 끓인다. 달걀을 뜰채나 구멍 뚫린 납작한 국자로 껍데기째 냄비에 천천히 넣는다(달걀 몇 개에는 금이 갈 수도 있다. 깨진 달걀은 보기에 안 좋지만 쓸 수는 있다). 달걀을 물에 넣는 순간부터 타이머를 5분 10초로 맞추고, 크고 속이 깊

재료
달걀, 필요한 만큼

은 그릇에 얼음물을 준비한다.

2. 타이머가 울리면 뜰채나 구멍 뚫린 국자를 써서 달걀을 얼음물로 옮긴다. 만질 수 있을 정도로 식으면 껍데기를 깐다. 먼저 도마에서 껍데기를 깬 다음 달걀을 물에 담그면 껍데기와 흰자 사이로 물이 들어가 나머지를 쉽게 벗기는 데 도움이 된다는 사실을 알게 되었다. 냉장고에 8시간까지 둘 수 있다. 내기 전 뜨거운 수돗물에 1분간 담가 데운다.

❖ 훈제 달걀

훈연향이 살짝 배도록 1시간 정도 훈연기에 넣어둔 물에 5:10 달걀을 담가 만든다. 훈연물을 쓰지 않더라도 나무랄 생각은 없다. 그저 코의 조리법을 이야기할 뿐이니까. 또는 물 10ℓ쯤에 훈연액을 두어 방울 떨어뜨린 뒤 달걀을 담가 냉장고에 몇 시간 둔다(아예 훈연 과정을 거치지 않은 달걀을 그냥 내도 된다).

구운 뉴저지 가리비 관자
콜라비 퓌레와 이와 김을 얹은

ROASTED NEW JERSEY DIVER SCALLOP KOHLRABI PURÉE & IWA NORI

8인분

코를 위한 메뉴를 짜는 가운데, 데이브 아놀드가 한 바가지 떠안긴 메틸셀룰로오스 f50을 써먹었다. 크리스티나 토시와 함께 김으로는 뻥튀기, 다시로는 뻥튀기와 거품을 만들었다.

이렇게 메틸셀룰로오스 f50으로 이런저런 장난을 치는 가운데, 일정량의 액체에 너무 적은 양을 더할 경우 상태가 아주 불안정해진다는 걸 발견했다. 파도가 해변으로 밀려왔다가 다시 바다로 돌아가는 듯이 거품이 터져 사라져버리는 것이다. 그렇다, 벽을 온통 스테인리스로 두른 주방에서 너무 오래 일을 하면 이렇게 괴기한 상상력이 생기기도 한다.

어쩌면 나 혼자 좋다고 생각하는 것일 수도 있었지만, 이 기술을 부각시켜 바다의 정수를 재현하는 한편, '거품'이 요리의 콘셉트가 되도록 적극적으로 시도해보고 싶었다. 타이밍을 잘 맞춘다면 이 거품을 과장되게 표현할 수도 있었다. 접시에 거품을 수북하게 올리자마자 얼마 안 되어서 사라지게 하는 것이다. 해초와 생선 맛이 밴 다시를 만들면, 거품이 액체 상태로 돌아갔을 때 김 퓌레와 섞여 낮은 파도에서 해조류가 섞인 바닷물로 장식된 해산물 요리가 되는 것이다.

그래서 처음 요리를 만들기 시작했을 때는 루제나 관자 같은 신선한 해물로 중심을 잡고, 바다콩, 절인 살구버섯, 김 퓌레를 더한 뒤 밀려드는 파도 같은 다시 거품으로 마무리하는 계획을 잡았다.

이렇게 치밀한 계산 아래 만든 요리였지만 모두가 싫어했다. 서피코와 겔만도 서서히 싫어하는 축에 합류했다. 나 또한, 할머니가 쓰던 거품기로 매일 밤 24번이나 다시 거품을 내는 일이 너무 피곤했다. 게다가 요란한 소음에 비해 거품은 보잘것없었다.

그래서 코가 문을 열고 처음 몇 달 동안은 계속해서 변화를 주었다. 지금 레시피는 1.5버전이다. 철마다 다를 수 있으니 퓌레는 김이 아닌 버섯으로 대체 가능하며 살구버섯 대신 회향 절임을 곁들일 수 있다. 2.0버전에서는 관자를 근처에서 잡는 송어로 대체하고, 서피코가 콜라비 대신 베이컨 퓌레를 곁들였다. 2.5버전에서는 늦봄의 까치콩이 이미 철이 지난 통통마디의 자리를 대신했다. 별로인 초반의 아이디어가 개선될 때까지 계속 변화를 주었다. 가끔 그런 과정을 통해 요리가 진화하기도 한다.

이 요리는 아주 빨리 준비할 수 있다는 점이 핵심이다. 작은 접시와 팬에 뜨거운 베이컨 다시와 콜라비 퓌레를 담아두고 버섯, 이와 김, 쪽파, 고명용 천일염, 얕은 그릇 8개를 모두 손 닿는 곳에 두고 요리를 시작한다.

만드는 법

1. 넓은 무쇠 팬에 식용유를 두르고 센 불에 올려 뜨거워질 때까지 1분 동안 달군다. 기름을 달구는 동안 관자의 물기를 종이 행주로 가볍게 두들겨 걷어낸 다음 양쪽 모두 소금과 백후추로 간한다. 팬에 하나씩 올리되 사이를 띄우고, 닿는 면 전체에 색이 고르게 나도록 손등으로 가볍게 누른다. 1분 30초 뒤 관자에 색

이 돌기 시작하면 버터를 넣고 팬을 몸 쪽으로 기울여 숟가락으로 녹기 시작하는 버터를 떠 끼얹는다. 같은 면을 1분 30초 더, 또는 짙은 갈색이 돌되 속까지는 익지 않을 때까지 굽는다. 종이 행주를 두른 접시에 지진 면이 위로 가도록 놓고 나머지 재료를 준비한다.

2. 얕은 대접 한가운데에 콜라비 퓌레를 1큰술 넉넉히 담아 올린 뒤 숟가락 등으로 살짝 눌러 가장자리 쪽으로 문질러 바른다. 관자를 대접의 가운데, 콜라비 퓌레 위에 올린다. 살구버섯 몇 쪽을 관자 주위에, 가늘게 채 친 쪽파 몇 줄기를 버섯 위에 올린다. 이와 김 몇 쪽을 콜라비 퓌레 위에 올린다. 뜨거운 베이컨 다시 몇 큰술을 접시에 이미 담은 재료를 건드리지 않도록 조심스레 대접에 담아 마무리한다. 관자 위에 천일염을 올리고 바로 낸다.

재료

가리비 관자 8쪽
꽃소금
후추
무염 버터 8큰술
콜라피 퓌레(다음 쪽)
살구버섯 절임(다음 쪽)
쪽파 1대
이와 김 ½컵
베이컨 다시 1컵
몰든 천일염
포도씨유나 식용유

콜라비 퓌레
½컵

만드는 법

껍질을 벗겨 대강 굵직굵직하게 썬 콜라비를 작은 소스팬에 담아 소금을 더하고 잠길 듯 말 듯 하게 물을 붓는다. 중간-센 불에 올려 날카로운 칼로 찔렀을 때 쑥 들어갈 때까지, 20분 정도 은근히 끓인다. 물을 따라 버리고 으깬 뒤, 가는 체나 면포에 내린다. 만들면 몇 시간 동안 두고 쓸 수 있다. 살짝 데워 낸다.

재료
콜라비 500g
꽃소금 1작은술

살구버섯 절임
약 ½컵

만드는 법

1. 살구버섯을 체에 담아 아주 뜨거운 수돗물에 헹군다(버섯을 씻지 말라는 이야기에 현혹되지 마라. 대부분의 버섯은 씻어서 조리해야 한다). 잘 헹군 다음 부스러지지 않도록 살살 다룬다.
2. 뜨거운 물, 식초, 설탕, 소금을 밀폐 용기에 담아 설탕이 녹을 때까지 흔든 다음 버섯을 넣는다. 다시 뚜껑을 닫고 냉장고에 넣는다. 몇 시간 지나면 쓸 수 있고, 일주일 정도 둘 수 있다.

재료
살구버섯 ½컵
아주 뜨거운 물 ½컵
양조 식초 ¼컵
설탕 3큰술
꽃소금 1작은술

푸아그라
foie gras

미국 내에서는 푸아그라를 악마 취급하는 움직임이 일고 있다. 비싼 돈을 지불하는 기득권층을 위해 특별히 자행하는, 변태적인 동물 학대의 결과라는 논리다. 이건 완전 개소리다.

물론 푸아그라를 만든답시고 오리에게 말도 안 되는 짓을 하는 끔찍한 곳도 있을 것이다. 하지만 허드슨 밸리(모모푸쿠의 납품처인, 몇 안 되는 북미의 푸아그라 농장)에서는 그러지 않는다. 다른 일류 푸아그라 농장 또한 마찬가지일 것이다. 코를 막 열면서 푸아그라를 내기로 결정했을 때, 다른 사람의 의견에 동조하기보다 직접 보고 체험하기 위해 농장을 견학했다.

오리를 키우는 건물로 넓고 환기와 통풍, 채광이 좋으며 물도 공급된다. 오리들이 뒤뚱거리고 돌아다닐 공간이 충분하다.

허드슨 밸리에서는 오리 새끼 고기부터 도체에 이르기까지, 푸아그라 제조의 모든 공정을 다룬다. 팀으로 참여해 전 과정을 견학함으로써 재료에 대한 더 완전한 지식을 얻게 되었음은 물론, 보물과도 같은 푸아그라로 조리할 수 있는 영광을 선사한 오리의 삶과 죽음에 대해서도 더 깊이 이해할 수 있었다.

도살하기 몇 주 전, 평소의 몇 배로 간을 살찌우기 위해 푸아그라용으로 기른 오리에게 엄청난 양의 곡물을 먹인다. 수의사도 아니고 식용 동물 신세가 되고 싶지도 않지만, 내 눈에는 사육당하는 동물 신세라는 걸 감안하더라도 오리들이 딱히 고민 없이 행복해 보였다.

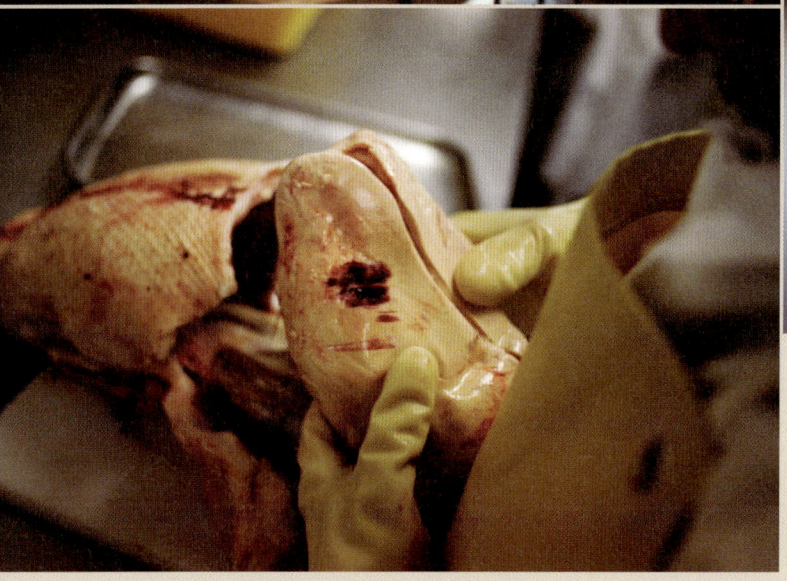

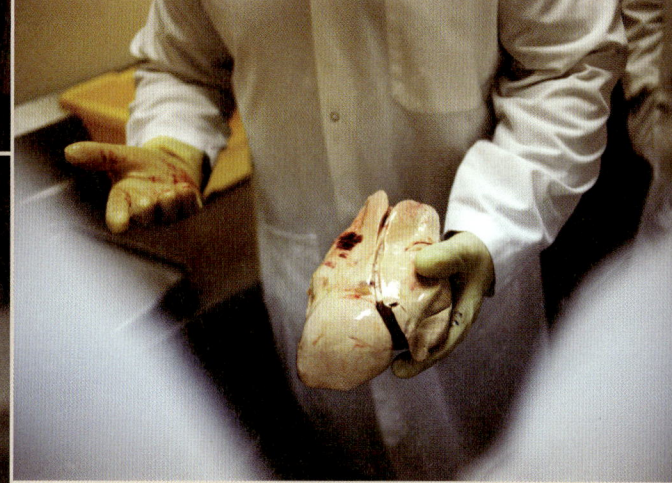

이게 바로 지방간, 즉 푸아그라이다. 이를 생산하기 위해 엄청난 보살핌과 노동, 비용이 들어간 만큼 매우 맛있으며 세심하게 요리해야 한다. 292쪽의 토숑 레시피는 우리가 아는 한 푸아그라를 가장 맛있게 요리하는 방법이다.

리치, 잣 브리틀을 곁들인 얇게 켠 푸아그라
SHAVED FOIE GRAS LYCHEE & PINE NUT BRITTLE

8인분

우리는 코를 통해 불가능에 도전하고 있었다. 사람들이 그런 우리를 진지하게 받아들이길 바랐고, 치르는 비용만큼 고급스런 저녁 식사를 한다는 느낌을 주고 싶었다. 그래서 푸아그라를 내야 한다는 결론에 이르렀다.

이 요리의 기원은 행복한 사고에서 비롯되었다. 어느 날, 냉동고에서 푸아그라 토숑을 발견했는데 그게 왜 거기 있는 건지 알 수가 없었다. 행사에 썼다가 남아서 나중에 쓰려고 두었다가 까먹었던 거겠지. 그래서 그것을 얇게 켜보면 어떨지, 시험해보기로 했다.

얼러서 얇게 켠 푸아그라 토숑은 특유의 가능성이 있었다. 대부분의 푸아그라 요리처럼 너무 부드럽거나 느끼하지도 않았고, 입에 넣는 순간에는 가벼운 느낌이 들지만 잠시 후 펑! 하고 변신해 부드럽고 기름지며 달콤하고 차가운 맛이 감돌았다.

요리의 나머지 요소는 점차 추가했다. 모모푸쿠의 건축가인 스위와 히로에게 해 먹이기 위해 중국 사람으로부터 받은 리치 통조림을 조리하던 시기였다. 중식당에서는 언제나 점심 후식으로 리치를 먹었으니, 우리도 쌈 바 사과 샐러드 초기에 이걸 넣거나 다른 식당에서처럼 푸아그라에 곁들여보았다. 맛이 완벽한 데다가 비싼 푸아그라와 싸구려 리치의 조합이라는 측면에서 멋진 대조도 이뤘다(그리고 푸아그라와 달리, 리치 통조림은 쌀수록 더 맛있다. 이유는 모르겠지만 리치는 싸구려 통조림이 생과일이나 비싼 통조림보다 훨씬 맛있고 깊은 맛을 지니고 있다).

잣 브리틀은 리치만 곁들이는 것에 비해 훨씬 더 두드러진 질감의 대조를 선사했다. 처음에는 꿀로 만들었지만 이내 덜 달아서 잘 물리지 않는 아이소말트와 포도당으로 만들었다. 리슬링 젤리는 마지막 요소로 요리 맛의 균형을 잡아준다. 샘 겔만이 마무리를 맡아 다듬었다. 그는 원래 양념에 재워서 삶아 쓰던 토숑을 그냥 재워서 쓰는 방식으로 바꿨는데, 덕분에 짠맛이 두드러져 단맛과 더 잘 어울렸다.

냉동고 구석에 처박아두었던 재료로 누들 바의 포크 번 격인 코의 대표 요리—메뉴에서 절대 뺄 수 없는—를 만들어냈으니, 사는 게 참 알다가도 모를 일이다.

만드는 법

1. 리치 통조림을 따서 시럽을 따라 버린 뒤 4등분한다. 쓸 때까지 냉장실에 둔다.

2. 8개의 크지 않은 대접 바닥에 4등분한 리치를 2큰술씩 담고, 그 위에 부순 브리틀을 흩뿌린다. 언 푸아그라 토숑을 마이크로플레인으로 켜 수북하게 쌓는다. 내고 싶은 만큼 낸다.

재료
340g들이 리치 통조림 1캔
리슬링 젤리 ½컵
잣 브리틀 ½컵
얼린 푸아그라 토숑 ⅓~½개(292쪽)

리슬링 젤리
1¼컵 분량

필요에 따라 지금 리슬링 젤리 레시피의 반만 만들어도 된다(얇게 켠 푸아그라 8인분이면 반 컵만 만들어도 충분하다). 하지만 남은 푸아그라 토숑과도 얼마든지 곁들여 먹을 수 있기에 좀 더 만들어둔다.

만드는 법

1. 젤라틴, 리슬링, 식초를 중간 크기 소스팬에 담아 은근히 끓인다. 불에서 내려 작은 그릇으로 옮겨 담는다.

2. 냉장고에 넣어 6~8시간 식히는데, 1시간마다 날이 긴 포크로 젤리를 완전하게 부숴 깨진 유리처럼 만든다. 밀폐 용기에 담으면 일주일까지 두고 쓸 수 있다.

재료
판 젤라틴 2장
적당한 리슬링 1¼컵
양조 식초 1작은술

잣 브리틀
2컵 분량

이름도 발음하기 어려운 당류 없이도 이 브리틀을 만들 수 있느냐고? 물론이다. 하지만 크리스티나 토시가 개발한 이 브리틀은 설탕이나 꿀로 만든 것에 비해 부수거나 먹기에 쉽다. 포도당이나 아이소말트는 캘리포니아의 경우 산타 모니카의 르 상투에르에서 살 수 있다. 이런 당류는 단맛을 줄여주는데, 이미 디저트가 달기 때문에 우리에게는 매우 필요하다. 우연이겠지만 더 나은 브리틀은 아이스크림에도 환상적으로 잘 어울린다.

만드는 법

1. 오븐을 150℃로 예열한다. 제빵팬을 유산지나 실팻, 또는 붙지 않는 제빵용 내지로 덮어 준비한다.

2. 설탕, 포도당, 아이소말트를 바닥이 두꺼운 중간 크기 소스팬에 담아 중간 불에 올린다. 젓거나 건드리지 않고 캐러멜이 될 때까지 조리한다. 설탕이 녹아 액체가 된 뒤 점차 색이 진해질 것이다. 12~15분 뒤 캐러멜이 연한 갈색으로 변하고 고소한 냄새를 풍길 것이다.

3. 설탕이 캐러멜로 변하는 동안 잣을 제빵팬에 펴 담아 오븐에 넣는다(속까지 따뜻해질 정도로 살짝 굽는다).

4. 따뜻한 잣을 캐러멜에 넣고 1분간 저어 섞어준 뒤 버터와 설탕을 더 넣어 저

재료
설탕 ½컵
포도당 ½컵
아이소말트 ½컵
잣 ⅔컵
무염 버터 5½ 큰술
꽃소금 약간

어주면서 30초간 너 익힌나. 캐러멜을 바로 준비한 제빵팬에 부어 상온에서 식힌다.

5. 브리틀이 굳으면 고기 망치를 써서 한 입 크기로 조각낸다. 밀폐 용기에 담으면 상온에서 적어도 일주일은 두고 먹을 수 있다.

얼린 푸아그라 토숑
750g 토숑 약 1개 분량

얇게 컨 푸아그라 8인분으로 충분한 양을 위한 토숑 레시피다. 혹시 푸아그라 토숑이 남는다면 브리오슈 윗부분을 잘라내 두툼하게 저민 토숑 1조각을 얹고, 남은 리슬링 젤리나 잘 익은 제철 과일 고명을 얹어내도 된다. 그 정도면 충분하다. 하나 더 덧붙이자면, 이 레시피를 따라 토숑을 만드는 데는 저울이 필요하다. 엄청나게 돈을 들인 푸아그라를 말아먹으면 안 되지 않겠는가?

하지만 누가 집에서 푸아그라 토숑을 만드려고 할지 진짜 진지하게 모르겠다. 푸아그라 토숑을 위해서라면 백만 단어짜리의 구구절절한 레시피를 쓸 수 있다. 토마스 켈러는 요리책 《프렌치 런드리》를 통해 이보다 훨씬 더 긴 레시피를 소개했다. 하지만 푸아그라를 손질하는 과정은 정말 말로 표현이 불가능하다. 그러므로 전문 식품점에서 토숑을 구입해 얼려서 만들면 그만이다. 하지만 상식 따윈 상관없다는 사람들을 위해 레시피를 소개한다.

만드는 법

1. 간을 통째로 탄산수에 담가 상온에 1시간 동안 둔다.

2. 물에서 건져, 깨끗한 마른 행주 위에 10분 동안 올려놓는다. 간을 쪼개 작은 핀셋과 버터 칼로 눈에 보이는 핏줄, 피, 지방을 긁어내고, 녹색의 담즙을 집어낸다. 손으로 뜯거나 칼로 잘라 손가락 크기 덩어리로 나누면서 변색된 부분은 없는지, 핏줄이 남아 있지는 않은지 확인한다. 손질을 마친 푸아그라를 큰 대접으로 옮긴다.

3. 푸아그라의 무게를 단 뒤 다시 대접으로 옮긴다. 레시피의 비율에 따라 재울 양념을 준비한다. 꽃소금과 분홍 소금, 설탕, 후추를 버번과 와인에 더하고 잘 섞은 다음에 푸아그라에 끼얹는다. 부드럽게 잘 섞어준 뒤 대접에 랩을 씌워 냉장고에 4~24시간 둔다.

4. 작업대에 유산지를 넉넉하게 깐다. 재워둔 푸아그라 덩어리를 한 변이 긴 직사각형 모양을 이루도록 쌓아 올린 뒤 유산지를 이용해 깔끔하고 균일한 원통형

재료
푸아그라(907g~1.1kg) 1덩이
탄산수 2ℓ
푸아그라를 덮을 꽃소금 약 907g
손질한 푸아그라 500g마다,
- 꽃소금 2큰술
- 분홍소금 ⅛큰술
- 설탕 ½작은술
- 버번 2큰술
- 늦게 수확한 리슬링이나 머스캣 등, 단맛의 디저트 와인 2큰술
- 백후추와 흑후추를 1:2의 비율로 섞어 ¼큰술

으로 모양을 잡아준다. 75㎝ 길이의 면포 세 장을 겹쳐, 긴 쪽이 몸 쪽을 향하도록 작업대에 깐다. 유산지 위의 푸아그라를 면포로 옮긴다. 면포로 푸아그라를 감싸 끝을 단단히 말고 회전력을 이용해 지름 5㎝짜리 원통으로 모양을 잡아준다. 한쪽 끝을 주방용 실로 꼭 묶은 다음, 반대쪽도 되풀이한다. 얕은 팬에 담고 꽃소금으로 덮는다. 그대로 냉장고에서 18시간 소금에 재운다.

5. 만들어진 토숑을 꺼내 남은 소금을 털어내고는, 실로 냉장실에 24시간 동안 매달아둔다(어떤 쪽으로 매달아도 상관없지만 공기 순환이 잘 되는지 반드시 확인한다).

6. 면포를 벗겨내고 랩으로 싸서 냉동실에 적어도 8시간 보관한다. 몇 주 동안은 보관이 가능하다. 냉동고에서 꺼내자마자 랩을 벗기고 토숑을 간다. 다시 잘 싸서 냉동고에 넣어 보관하거나, 해동(냉장고에서 하루 이틀 걸린다)한 뒤 썰어서 차게 낸다.

무 조림, 당근과 겨자씨 절임을 곁들인 48시간 갈비
48-HOUR SHORT RIB BRAISED DAIKON, PICKLED CARROT & MUSTARD SEEDS

8인분

이제 고기를 맛볼 차례다. 가장 좋아하는 소박하고 단순한 고기 요리를 만들 수 있기 때문에 이 갈비 조리법을 좋아한다. 코 자리를 누들 바가 차지하고 있던 모모푸쿠의 옛 시절, 뭐라도 만들던 그때, 어머니의 한국식 갈비찜은 겨울철 단골 메뉴였다. 한편 일본에서 배우던 시절 즐겁게 일하던 가이세키 요리점 코즈에서 레시피를 슬쩍한 삼겹살과 무 조림도 냈다. 이 요리는 만들기 편하면서도 중간 중간 조정이 가능한 수비드를 써서 그 둘을 합친 것이다.

도쿄의 파크 하이야트 호텔에서 스타주를 할 때, 환상적인 가이세키 레스토랑 코즈에와 인기 만발에 손님이 북적북적하던 4백 석 규모의 스테이크 하우스 뉴욕 그릴 두 군데에서 동시에 일했다. 4백 석짜리 스테이크 하우스에서 혼자 고기를 도맡은 요리사는 진공포장한 채로 고기를 미리 조리해 준비해두곤 했다가 주문이 들어오면 포장을 뜯어 그릴에 지져서 내보냈다. 혼자서 여러 동물의 고기 수백 점을 조리하면서도 주문에 맞게 완벽하게 익은 상태로 내는 것을 보고, 없는 실력을 메우기 위해 고기를 미리 익히는 것이니 완전 거저먹기라고 생각했다. 그러다가 더 배우고 난 다음에야 수비드가 놀라운 마법이라는 사실을 깨달았다(누가 쓰느냐에 따라 훌륭한 조리 기술로도 형편없는 음식을 만들 수 있으니, 수비드는 누구에게나 마법으로 쓰일 자격은 갖추고 있다).

수비드는 1970년대 프랑스에서 발명되었다. 간단히 말하자면 재료(고기든 채소든 뭐든지, 양념한 것으로)를 진공포장해서 정확한 온도를 유지하는 물을 담은 큰 수조에서 익히는 것이다. 모모푸쿠에서는 물 온도를 아주 정확하게 지켜주는 순환 온탕기를 쓴다. 때로 맛이 드는 데 효과적이므로, 진공포장 자체가 조리 과정이 되기도 하지만, (데이브 아놀드는 채소와 보드카 같은 술을 섞고 저온 조리를 통해 즉석에서 맛과 향이 밴 술을 만든다) 대부분 요리사들이 수비드를 쓰는 이유는 저온 조리 과정 때문이다.

저온 조리는 인간이 불과 고기의 조합을 처음 맛본 이후 꿈꾸어왔던, 가장 정확한 조리가 가능한 방법이다. 기본적인 장비만으로도 고기를 바깥부터 안까지 속속들이, 설익거나 더 익은 부분 없이 익힐 수 있기 때문이다. 맛을 불어넣기 위해 센 불에 잽싸게 지지면 끝이다. 온도계도 탐침도 찔러볼 필요가 없다. 그러지 않아도 완벽하게 조리할 수 있다.

이 레시피는 저온 조리를 한 단계 더 끌고 나가, 가죽처럼 질긴 부위를 마블링이 있거나 안심처럼 부드러운 고기로 탈바꿈시킨다(코에 오는 몇몇 손님은 고기가 축축 처질 정도로 부드럽다 보니 덜 익었다고 생각한다). 갈비를 아주 낮은 온도에서 이틀에 이르는 긴 시간 동안 조리하면 질긴 조직과 일부 섬유조직의 단백질이 분해된다. 이는 산세바스찬 외곽 레스토랑 '무가리츠'의 셰프 안도니 루이스 아두리츠가 시도해 인기를 얻은 조리법이다. 모모푸쿠에서는 내 어머니가 조리하는 갈비찜 식의 양념으로 조려서 무 조림과 절임 채소를 곁들였다.

현실에 대해 잠깐 이야기하자면, 진공포장기와 순환 온탕기가 없다면 이 레시피는 집에서 해보기 쉽지 않다. 식당에서라면 언제나 몇 발짝 떨어져서 온수기가 제대로 돌아가고 있는지 확인할 사람이 있겠지만, 집에서는 상황이 다를 테니까. 어쨌거나 레시피를 공개한다.

만드는 법

1. 갈비를 재울 양념을 준비한다. 물, 간장, 배즙과 사과주스, 미림, 참기름, 설탕, 후추, 양파, 당근, 쪽파와 마늘을 큰 냄비에 담아 센 불에 올려 끓인다. 불을 줄여 양념을 10분 동안 은근히 끓인다. 체로 건더기를 거른 뒤 냉장고에서 식힌다. 밀폐 용기에 담아 며칠 보관이 가능하다.

2. 갈비 1조각당 양념 ½컵을 더해 진공포장 봉지에 담은 뒤 봉하고, 다른 봉지에 한 겹 더 넣어 역시 봉한다(봉지가 터지면 갈비를 버리는 것은 물론 온통 난장판이 되므로, 귀찮지만 이 편이 낫다). 밀봉한 갈비를 물에 넣고 순환 온탕기의 온도를 60℃에 맞춘다. 온도를 유지하며 48시간 동안 조리한다.

3. 갈비가 익으면 꺼내 봉지째로 얼음물에 담근다. 식은 다음에는 냉장고에서는 며칠, 냉동고에서는 몇 주 동안 둘 수 있다(해동하려면 냉장고에 밤새 둔다).

4. 봉지를 잘라 조림 국물 따로, 갈비 따로 모은다. 고운 체로 조림 국물을 걸러 작은 소스팬에 담는다. 센 불에 올려 2컵 남짓 남을 때까지 졸이는데, 10분 이상 끓이지 않는다. 요리를 접시에 담을 때까지 뚜껑을 덮어둔다(팬에 그대로 둬도 괜찮다).

5. 갈비의 뼈를 발라낸다. 너무 큰 비곗덩어리는 잘라내고, 깔끔한 정육면체(또는 사각형)로 다듬어 1조각이 85g 내외가 되도록 다듬는다.

6. 고명으로 쓸 쪽파를 데친다. 작은 소스팬에 소금물을 끓여 쪽파를 넣고 10초간 데친 다음 건져 얼음물이나 흐르는 수돗물에 식힌다. 물기를 잘 빼둔다.

7. 1~2ℓ의 기름을 깊은 팬에 담아, 중간-센 불에 올려 185℃로 달군다. 갈비 기름기를 빼기 위해 접시에 두 겹으로 종이 행주를 깔아둔다. 팬을 가득 채우지 않도록, 필요하다면 등분해서 3~4분간 갈비를 튀긴다. 겉은 마호가니처럼 적갈색을 띠고 속은 따뜻해야 한다. 기름에서 건져 종이 행주에 몇 분간 둔다.

8. 하얀 접시 8개의 중앙에 졸인 갈비 국물을 2숟갈씩 담는다. 절인 당근을 국물에 가로질러 놓고(두꺼우면 세로로 반 가른다) 그 위에 동그랗게 잘라 조린 무를 올린다. 데친 쪽파의 파란 잎 부분을 당근에 가로질러 놓는다(하얀 밑둥은 시계의 분침처럼 튀어나와야 한다). 갈비 덩어리를 1cm 두께의 덩어리로 서너 조각 내, 쪽파 위에 올린다. 쪽파로 갈비를 감싸고 조린 무 위에 조심스레 겨자씨를 올린 뒤, 고기 위에 몰든 천일염을 뿌린다. 바로 낸다.

갈비 재료
뼈 붙은 갈비(140~170g) 8쪽
물 2½컵
우스구치 ½컵+2큰술
배즙 3큰술+1작은술
사과주스 3큰술+1작은술
미림 2½큰술
참기름 1큰술
설탕 1¼컵
후추
작은 크기 양파 ½개
작은 크기 당근 1개
쪽파 3대(하얀 아랫동만)
마늘 2쪽
포도씨유나 식용유

고명 재료
쪽파 8대
당근 절임 8조각(197쪽)
다시에 조린 무(다음 쪽)
겨자씨 절임 ¼컵(83쪽)
몰든 천일염

다시에 조린 무
8조각

한국이나 일본 요리에서 무는 서양식으로 친다면 스튜나 조림 요리에 흔히 들어간다. 절대 부스러지는 일 없이 그저 맛을 부드럽게 머금은 스폰지쯤으로 변하므로 훌륭한 재료가 된다.

만드는 법

1. 무는 껍질을 벗겨내고 길이에 수직으로 해서 2.5cm 두께로 썬다.

2. 작은 냄비에 다시를 담아 끓인다. 무를 넣고, 부드럽지만 부서지지는 않을 정도로 30분 동안 은근히 끓인다. 이 시점에서 다시에 담긴 채로 무를 식혀 냉장실에 하루 동안 둘 수 있다.

3. 낼 준비가 되면 다시를 약 5분 동안 은근히 끓여 무를 속까지 완전히 데운 뒤, 건져낸다(다시는 다른 요리에 쓰거나 버린다).

재료
중간 크기 무 2개
전통 다시 또는 즉석 다시 4컵(1ℓ)

밥과 미소국
RICE WITH MISO SOUP

8인분

레스토랑에서 오래 버티지 못한 메뉴지만 그래도 가이세키 스타일의 음식을 내겠다는 우리의 마음이 깃들어 있다. 그래서 디저트 직전, 식사 코스를 마무리하는 메뉴이기도 했다.

조금 지루할 수도 있지만 문제라고는 전혀 없는 요리였다. 별 볼일 없는 콘셉트, 저질 조리 등등, 요리가 실패할 가능성은 백만 가지가 넘는다. 하지만 이 메뉴는 단지 가이세키식의 코스를 내겠다는 마음을 문자 그대로 충실하게 보여줬을 뿐이다. 다시 거품의 관자 요리도 마찬가지다. 관자는 거품의 곁다리였고, "손님, 이건 가이세키처럼 보이려고 시도한 것입니다"라고 말하기 위해 택한 방법이었다. 다시 말해 음식 자체보다 아이디어가 더 좋아 문제였다. 코의 첫 번째 메뉴를 짜면서 적어도 셰프로서는 단 한 번도 맞닥뜨리지 않았던, 더 지적인 요리의 미개척 영역을 깊이 파고드는 덫에 빠져버린 것이다.

관자와 미소국을 메뉴에서 빼면서 나나 겔만, 그리고 서피코가 새로운 요리를 고안했을 때 가장 먼저 생각해야 하는 중요한 요소를 깨닫게 되었다. 맛이 있는가? 답이 확실할 때만 분석을 시도했다. 훌륭한 아이디어인지, 새로운지, 아니면 창의적인지를 따져보는 것이다. 아이디어가 있다면 그 자체로 얼마나 아끼는지, 훌륭한지에 상관없이 시험을 통과해야만 했다. 맛이 없다면 요리는 아무런 의미가 없다.

만드는 법

1. 버섯 육수를 만든다. 버섯, 껍질을 벗기고 다듬은 당근, 양파, 살짝 눌러 으깬 마늘, 물을 중간 크기 육수 냄비에 담는다. 부글부글 꾸준히 끓을 때까지 센 불에 끓인다. 불을 줄여 1시간 더 은근히 끓인다.

2. 육수를 거르고 채소는 버린다. 식으면 육수는 밀폐 용기에 담아 며칠 두고 쓸 수 있지만, 만든 날 바로 쓰는 것이 가장 좋다.

3. 미소국을 낼 준비가 되면 버섯 육수를 소스팬에 담아, 센 불에 올려 끓기 직전에 불에서 내린다. 미소를 휘저어 넣고 맛을 본다. 버섯이 깊이와 균형을 더해주는 한편, 순수한 미소 맛이 주연이여야 한다. 만약 미소 맛이 두드러지지 않는다면 1큰술 단위로 미소를 더한다. 미소와 입맛에 따라, 맛이 충분히 나더라도 짠맛을 약간 더해야 할 경우도 있다. 그럴 경우 간장을 1작은술 단위로 넣어가면서 맛을 본다.

4. 미소국을 뜨겁게 데운 작은 국그릇 8개에 나눠 담고 골파를 4쪽씩 올린다. 국그릇을 큰 접시에 올린 뒤 각각에 채 썬 배추 절임을 폭 1.2cm, 길이 5cm로 썰

미소국 재료
양송이 1kg
작은 크기 당근 1개
작은 크기 양파 1개
마늘 2쪽
물 8½컵(2ℓ)
통보리 미소 3큰술
우수구치(경우에 따라)

고명 재료
2.5cm 크기로 썬 골파 1큰술
배추 절임(82쪽)
도쿄 순무 절임 8개(82쪽)
김 가루(다음 쪽)
주먹밥구이 8점(다음 쪽)

이 작은 무더기로 올리고, 그 위에 절인 순무를 4등분해서 올린 다음 김 가루를 솔솔 뿌린다. 원통형으로 빚은 주먹밥구이를 옆에 올린다.

김 가루
2큰술 분량

만드는 법

1. 미림과 간장을 작은 그릇에 담고 잘 저어준다. 김의 양면에 솔로 골고루 발라, 건조기에 1시간 정도 둔다.
2. 김을 부스러뜨려 양념갈이로 옮긴 다음, 돌리고 멈추기를 몇 번 반복한다. 가루와 자잘한 부스러기가 섞인 상태가 될 것이다. 밀폐 용기에 담아 직사광선을 피하면 무기한 두고 쓸 수 있다.

재료
미림 26g
우수구치 32g
김 15cm×15cm 2장

주먹밥구이
8개 분량

코에서는 일본 어머니들이 아이들 도시락에 넣는 오니기리를 만들 때 쓰는 틀로 밥을 빚어, 내기 전에 따뜻하게 데운 돼지기름을 바르고 몰든 천일염을 뿌린 뒤 그릴에 그을린다. 틀이 없을 때는(우리도 처음에는 그때그때 밥을 퍼서 손으로 빚으려 했으나, 이내 엄청난 일임을 알아차렸다) 손으로 공이나 원통형으로 빚어(1인분에 3큰술~⅓컵 분량) 아래 레시피를 따른다.

만드는 법

1. 그릴에 뜨겁게 불을 지피거나 그릴 팬을 센 불에 올린다.
2. 틀이나 물 적신 손으로 밥을 8등분해 원통형(이나 공, 또는 원하는 아무 모양)으로 빚는다. 솔로 돼지기름을 구석구석 바른 다음 천일염을 솔솔 뿌린다. 그릴에 올려 색이 날 때까지 구운 다음 살며시 뒤집어 반대편도 되풀이한다. 그릴이나 팬에서 내려 뜨거울 때 미소국과 함께 낸다.

재료
쌀밥 2⅔컵(다음 쪽)
녹여낸 돼지기름 ¼컵(따뜻하게 둔다)
몰든 천일염

밥
4컵 분량

코에서는 흰쌀밥만 짓는다. 다른 레스토랑이나 가정처럼 밥솥을 쓰는데, 그게 불에 솥을 올려 짓는 방식보다 훨씬 더 쉽고 믿을 만하다. 2가지 방법 모두 소개한다.

만드는 법

재료
쌀 2컵
물 2컵(솥을 불에 올려 짓는 경우)

1. 쌀을 큰 그릇(또는 밥솥의 속통)에 담아 2.5㎝ 높이로 물을 넉넉히 넣는다. 손가락으로 쌀을 젓는다. 알곡에 붙은 쌀 전분을 털어내므로 물이 탁해질 것이다. 대접을 기울여 물을 따라 버리는데, 손으로 쌀까지 흘려버리는 일 없이 막아준다. 맑은 물이 나올 때까지 되풀이한다.

2. 밥통을 쓸 경우 제조업체의 조리법에 따라 짓는다. 불에 올려 밥을 지을 경우, 쌀을 뚜껑이 딸린 중간 크기 소스팬에 담아 물을 더하고 뚜껑을 덮은 뒤 중간-센 불에 올려 끓인다. 밥이 끓기 시작하면 뚜껑을 덮은 채로 불을 줄여 쌀이 물을 완전히 흡수할 때까지 익힌다. 약 20분 정도 걸린다.

3. 솥이든 전기밥솥이든, 밥이 다 되면 주걱으로 섞어준다. 코에서는 짧고 넓은 나무 주걱을 쓰지만 나무 숟가락도 상관없다. 밥을 잘 저어 보풀려 김을 날려버린 뒤 뚜껑을 살짝 열어둔 채로 10분간 뜸들여 낸다.

시리얼 밀크
CEREAL MILK

8인분

미소국 코스를 뒤따를 디저트 전 코스를 계획했다. 생파인애플 소르베를 작은 알갱이 모양으로 퍼 담고 말려 쫄깃한 파인애플을 얹은 것처럼, 신선하면서도 양이 적고 차가운 디저트를 생각했다. 사과 파이로 대미를 장식하기 위해 멍석을 깔아줄 뭔가가 필요했다.

하지만 코를 열었을 때 들여놓은 냉동고는 기복 없이 잘 돌아가는 편이 아니었다. 소르베는 꾸준히 일정 온도를 유지하는 냉동고에서 보관하지 않으면 녹았다가 다시 얼면서 질감이 거지같이 변한다.

소르베의 상태가 안 좋던 밤, 크리스티나 토시가 급히 파나코타를 만들었다. 그녀가 wd~50에서 일할 때 시리얼 맛이 밴 우유로 만드는 디저트를 시도해보았노라고 했는데, 이게 첫 번째 완성작이었다. 모두 이 시리얼 밀크로 만든 커스터드를 마음에 들어했지만 어린 시절 좋아했던 맛의 답습보다는 나은 수준이어야 한다는 과제가 남아 있었다.

토시가 서피코에게 묻자 아보카도가 짝이 될 수 있을 거라는 조언을 했다. 이걸 믿기 어렵다면 아래층 주방에 토시가 이미 아보카도 퓌레를 만들어놓고 있었다는 사실은 더더욱 믿기 어려울 것이다. 아보카도는 디저트 세계에서 잘 쓰지 않는 재료지만 토시는 가능성을 타진해보고 있었다. 한데 접시에 담고 맛을 본 뒤 둘은 초콜릿을 더하기로 합의를 보았다. 며칠 더 토시의 손을 거치고 나서야 디저트가 탄생했다.

만드는 법

1. 오븐을 165℃로 예열한다.

2. 콘플레이크를 제빵팬에 펴 담아 오븐에 넣고 12분 동안 굽는다. 살짝 노릇해지고 진한 맛이 들 것이다. 오븐에서 꺼내 손으로 만질 수 있을 때까지 팬에 담은 채로 식힌다.

3. 우유와 크림을 2의 콘플레이크까지 담을 수 있을 만큼 넉넉한 용기에 담는다. 따뜻한 콘플레이크를 담고 잘 저은 다음 40~45분 동안 우려낸다(그보다 오래 우려내면 완성된 커스터드에 전분이 너무 많이 남을 것이다).

4. 우유를 고운 체로 내린 뒤 고무 스패출러의 등으로 콘 플레이크를 눌러 우유를 최대한 많이 짜낸다(눅눅한 시리얼은 버리거나, 샘 겔만처럼 먹는다). 체로 한 번 더 내린 뒤 전자레인지 사용 가능 용기에 담아둔다.

5. 흑설탕과 소금을 더하고 전자레인지에서 '약'으로 1분 30초 동안 돌린다. 설탕이 녹을 정도로만 우유가 따뜻해지면 된다. 설탕이 잘 퍼지도록 빨리, 살짝 한

시리얼 밀크 재료
콘플레이크 6컵
우유 3컵
생크림 2컵
흑설탕 눌러 담아 ¼컵
꽃소금 넉넉하게 담아 ½작은술
판 젤라틴 2장

고명 재료
아보카도 퓌레(306쪽)
초콜렛 헤이즐넛 칩(307쪽)
캐러멜을 입힌 콘플레이크(308쪽)

번 저어준다(전자레인지 대신 불에 올려 데워도 되지만, 이 경우에도 너무 오래 저어 공기가 들어가거나 너무 뜨거워지지 않게 주의한다).

6. 물 2컵에 젤라틴을 불린다. 2~3분 뒤, 딱딱한 부분이 없이 누글누글(토시의 말을 빌자면 해파리처럼 되면)해지면 물에서 꺼내 털어낸 다음 시리얼 밀크에 더한다. 잘 녹도록 한두 번 저어준다.

7. 우유를 140~170g들이 라메킨 또는 실리콘 틀(코에서 쓰는 틀은 길이 7.5㎝, 너비 2.5㎝의 얼음 틀처럼 생겼다)에 나눠 담고 냉장고에 30분간 둔다. 라메킨 같은 용기에 담은 채로 쓸 경우 손님에게 낼 때까지 그대로 냉장실에 보관하고, 실리콘 틀을 쓸 경우 냉동고에 한 시간 남짓 두면 커스터드가 얼음처럼 틀에서 빠져나올 것이다. 이후 쓸 때까지 냉장고에 보관한다(한편, 굳은 커스터드는 최소 몇 주 동안 냉동 보관이 가능하다. 랩에 씌운 채로 냉장실에서 해동하면 되는데, 유산지는 달라붙으므로 파라핀지를 깐 제빵팬에 올려 보관하면 된다).

3. 낼 때는 아보카도 퓌레 1덩이(몇 큰술 분량)를 흰색 큰 접시 8개의 가운데에 각각 담고, 숟가락의 등으로 지그시 눌러 접시를 가로질러 모양을 낸다. 그 위에 시리얼 밀크 커스터드를 올리고 초콜렛 헤이즐넛 칩을 비스듬히 올린다. 그 위에 캐러멜을 입힌 콘플레이크를 흩뿌린다. 너무 많이 올리지 않도록 주의한다.

아보카도 퓌레
약 ¾컵 분량

가능한 한 손님에게 내기 직전에 만든다

만드는 법

1. 반으로 갈라 씨를 들어내 살을 바른 아보카도를 냉장실에 차갑게, 최장 5시간까지 둔다.

2. 아보카도, 구연산, 소금, 설탕을 믹서에 담는다. 부드러워질 때까지 갈아서 체나 면포에 내려 작은 그릇에 담은 뒤, 퓌레의 표면에 닿도록 랩을 씌워 낼 때까지 둔다.

재료
익은 아보카도 1개
구연산 약간
꽃소금 약간
설탕 약간

초콜렛 헤이즐넛 칩
8인분

만드는 법

1. 프랄린 페이스트, 잔두야, 기름, 식용유, 소금, 초콜릿, 물엿을 전자레인지 사용 가능 용기에 담은 뒤 젓는다. 전자레인지에 10초간 돌린 뒤, 전체가 녹아 균일해지고 견과류에서 나온 아주 작은 부스러기만 보일 때까지 4~5회 되풀이해 저어준다(내열 용기에 담아 약하게 끓는 물이 담긴 소스팬 위에 올려 녹여도 된다).

2. 1을 실팻을 깔아놓은 제빵팬에 부어 0.5cm 두께로 편 다음 캐러멜을 입힌 콘플레이크를 흩뿌린다(이보다 얇게 펴면 디저트에 쓰기에 너무 얇다). 얼려서 굳히는 데 20분 정도 걸릴 것이다(물론 그보다 오래 냉동실에 둬도 된다).

3. 얼린 초콜릿-헤이즐넛 칩을 꺼내 쥐고 들쭉날쭉하게 부순다. 밀폐 용기에 담아 냉동실에 쓸 때까지 둔다. 몇 주 정도 두고 쓸 수 있지만 아마 그 전에 죄다 집어 먹어버릴 것이다.

재료
프랄린 페이스트 ¼컵
잔두야 ⅓컵
포도씨유나 식용유 ¼작은술
꽃소금 약간
다크 초콜릿 작은 조각 1큰술(카카오 함량 70~72% 정도가 좋다)
물엿 5g
캐러멜을 입힌 콘플레이크 2큰술 (308쪽)

프랄린 페이스트

프랄린 페이스트는 굳이 만들어 쓰지 않아도 상관없다. 하지만 집에서 만들면 정성이 가득한 데다가 트랜스지방의 공포에서도 벗어날 수 있다. 마치 누텔라처럼. 그 무엇, 심지어 손가락에도 잘 어울리므로 원한다면 레시피를 두 배, 세 배 부풀려 만들어도 상관없다. 초콜릿 헤이즐넛 칩에는 ¼컵만 필요하므로, 어떤 경우에도 남게 되긴 할 것이다.

만드는 법

1. 오븐을 205℃로 예열한다.

2. 테두리가 있는 제빵팬에 헤이즐넛을 펴 담고 오븐에 넣어, 속까지 따뜻하고 향이 풍길 때까지 10~15분 동안 굽는다. 꺼내 식힌다.

3. 바닥이 두꺼운 냄비에 설탕을 넣어 중간-약한 불에 올린다. 팬의 가장자리에서 캐러멜화가 일어날 때까지는 그대로 두었다가 이후 내열 스패출러나 나무 숟가락으로 저어준다. 인내심과 관심을 가지고 설탕을 맛있는 캐러멜의 세계로 인도한다. B등급 메이플 시럽 같은 중간 정도 호박색이 나지만 걸쭉하지 않을 때까

재료
헤이즐넛 70g
설탕 100g
꽃소금 약간

지, 천천히 그리고 꾸준히 지어준다.

4. 헤이즐넛을 푸드 프로세서나 믹서에 넣고 3의 캐러멜과 소금을 더해 3~5분 정도 갈아준다. 부드럽고 균일한 페이스트가 될 때까지, 가장자리에 달라붙은 뜨겁고 달콤한 곤죽을 긁어준다. 필요할 때까지 냉장실에 몇 주, 또는 몇 달도 두고 쓸 수 있다.

캐러멜을 입힌 콘플레이크
약 ¾컵 분량

만드는 법

1. 오븐을 135℃로 예열한다.

2. 콘플레이크를 큰 대접에 담아 손으로 부순다. 가루 아닌 부스러기가 필요하므로 7~8번이면 충분하다.

3. 전지분유, 설탕, 소금을 작은 그릇에 담고 저어준다. 버터를 콘플레이크에 더하고 그 위에 흩뿌려준다. 버무리고 저어 시리얼 표면에 골고루 입힌다.

4. 유산지(또는 실팻)를 두른 제빵팬에 시리얼을 펴 담고 20분, 또는 전지분유와 설탕이 캐러멜화하면서 마음 뿌듯하도록 노릇해질 때까지 굽는다. 꺼내서 식힌다. 밀폐 용기에 담으면 상온에서 최소 일주일 보관 가능하다.

재료
콘플레이크 60g
탈지분유 12g
설탕 12g
무염 버터 45g

튀긴 사과 파이
FRIED APPLE PIE

6인분

튀긴 사과 파이. 얼씨구나 좋다고 엄청 뜨거운 맥도날드의 사과 파이를 입에 물었다가 입천장이 홀랑 벗겨진 경험 한번 안 해본 사람이 있을까?

콘셉트며 동기는 단순했지만 토시는 공을 들여 이 디저트를 복잡하고 수준 높은 차원으로 승화시켰다. 그녀는 뉴욕의 패스트리 셰프들에게 인기 있는 짝인 사과와 미소의 새로운 조합 찾기를 도전으로 받아들여 미소 버터스카치를 탄생시켰다. 버터스카치는 그 자체로도 맛있고, 짠맛을 디저트에 더해 파이의 균형을 잡아준다.

튀기기도 쉽지만 형태를 잘 유지하는 파이 반죽을 만드는 일도 또 다른 숙제였다. 토시가 만든 반죽은 너무 오래 반죽해 완탄에 쓰는 것처럼 질긴 데다가 낱낱이 흩어지지도 않는 등 잘 만든 패스트리 반죽과는 정반대의 성질을 지니고 있었기 때문이다(버터 풍미 가득한 고전 패스트리 반죽을 튀기면 조각조각 부서져버릴 것이다). 그래서 튀김에 잘 버티라고 넣은 옥수수 전분과 적은 비율의 지방 덕분에 반죽은 전혀 민감하지 않고 따라서 아주 쉽게 다룰 수 있었다.

한편 사과 또한 잘 다뤄야만 한다. 여기에 소개하는 조리법은 의심의 여지없이 까다롭지만, 파이에는 아주 제격이다. 사과를 두 가지 방법으로 따로 준비하면 부드러움과 아삭거림이 섞이는 데다 펙틴이 사과 사이사이의 재료에 질펀함을 더해줘 디저트를 완벽하게 만들어준다.

만드는 법

1. 파이 껍데기 반죽을 만든다. 밀가루, 옥수수 전분, 설탕, 소금을 주걱을 단 스탠드 믹서의 대접에 담는다. 믹서를 느리게 10~15초 동안 돌려 재료를 잘 섞어준다. 깍둑썰기 한 차가운 버터와 쇼트닝을 넣고 중저속으로 올려, 반죽이 뭉친 모래에서 거의 자갈에 가까운 상태가 될 때까지 약 3분 동안 돌린다.

2. 믹서를 계속 중저속으로 돌리면서 반죽이 뭉치는 상태를 보아가며 식초와 물을 몇 큰술씩 더한다. 이 반죽은 전통적인 파이 반죽에 비해 훨씬 손을 오래 타고 물기도 더 많다. 반죽이 뭉치는 데 약 2분 정도 걸리는데, 일단 뭉치기 시작하면 몇 분간 더 돌린다. 끈적한 반죽을 믹서에서 꺼내, 평평하고 두툼하게 사각형으로 모양을 잡아 랩으로 싸서 냉장실에 적어도 한 시간 정도 둔다. 당장 쓰지 않으면 냉동고에 두면 되는데, 약 2주 동안 보관 가능하다. 냉장고에서 해동한다.

3. 반죽을 꺼내 거의 상온에 가깝도록 둔다. 반짝거리면서 기름기가 줄줄 흐르는 것이 아름다워 보이진 않을 것이다. 토시는 파이를 만들 때 저울을 쓰므로 여러분들도 그렇게 해야만 한다. 위 판, 아래 판 각각 6쪽이 필요하다. 아래 판을

사과 파이 재료

중력분 250g+반죽을 밀 때 필요한 여분
옥수수 전분 15g
설탕 45g
꽃소금 3g
무염 버터 37g
쇼트닝이나 돼지기름 25g
양조 식초 2g
사과 파이 소(313쪽)
튀김용 포도씨유나 식용유, 또는 돼지기름

고명 재료

계피 설탕(313쪽)
미소 버터스카치(314쪽)
사워크림 아이스크림(314쪽)

위해서는 50g(골프공 크기), 위판은 30g(탁구공 크기)의 반죽을 떼어낸 뒤, 작업대에 밀가루를 가볍게 뿌리고 올린다. 밀대로 밀어 각각 가로, 세로 15cm×8cm, 14cm×10cm의 사각형을 만든다. 둘 다 두께는 0.5cm를 살짝 웃돌아야 한다.

4. 틀에 밀가루를 넉넉히 묻힌다. 더 넓은 아래 판을 11.5cm×6.5cm×2cm 크기의 틀(정사각형 틀이 없다면 세로로 홈이 파이고 바닥을 들어낼 수 있는 꼬마 타르트 팬을 써도 된다. 그럴 경우 반죽을 둥글게 밀어 팬에 맞춘다)에 넣어 누른다. 이때 반죽이 틀 가장자리에 아주 조금만 넘치는 정도로 잘 들어맞는지 확인한다. 파이 소 ⅓컵(75g)을 올린 뒤, 숟가락의 등으로 평평하게 누른다. 틀을 작업대에 눌러 젤리화된 사과를 파이 반죽의 가장자리 안쪽으로 잘 집어넣는다. 조려서 곤죽 비슷한 상태가 된 사과와 틀의 가장자리 사이에 틈이 조금은 있어야 한다. 패스트리 솔에 찬물을 발라 틀에 담긴 반죽의 가장자리에 묻히고 위 판을 살며시 틀 위로 올려 덮은 뒤, 빙 둘러 위 판과 아래 판을 손으로 눌러 잘 여민다.

5. 파이를 틀에 담은 채로 반죽이 다시 단단해지고 틀에서 잘 빠져나올 때까지, 30분 동안 얼린다. 틀에서 꺼내 테두리가 있는 제빵팬으로 옮긴 뒤 랩을 씌워, 완전히 딱딱해질 때까지 냉동고에 마저 얼린다. 그대로 몇 주 동안 둘 수 있다.

6. 디저트를 낼 준비가 되었을 때 테두리가 높고 큰 냄비에 기름을 1~2ℓ 담아 175~190℃로 데운다. 튀긴 다음 기름을 걷어내기 위한 식힘 망을 준비한다. 계피 가루를 작은 체에 담아 튀긴 파이에 뿌릴 준비를 해 접시에 올려놓는다. 오븐을 120℃에 맞춰 켠다. 예열할 필요까지는 없다. 따뜻한 파이를 내기 위해 식힘 망을 제빵팬에 올려 오븐에 넣어 준비한다.

7. 기름 온도가 적당히 오르면 얼린 파이를 구멍 뚫린 납작한 국자에 올려 기름에 담근다(한 번에 하나씩만 튀기는 것이 가장 바람직하다). 파이를 넣자마자 기름이 끓어오르고 소리를 내지만 곧 바닥에 가라앉으면서 잦아들 것이다. 4~6분 뒤 파이가 떠오르며 보기 좋은 적갈색을 띠면 겉뿐만 아니라 속도 잘 익었음을 눈으로 확인할 수 있다. 파이가 노릇하게 익어 기름 표면에서 까딱거리면 건져내 식힘 망으로 옮겨 기름을 걷어낸다(처음 튀긴 4개는 식지 않도록 오븐 속의 식힘 망으로 옮긴다). 약 1분 뒤 파이가 살짝 식으면 계피 설탕을 넉넉하게 뿌리고 나머지를 튀긴다(파이가 터져 새거나 갈라지더라도 걱정할 필요 없다. 코에서라면 그런 파이를 내지는 않지만 우리끼리 나눠 먹는다. 게다가 그런 파이는 튀김 맛이 훨씬 더 진하다).

8. 아주 넉넉하게 미소 버터스카치를 1큰술 떠 접시 가운데를 약간 비껴 올린다. 숟가락의 등으로 접시를 가로질러 문지른다. 튀긴 파이를 버터스카치에 직각으로 올리고 알갱이 또는 공 모양으로 퍼 올린 사워크림 아이스크림을 올린다.

사과 파이 소
파이 6개를 만들 수 있는 넉넉한 양

튀긴 사과 파이의 소는 사과 콤포트와 젤리의 혼합이다. 젤리는 뜨겁고 끈적끈적한 액체로 탈바꿈한 뒤 슬며시 스며 나와서 파이를 먹음직스럽게 만들어준다. 한편 콤포트는 푸근한 사과 파이 소의 느낌을 전한다.

만드는 법

1. 콤포트를 만든다. 껍질을 벗겨 씨를 발라낸 뒤 대강 썬 엠파이어 사과, 흑설탕, 사과주스, 계피를 중간 크기 소스팬에 담아 중간 불에 올려 천천히 끓인다. 끓자마자 사과를 구멍 뚫린 납작한 국자로 건져 대접으로 옮긴다(계피는 팬에 그대로 둔다).

2. 팬의 불을 올려 액체를 반으로 졸인다. 사과를 다시 넣어 소금으로 간한 뒤 레몬즙을 더해 식힌다.

3. 젤리를 만든다. 펙틴, 흑설탕, 계피, 사과주스를 작은 소스팬에 담아 센 불에 올려 끓인다. 썰어놓은 후지 사과를 사과는 물론 불에 올린 시럽까지 담을 수 있을 만큼 큰 대접에 담는다.

4. 3의 시럽이 끓으면 사과 위에 부은 뒤에 저은 다음 상온에서 식힌다. 그대로 냉장실에 넣어 펙틴이 굳고 젤리가 될 때까지 식힌다.

5. 젤리와 콤포트를 더해 잘 섞어준다. 쓸 때까지 냉장고에 둔다. 일주일까지 두고 쓸 수 있다.

콤포트 재료
작은 크기 엠파이어 사과 2개
흑설탕 65g
사과주스 65g
계피 1쪽
꽃소금 약간
레몬즙 ½개분

젤리 재료
펙틴 결정 4g
흑설탕 40g
계피 가루 약간
사과주스 190g
후지 사과 2개

계피 설탕
약 2큰술

만드는 법

설탕, 계피, 소금을 양념갈이에 한데 넣고 약 1분간 돌려 과립이 고운 가루가 될 때까지 간다. 밀폐 용기에 담아 직사광선을 피하면 무기한 두고 쓸 수 있다.

재료
설탕 30g
계피 가루 3g
꽃소금 1g

미소 버터스카치
1컵 분량

만드는 법

1. 오븐을 205℃로 예열한다.

2. 실팻을 두른 제빵팬에 미소를 얇고 고르게 펴 담아 오븐에 20~30분 동안 굽는다. 미소가 검은색에 가까운 갈색을 띠고 엄청나게 맛있는 탄내를 풍겨야 한다.

3. 2의 미소를 다루기 쉬울 정도로 잠깐만 식힌 뒤 긁어내 믹서에 담는다. 흑설탕, 미림, 식초를 더한 뒤 균일하고 매끈하게 섞일 때까지 믹서를 돌린다. 그릇에 담아 뚜껑을 덮으면 냉장고에서 몇 주, 아니 몇 달도 두고 쓸 수 있다.

재료
백미소 100g
흑설탕 65g
미림 67g
셰리 식초 약간
무염 버터 58g(상온에 둔다)

사워크림 아이스크림
1ℓ 분량

만드는 법

1. 설탕과 물을 작은 소스팬에 담아 은근히 끓여, 설탕이 완전히 녹을 때까지 저어준다. 불에서 내려 완전히 식힌다.

2. 사워크림을 큰 그릇에 담아 부드러워질 때까지 거품기로 젓는다. 천천히 설탕 시럽, 라임즙과 제스트(zest, 껍질 맨 바깥 부분을 갈아낸 보푸라기-옮긴이)를 더한다. 차가워질 때까지 냉장실에 둔다.

3. 아이스크림 제조기로 옮겨 기계 제조업체의 사양에 따라 아이스크림을 만든다.

재료
설탕 200g
물 50g
사워크림 454g
라임 제스트 ½개
생라임즙 37g

모모푸쿠 식재료 구입처

좋은 재료나 그 출처를 물어본다면 대답은 너무나도 간단하다. 구글의 힘을 빌려라. 말린 관자가 뭐냐고? 구글에게 물어보라. 큐피 마요네즈는 어디에서 사야 되느냐고? 구글은 알고 있다. 우리는 언제나 구글을 뒤져 정보를 찾는다. 인터넷의 모든 정보가 믿을 수 있는 건 아니지만 도움이 될 만한 것들은 여전히 많으니까.

손에 넣기 가장 어려운 재료는 역시 최고의 고기, 생선, 갑각류, 채소 등이다. 제철이든 사철 재료든, 우선 동네 시장에서 찾아보라. 배만 해도 네 종류나 있던 캘리포니아의 산타모니카나 고작 한 가지만 있던 테네시 주(컨트리 음악 공연이 끝내주는)나 마찬가지다. 가능하나면 제철 재료로 소리하라. 음식이 한층 맛있어진다.

고기는 좀 더 까다롭다. 시장에서도 살 수는 있지만 전통적인 푸줏간이나 품질 좋은 상품들이 즐비한 슈퍼마켓인 홀푸드 같은 데서 좋은 물건을 찾을 확률이 높다. 조금 더 비싸더라도 그럴 가치가 있는지 확인해보라. 니만랜치의 홈페이지(nimanranch.com)도 구매가 편하다. 삼겹살이며 목살을 살 만큼 사봤으니 보장할 수 있다.

가장 까다로운 건 생선이다. 좋은 물건을 갖춘 어물전이 별로 없는데, 내륙으로 들어갈수록 더 심하다. 동네 상인과 좋은 관계를 다져두면 두고두고 도움이 될 것이다.

그나마 갑각류는 택배가 쉬워서 다행이다. 살아 있는 조개나 홍합은 구하기 쉽다. 대부분의 굴 양식장에서는 수십 개 단위로 택배 판매하니 oysterguide.com(미국 굴에 관해 수역 단위로 훌륭한 지침을 제시하는 로완 제이컵슨이 감독하는 사이트다)을 통해 정보를 얻거나, 식당에 훌륭한 굴이 들어오거든 종이나 양식자의 이름을 기억해뒀다가 구글로 찾아 연락한다. 조나 게 집게발은 mainelobsterdirect.com에서 살 수 있다.

레시피에는 장인들이 만들어 대체할 수 없다고 생각하는 특수 재료들이 많다. 앨런 벤튼의 베이컨과 햄이 그 예다. bentonshams.com이나 공장((423) 442-5003)으로 전화를 걸어 사면 되는데, 그와 직접 이야기를 나눠볼 수도 있다. 안슨 밀스는 ansonmills.com에서 그리츠와 기타 제품을 팔고, 버거스의 훈제 돼지 볼살은 smokehouse.com에서 사면 된다.

그 밖에 한국, 중국, 베트남, 일본 재료들도 있다. 해선장이나 스리라차(녹색 병 뚜껑에 수탉 그림이 있는)는 아무 데서나 쉽게 살 수 있다. 우수구치(야마다표를 선호한다), 생면, 양조 식초, 참기름, 젓갈(오징어표), 큐피 마요네즈, 말린 표고버섯 등은 일본이나 한국 식품점은 물론이거니와 대부분의 잘 갖춰진 아시아 가게에서 판다. 이 모두를 한꺼번에 살 수 있는 슈퍼마켓도 있다.

유자 관련 제품, 미림, 김이나 다시마 같은 해조류, 가츠오부시, 후리카케, 시치미 토가라시 등을 써야 한다면 일본 가게를 뒤져보거나, 동네에 없으면 인터넷을 뒤져보라. 미국 내 여덟 개의 점포가 있는 미츠와(mitswa.com)에서 일본 재료를 구할 수 있다.

새우젓, 고춧가루, 쌈장(또는 기타 장류), 떡 또는 기타 한국 재료는 장사 좀 한다는 한국 슈퍼마켓(주인까지 반드시 한국 사람일 필요는 없지만 주고객층은 한국 사람인 가게)에서 살 수 있다. H마트는 미국 내 여러 주에 점포가 있으며, 웹사이트(hmart.com)에도 물건이 많다.

두반장, 중국 소시지, 말린 새우, 말린 관자, 튀긴 샬롯(수백만의 미국 가정에서 추수감사절 캐서롤에 얹는 튀긴 양파 통조림의 사촌 격)은 차이나타운이나 중국 식품점에서 쉽게 살 수 있다.

고기 접착제, 희귀한 향신료(사천 통후추 같은)처럼 더 신기한 물건들은 남부 캘리포니아의 식당 주방 물품 및 향신료 공급업체인 르 상튀에르(le-sanctuaire.com)에서 살 수 있다. 알칼리면을 위한 알칼리염은 bio-world.com에서 살 수 있다. 코의 튀긴 사과 파이를 위한 틀과 같은 제빵용품은 첼시의 뉴욕 케이크 서플라이스의 온라인 쇼핑몰인 nycake.com에서 살 수 있다.

누들 바 **noodle bar**

쌈 바 **ssäm bar**

코 ko

밀크 바 milk bar

감사의 말

모모푸쿠에 몸담았던, 그리고 지금 몸담고 있는 모든 가족들의 공헌에 감사를 표한다.

누들 바 | 퀴노 바카, 아무도 우리를 믿지 않을 때 믿음을 가져줬고 초창기에 망하지 않는 데 결정적인 역할을 해준 데 감사한다. 너의 도움이 없었더라면 오늘날의 모모푸쿠는 없었겠지. 브루클린 스타(퀴노 바카의 레스토랑-옮긴이)의 성공을 기원한다! 팀 마슬로, 케빈 페물리, 조하나 웨어, 페드로 도밍게스, 유진 리, 지파 아코스타에게도 고맙다는 말을 전하고 싶다.

쌈 바 | 언제나 최후의 승리자일 티엔 호. 조쉬 클라인만, 프란시스 더비, 션 그레이, 아나클레토. 정말 믿을 수 없을 정도로 자란 주드, 텍스, 그리고 게이브. 서비스의 의미를 가르쳐준 코리 레인, 고마워!

코 | 피터 서피코, 지금까지 우리가 6년 그리고 현재진행형이군. 샘 겔만, 믿음을 주어 고맙다. 미치 베이츠와 라이언 밀러, 덕분에 코가 돌아간다. 나디아 간-바카, 에밀리 1&2, 크리스티나 털리도 마찬가지야.

밀크 바 & 베이커리 | 설탕 소비는 밑 빠진 독에 물 붓기라는 걸 알려준 크리스티나 토시에게 감사한다! 내 지랄을 견뎌준 마리안 마. 제임스 '펑키 플렉스' 마크, 사라 벅, 그리고 토시 #1, #2, #3 역시 고맙다.

페이퍼컷 | 드루 새먼 다스 부트(팀 셰이크 앤 베이크). 누구보다 열심히 일하는 송

은진, 알렉스 매그난-윌록, 앙투아넷이 그대의 재능을 알아봐줬더라면. 수 찬, 링 코 슈, 조쉬 코리, 수고한다.

모모푸쿠에 들러준 손님 모두에게 영원한 감사 인사를 드립니다.

크래프트 뉴욕 주방 식구들 1,2버전 식구들, 톰 콜리키오, 마르코 카노라, 조너선 베노, 아크타 나왑, 제임스 트레이시, 데이먼 와이스, 카렌 디마스코, 댄 사우어, 리즈 채프먼, 에드 히긴즈, 스테이시 마이어, PJ 놀뮬러, 젠 레드맨, 그리고 에드 커류. 모두에게 영영 갚지 못할 빚을 졌습니다.

wd~50의 주방 식구들, 특히 정열을 나눠준 와일리 듀프렌에게 감사합니다. 허스 앤 테리어 레스토랑, 조니 이우치니, 닐스 노렌, 데이브 아놀드, 아담 페리 랭, 장 조르주 봉게리히텐, 에릭 리페르, 다니엘 불뤼, 프렌치 런드리와 퍼 세 식구들, 마리오 바탈리와 식구들, 앨리스 워터스와 셰 파니즈, 미셸 브라, 페란 아드리아, 후앙 마리와 엘레나 아르작, 안도니 아두리츠와 무가리츠, 리네 레드제피와 노마, 프레드 앤 데이비드와 조 비프 식구들, 폴 케이한, 크리스 코센티노와 인칸토, 마이클 앤서니와 그래머시 태번, 앤드류 카멜리나, 돈과 치카, 호세 안드레아스, 샘 비올과 블랙베리 농장 식구들에게 목소리 높여 감사를. 뉴욕시에도 감사를 전합니다.

앨런 벤튼, 토니 부어댕, 해롤드 맥기, 올-클래드, 호바트, 폴리사이언스의 필립 프레스턴, (주)바이킹 레인지, 르 상튀에르, SOS 셰프스, 조니 매가지노와 프리미치 푸드, 조지 카오와 뉴욕 뮤추얼 트레이딩, 새터 팜스의 폴렛과 셰프 에버하드, 힐리 에이커스 팜, 니만 랜치의 폴 윌리스, 드브라가 앤 스피틀러의 조지 패숀과 덕 로다, 팻 라 프리다, 피키니 브라더스, 헤리티지 푸드, 허드슨 밸리 푸아그라의 이지 야네이와 마이클 지노, 네비아 앤 유코 팜, 체리 레인 팜의 수지와 가족들, 스위트 베리 팜의 릭 비숍, 에커튼 힐 팜의 팀 스타크와 피어레스 피시, 파더스 피시, 홍 시푸드.

안드레아 페트리니, 세바스티앙 드모랑, 뤽 뒤방셰, 옴니보어 팀 모두, 스위 오히로, 캐롤린 리치몬드, 앤디 페스코, 개리 레비, 팀 퀸란, 하산 쇼드리, 크리스 스티븐

슨, 윌 이간, 마크 살라피아, 트린 식구 모두들, 초창기의 성원에 감사합니다!

모모가브리(가브리엘 스테이빌)을 소개해준 에리카와 리처드, 고마워요. '마크 아이볼드'는 한국말로 '후추 좀 더 뿌리자'입니다.

완벽한 경호를 해주신 킴 위더스푼과 경호팀에게 감사합니다.

우리 가족, JC, 엄마, 용, 지훈, 에스더, 백 번 사랑한다고 말해도 지나치지 않아요.

리카 알라닉, 마리사라 퀸, 클락슨 포터 팀 모두에게 감사합니다.

마지막으로 피터 미한. '모모'의 이야기를 당신보다 더 잘 아는 사람은 없어요. 멋지게 써줘서 감사합니다.

데이비드 장

사진을 찍어준 가브리엘 스테이빌, 남성 손 모델인 마크 아이볼드를 비롯한 집필 팀원들에게 감사합니다. 끝내주게 일해줬어요. 일이 엉뚱한 데로 빠지지 않게 열심히 일해줘서 고마워요. 영영 갚지 못할 빚을 졌습니다.

모모푸쿠에서는 책을 위해 셀 수 없이 많은 시간 헌신해준 스콧 가핑클, 티엔 호, 샘 겔만, 크리스티나 토시, 페이퍼컷 숙녀 여러분들께 특히 감사드립니다. 책을 만드는 과정에서 인내심을 발휘해준 접객 직원들과 주방 식구들에게 미안함을 전합니다.

클락슨 포터에서는 인내심 많고 이해심 많으며 항상 행복한 미소를 머금고 있던 리카 알라닉에게 가장 큰 빚을 졌습니다. 책을 만드는 과정에서 어쩌면 트라우마가 생겼을지도 모르겠어요. 아닐 수도 있겠지만요. 감사보다는 사과를 해야 할 마리사 퀸에게도 감사드립니다. 그녀는 막판에 불굴의 용기로 영웅적인 활약을 펼쳐주었죠. 애슐리 필립스, 케이트 타일러, 코트니 크린홀, 도나 파사난테, 크리스틴 타니가와, 조안 데난, 질 플락스만, 도리스 쿠퍼, 로렌 셰이클리, 제니 프로스트에게도 감사의 말씀을 전합니다.

책에 함께해주신 와일리 듀프렌과 앨런 벤튼, 데이브 아놀드와 최 씨 아저씨 모두, 폐를 끼칠 기회를 주셔서 감사합니다. 빼어난 용모로 책을 빛내주신 듀에인 소렌센과 힐러리 리버만, 리 레이날도와 리 싱어, 비키 패럴과 MI, 짐에게도 감사합니다. "좋은 걸" 제공해준 조슈아 데이비드 스타인에게도 감사합니다. 다음 기회에도 잘 부탁드립니다.

시골집 주방을 엉망진창으로 만들어도 개의치 않은 보브와 미키에게 사랑을 전합니다. 그때 돼지머리로 놀라게 해서 미안해요. 명절에 사무실을 쓰게 해준 레벤탈, 클루트 앤 스틸에게 감사합니다. 시험 조리한 음식을 먹어준 친구들에게도 감사합니다.

그동안 책을 만드는 과정에서 감정이 상했을 모든 사람들에게 감사 인사드립니다. 네, 여러분들이 짐작했던 만큼 우리가 빌어먹을 자식들이긴 해요.

해나와 오스카에게 언제나 변치 않는 사랑을 전합니다.

아 그래요, 성질 더럽고 까탈스럽지만 종종 기발한, 빌어먹을 괴짜인 당신 데이비드 장에게도 감사합니다. 함께 이 책을 만들 기회를 주었으니까요.

피터 미한

찾아보기

ㄱ

간장
- 간장 절임 86
- 시로소유 비네그레트 266
- 타레 50

감자
- 베이컨 다시에 끓인 감자와 조개 118
- 손가락 감자 콩피 209
- 손가락 감자구이 209
- 손가락 감자칩 276

겨자씨 소스 194

견과류
- 조린 피스타치오, 선초크 절임, 래디시를 넣은 구운 버섯 샐러드 179
- 잣 브리틀 290
- 프랄린 페이스트 307

계피 설탕 313

고기(쇠고기 및 돼지고기 참조)
- 냉훈법 99
- 고기 익은 정도 가늠하기 204
- 고기 접착제(트랜스글루타미나아제) 210

고추
- 고추 절임 81
- 사천 가재 120
- 다시마, 죽순, 고추 절임을 넣은 구운 문어 샐러드 121
- 옥토 비네그레트 123
- 중국 브로콜리와 튀긴 샬롯을 얹은 매운 돼지고기 소시지와 떡 198

관자
- 다시, 골파 기름, 파인애플을 얹은 해만 가리비 관자 156
- 콜라비 퓌레와 이와 김을 얹은 구운 뉴저지 가리비 관자 281

굴
- 생김새 148
- 까는 법 149
- 차려 내는 법 150
- 고명 151
- 보쌈 186
- 삼겹살, 굴, 배추를 곁들인 코 김치 콩소메 269

그랜트 아케츠 179, 247

그레이트 뉴욕 누들 타운 69

김
- 라멘 고명 66
- 홀스래디시-풋콩 퓌레와 후리카케를 얹은 방어 절임 161
- 콜라비 퓌레와 이와 김을 얹은 구운 뉴저지 가리비 관자 281
- 김 가루 300

김치
- 떡과 돼지 목살을 넣은 김치찌개 75
- 김치 퓌레와 베이컨을 곁들인 브뤼셀 스프라우트 108
- 굴에 얹는 김치 퓌레 151
- 굴을 위한 김치 콩소메 154
- 김치, 훈제 볼살, 단풍 라브네를 넣은 후지 사과 샐러드 184
- 보쌈 186
- 삼겹살, 굴, 배추를 곁들인 코 김치 콩소메 269

김치
- 배추김치 87
- 깍두기 89
- 오이김치 89

ㄴ

뉴욕 그릴 30, 295

ㄷ

다나 코원 135

다니엘 불뤼 32

다시
- 전통 다시 53
- 베이컨 다시 53
- 베이컨 다시에 끓인 감자와 조개 118
- 다시에 조린 무 297
- 다시, 골파 기름, 파인애플을 얹은 해만 가리비 관자 156

다시마
- 전통 다시 53
- 다시마와 죽순, 고추 절임을 넣은 구운 문어 샐러드 121

달걀
- 천천히 반숙한 달걀 64
- 반숙 달걀 프라이 65
- 치킨 앤드 에그 97
- 삶은 달걀과 미소 버터를 곁들인 팬에 구운 아스파라거스 105
- 새우와 그리츠 126
- 캐비아, 양파, 감자를 곁들인 반숙 달걀

275
- 5:10 달걀 277
- 훈제 달걀 277

닭
- 라멘 육수 48
- 치킨 앤드 에그 97
- 치킨윙 100
- 프라이드치킨 103
- 벽돌 치킨 217
- 반 미 샌드위치 227
- 닭 간 테린 229

wd~50 212
데이브 아놀드 87, 163
돼지고기 소시지
- 무, 당근, 허브와 액젓 비네그레트를 곁들인 레몬그라스 소시지구이 쌈 196
- 중국 브로콜리와 튀긴 샬롯을 얹은 매운 돼지고기 소시지와 떡 198

돼지고기
- 라멘 육수 48
- 삼겹살 조리법 62
- 라멘 고명에 쓰이는 돼지 목살 63
- 떡과 돼지 목살을 넣은 김치찌개 75
- 김치, 훈제 볼살, 단풍 라브네를 넣은 후지 사과 샐러드 184
- 보쌈 186
- 겨자씨 소스를 곁들인 삼겹살 보쌈 193
- 베브 이글스턴의 돼지 목살 스테이크 202
- 돼지머리 토숑 223
- 삼겹살, 굴, 배추를 곁들인 코 김치 콩소메 269

드레싱
- 옥토 비네그레트 123
- 액젓 비네그레트 197
- 램프 랜치 드레싱 203

- 버터밀크 드레싱 266
- 시로소유 비네그레트 266

드루 새먼 145

디저트
- 모모푸쿠 쇼트케이크 233
- 시리얼 밀크 305
- 튀긴 사과 파이 311
- 사워크림 아이스크림 314

딸기
- 재운 딸기 235
- 모모푸쿠 쇼트케이크 233

ㄹ

라르페주 275

라멘
- 모모푸쿠 라멘 47
- 라멘 육수 48
- 라멘(알칼리면) 59
- 고명 66

라스트랑스 247-249

래디시
- 즉석 절임 78
- 깍두기 89
- 홀스래디시를 얹은 와사비 콩 115
- 조린 피스타치오, 선초크 절임, 래디시를 넣은 구운 버섯 샐러드 179

램프 랜치 드레싱 203
레드 아이 마요네즈 165

루바브
- 모모푸쿠 쇼트케이크 233
- 은근히 삶은 루바브 234

루스 라이츨 252
르네 레드제피 247
리슬링 젤리 290
리즈 채프먼 39
리치, 잣 브리틀을 곁들인 얇게 켠 푸아그라 289

ㅁ

마르코 카노라 25, 35, 147
마크 비트만 12
머서 키친 25
메이메이 푸드 92

멜론
- 절임 79
- 젤리 152

면
- 로미엔 55
- 모모푸쿠 라멘 레시피 56
- 알칼리면(라멘) 59
- 생강 쪽파 볶음면 69

모듬 허브 샐러드 277
모모푸쿠 라멘 47
모모푸쿠 포크 번 92
모모푸쿠 쇼트케이크 233

무
- 즉석 무절임 78
- 깍두기 89
- 다시에 조린 무 297
- 채 썬 무 절임 197

미셸 브라 179, 248
미소

- 삶은 달걀과 미소 버터를 곁들인 팬에 구운 아스파라거스 105
- 베이컨과 볶은 양파, 미소 버터를 곁들인 여름 옥수수구이 107
- 밥과 미소국 299
- 미소 버터스카치 314

ㅂ

반미 샌드위치 227
밥과 미소국 299
배 절임 79
배 절임과 흑후추 151
배추
- 배추 절임 82
- 배추김치 87
- 삼겹살, 굴, 배추를 곁들인 코 김치 콩소메 269

버섯
- 표고버섯 절임 86
- 살구버섯 절임 283
- 조린 피스타치오, 선초크 절임, 래디시를 넣은 구운 버섯 샐러드 179
- 밥과 미소국 299

버터밀크 드레싱 266
버터밀크, 간장, 양귀비 씨를 드레싱한 광어 265
베브 이글스턴 202
베이컨
- 다시 53
- 베이컨과 볶은 양파, 미소 버터를 곁들인 여름 옥수수구이 107

- 김치 퓌레와 베이컨을 곁들인 브뤼셀 스프라우트 108
- 베이컨 다시에 끓인 감자와 조개 118
- 새우와 그리츠 126
- 앨런 벤튼의 베이컨 167-175

벤 호건 254
벽돌 치킨 217
보쌈 186
볶은 양파 73
브뤼셀 스프라우트
- 김치 퓌레와 베이컨을 곁들인 브뤼셀 스프라우트 108
- 액젓 비네그레트로 드레싱한 튀긴 콜리플라워 181

비네그레트
- 옥토 비네그레트 123
- 액젓 비네그레트 197
- 시로쇼유 비네그레트 266

ㅅ

사과
- 사과 절임 79
- 김치, 훈제 볼살, 단풍 라브네를 넣은 후지 사과 샐러드 184
- 튀긴 사과 파이 311
- 파이 소 313

사워크림 아이스크림 314
사천 가재 120
새우와 그리츠 126
샐러드
- 연두부와 시소를 넣은 방울토마토 샐러드 111
- 다시마, 죽순, 고추 절임을 넣은 구운 문어 샐러드 121
- 조린 피스타치오, 선초크 절임, 래디시를 넣은 구운 버섯 샐러드 179
- 김치, 훈제 볼살, 단풍 라브네를 넣은 후지 사과 샐러드 184
- 모듬 허브 샐러드 277

샘 겔만 139, 240
생강
- 생강 쪽파 볶음면 69
- 생강 쪽파 소스 69
- 옥토 비네그레트 123

생선
- 어묵(나루토) 66
- 홀스래디시-풋콩 퓌레와 후리카케를 얹은 방어 절임 161
- 버터밀크, 간장, 양귀비 씨를 드레싱한 광어 265

소바집 푸유린 28
소스
- 타레 50
- 생강 쪽파 소스 69
- 코리안 레드 드래곤 소스 72
- 오리엔탈 소스 117
- 레드 아이 마요네즈 165
- XO 소스 176
- 쌈 소스 188
- 겨자씨 소스 194

쇠고기
- 빨간 김치 퓌레와 생강 쪽파 소스를 곁들인 갈비 양념 행어 스테이크 쌈 189
- 저온 조리법 191
- 건식 숙성 립아이 팬 구이 207
- 무 조림, 당근과 겨자씨 절임을 곁들인

48시간 갈비 295
수박 속껍질 절임 79
수박 절임 83
스캇 가펭클 42
시리얼 밀크 305
쌀
 - 구운 떡볶이 71
 - 떡과 돼지 목살을 넣은 김치찌개 75
 - 치킨 앤드 에그 97
 - 보쌈 186
 - 중국 브로콜리와 튀긴 샬롯을 얹은 매운 돼지고기 소시지와 떡 198
 - 밥과 미소국 299
 - 주먹밥구이 300
 - 밥 301
쌈장
 - 코리안 레드 드래곤 소스 72
 - 쌈 소스 188

ㅇ

아보카도 퓌레 306
아키오 호소다 28
안도 모모푸쿠 22
안도니 루이스 아두리즈 295
알렉스 매그넌 윌록 145
앤드류 카멜리니 32, 156
앨런 벤튼 167-175
양파 수비스 276
SOS 셰프스 179
연두부와 시소를 넣은 방울토마토 샐러드 111

오리엔탈 가든 92
오리엔탈 소스를 얹어 팬에 구운 부쇼 홍합 117
오이
 - 오이김치 89
 - 즉석 오이 절임 78
옥수수
 - 라멘 고명 66
 - 베이컨과 볶은 양파, 미소 버터를 곁들인 여름 옥수수구이 107
와일리 듀프렌 154, 210
월계수 잎 버터 263
유자 마요네즈를 곁들인 메인 조나 게 집게발 158
육수
 - 라멘 육수 48
 - 전통 다시 53
 - 베이컨 다시 53
잉글리시 머핀 261

ㅈ

잡식동물 요리 축제 247
잣 브리틀 290
장 조르주 봉게리히텐 19, 95, 253
저온 조리법 191, 295
제임스 비어드 재단 133, 151
젤라틴 여과법 154
조개와 갑각류
 - 오리엔탈 소스를 얹어 팬에 구운 부쇼 홍합 117
 - 베이컨 다시에 끓인 감자와 조개 118

 - 사천 가재 120
 - 다시마, 죽순, 고추 절임을 넣은 구운 문어 샐러드 121
 - 새우와 그리츠 126
 - 다시, 골파 기름, 파인애플을 얹은 해만 가리비 관자 156
 - 유자 마요네즈를 곁들인 메인 조나 게 집게발 158
 - 콜라비 퓌레와 이와 김을 얹은 구운 뉴저지 관자 281
 - 김 가루 300
조나단 베노 39, 135
조쉬 클라인만 139
죽순 66
간장 절임
 - 표고버섯 절임 86
즉석 소금 절임
 - 무 절임 86
 - 표준 레시피 78
 - 래디시 절임 78
식초 절임
 - 표준 레시피 79
 - 멜론 절임 79
 - 수박 절임 79
 - 사과 절임과 배 절임 79
 - 비트 절임 79
 - 캔털루프 절임 79
 - 당근 절임 81
 - 콜리플라워 절임 81
 - 샐러리 절임 81
 - 체리 절임 81
 - 고추 절임 81
 - 두루미냉이 절임 81
 - 회향 절임 82
 - 배추 절임 82

- 램프 절임 82
- 선초크 절임 82
- 도쿄 순무 절임 82
- 수박 속껍질 절임 83
- 겨자씨 절임 83

쪽파
- 생강 쪽파 볶음면 69
- 생강 쪽파 소스 69
- 쪽파 기름 119

찐빵 94

ㅊ

채 썬 당근 절임 197
치차론 257

ㅋ

카페 불뤼 32, 156
캐비아, 양파, 감자를 곁들인 반숙 달걀 275
캔톤 누들 컴퍼니 55
케빈 페몰리 42, 123
코리 레인 138, 249
코리 리 133
코리안 레드 드래곤 소스 72
코즈에 레스토랑 30, 295
콘플레이크
- 캐러멜을 입힌 콘플레이크 308
- 시리얼 밀크 305

콜리플라워
- 액젓 비네그레트로 드레싱한 튀긴 콜리플라워 181
- 콜리플라워 절임 81

콩
- 라멘 고명 66
- 홀스래디시를 얹은 와사비 콩 115
- 홀스래디시-풋콩 퓌레와 후리카케를 얹은 방어 절임 161
- XO 소스 완두콩 177
- XO 소스와 갓끈 동부콩 177

콩소메
- 굴을 위한 김치 콩소메 154
- XO 콩소메 155
- 삼겹살, 굴, 배추를 곁들인 코 김치 콩소메 269
- 코 김치 콩소메 271

크래프트 25
크리스티나 토시 139, 233

ㅌ

타레 50
톰 콜리키오 25, 83
튀긴 사과 파이 311
트랜스글루타미나아제(고기 접착제) 212
티엔 호 137, 179, 197, 227
팀 마슬로우 198

ㅍ

파스칼 바르보 247
퍼 세 39
페드로 도밍게스 42
푸아그라
- 허드슨 밸리 푸아그라 285-287
- 리치, 잣 브리틀을 곁들인 얇게 켠 푸아그라 289
- 얼린 푸아그라 토숑 292

프랄린 페이스트 307
프랜 더비 158
프랭크 브루니 140
프렌치 런드리 132
피터 서피코 139, 240

ㅎ

해롤드 맥기 56
햄
- 컨트리 햄 162
- 앨런 벤튼의 햄 167-175
- XO소스 176
- 반 미 샌드위치 227
- 뒷다리살 테린 230

허드슨 밸리 푸아그라 285-287
허먼 마오 30
허스 35, 126
호아킨 바카 37
홀스래디시를 얹은 와사비 콩 115
홀스래디시-풋콩 퓌레와 후리카케를 얹은 방어 절임 161
회향 절임 82

회향 절임과 유자 코쇼 151
헤스톤 블루멘탈 212

옮긴이 이용재
한양대 건축공학과를 졸업하고, 미국 조지아 공대 건축 및 건축학 석사를 취득했다. 이후 현지 건축회사에서 4년간 일했다. 지금까지 〈에스콰이어〉, 〈GQ〉, 〈젠틀맨〉 등에 기고하면서 건축과 음식에 관한 글을 쓰고, 번역을 하고 있다. 저서로는 《일상을 지나가다》, 번역서로는 《창밖 뉴욕》《완벽하지 않아》《모든 것을 먹어본 남자 1, 2》가 있다. 현재 음식 관련 책을 집필 중이다.

뉴욕의 맛, 모모푸쿠

첫판 1쇄 펴낸날 2013년 10월 18일
4쇄 펴낸날 2019년 4월 8일

지은이 데이비드 장·피터 미한 **옮긴이** 이용재
발행인 김혜경
편집인 김수진
편집기획 이은정 김교석 조한나 최미혜 김수연 유예림
디자인 박정민
경영지원국 안정숙
마케팅 문창운 정재연
회계 임옥희 양여진 김주연

펴낸곳 (주)도서출판 푸른숲
출판등록 2003년 12월 17일 제406-2003-000032호
주소 경기도 파주시 회동길 57-9, 우편번호 10881
전화 031)955-1400(마케팅부), 031)955-1410(편집부)
팩스 031)955-1406(마케팅부), 031)955-1424(편집부)
www.prunsoop.co.kr

ⓒ푸른숲, 2013
ISBN 978-89-7184-697-1 (13590)

* 잘못된 책은 구입하신 서점에서 바꾸어 드립니다.
* 본서의 반품 기한은 2024년 4월 30일까지 입니다.

이 도서의 국립중앙도서관 출판시도서목록(CIP)은 e-CIP 홈페이지(http://www.nl.go.kr/ecip)와 국가자료공동목록시스템(http://www.nl.go.kr/kolisnet)에서 이용하실 수 있습니다. (CIP2013019052)